예수 - 하느님 - 교회

Kong-Sek Sye
JESUS - GOD - CHURCH

© Benedict Press, Waegwan, Korea 2001

예수 – 하느님 – 교회
2001년 9월 초판 | 2015년 8월 3쇄
지은이 · 서공석 | 펴낸이 · 박현동
ⓒ **분도출판사**
등록 · 1962년 5월 7일 라15호
718-806 경북 칠곡군 왜관읍 관문로 61
왜관 본사 · 전화 054-970-2400 · 팩스 054-971-0179
서울 지사 · 전화 02-2266-3605 · 팩스 02-2271-3605
www.bundobook.co.kr
ISBN 978-89-419-0121-1 03230
값 9,000원

예수 - 하느님 - 교회
오늘의 그리스도인이기 위하여

서 공 석 지음

분 도 출 판 사

책 머리에

그리스도 신앙의 기원은 유다인 몇 사람이 예수를 만나고 그분에게 매료되어 그분과 함께 머문 데에 있습니다. 그들은 예수의 삶을 보고 그분의 죽음과 부활을 겪으면서 세상과 삶을 보는 그들의 시선이 달라졌습니다. 바울로 사도는 다음과 같이 실토합니다. "나는 나에게 이익이 되었던 것을 그리스도로 말미암아 해로운 것으로 여기게 되었습니다. … 그분 때문에 모든 것을 잃었으며 쓰레기로 여깁니다"(필립 3.7-8). 이 사람들은 예수가 당신의 생애중에 보여준 모범을 따릅니다. "누구든지 나를 섬기고자 하면 나를 따르시오"(요한 12.26). 그리스도 신앙은 예수와 같은 실천을 하는 데에 있습니다.

인류 역사 안에는 신神에 대한 언어들이 있습니다. 문화권에 따라 그 언어는 다양합니다. 하느님에 대한 언어가 인간 삶에 받아들여지면 인간의 자유가 움직입니다. 그때까지 아무 문제가 없는 것으로 생각되던 일들이 새롭게 보입니다. 그리고 삶의 실천도 달라집니다.

예수도 하나의 인생을 살았던 분입니다. 그러나 그분이 실천하신 치유, 기득권층과의 대립 및 충돌, 안식일과 율법에 대한 그분의 자세 등은 그리스도인으로서 우리의 실천이 어떤 것이어야 하는지를 보여주었습니다. 초기 교회가 신약성서를 통해서 우리에게 전하는 예수에 대한 이야기들은 하느님을 자기 삶 안에 받아들인 인간의 실천을 그 시대 방식으로 서술한 것입니다.

인간은 "먹고 마시고 입는 일"(루가 12.22-30 참조), 즉 재물의 축적과 권력의 획득을 인생 최대의 보람으로 생각하고 살 수 있습니다. 그것을 위해 수단과 방법을 가리지 않는 속물이 되어 살 수도 있습니다. 그러나 그런 자세는 자유롭지 못한 인간의 모습입니다. 신앙은 인간이 더 많이 가지고 더 높은 지위를 얻게 해주지 않습니다. 하느님이 인간 안에 일하시면 인간의 수익성이 높아지거나 입신양명立身揚名이 성취되는 것이 아닙니다. 하느님이 인간 안에 일하시면 인간은 자기 자신만 바라보던 미성숙함에서 벗어나 자기 주변을 보고 주변의 생명을 위해 헌신하는 성숙한 자유인의 모습으로 변합니다.

신약성서는 예수의 죽음과 부활을 겪은 신앙인들이 예수께서 살아 계실 때 하신 말씀과 실천을 회상하고 그들 스스로 실천하면서 발생시킨 언어를 기록한 것입니다. 기록의 양식은 그 시대의 것이며, 저자에 따라 다루는 현안도 다르고 기록의 방식도 다릅니다. 그러나 그 안에는 공동체가 예수로 말미암아 그 시기에 함께 체험한 은혜로우신 하느님이 표현되어 있습니다. 그들은 율법, 성전, 종교제도, 조상들의 전통에 대해 그 시대 유다교가 가르치던 것과는 전혀 다른 새로운 체험을 했습니다. 그렇다면 우리가 신약성서를 이해하는 데는 어려움이 있을 수 있습니다. 그 문서를 남긴 사람들과 오늘의 우리 사이에는 시간적·지리적·문화적 괴리가 있습니다. 따라서 성서에는 오늘 우리가 쉽게 접근하기 어려운 표현들이 있습니다.

이 책은 과거 방식의 교리서가 아닙니다. 교리서와 같이 반드시 알아야 할 것을 요약하여 제공하고, 독자가 그것을 습득하고 그것에 순응할 것을 요구하는 일방적 지식 제공의 문서가 아닙니다. 오늘 우리는 그런 권위주의적 세상에 살지 않습니다. 과학적인 세상에서, 각자가 필요로 하는 정보를 자유롭게 받아서, 자기를 성취하면서 삽니다. 오늘의 세상은 권위가 변화를 강요하지 않고, 사람들의 자유로운 공감이 변화를 일으킵니다. 기득권자의 지식보다는 사람들의 자율성을 존중하는 배려가 더 돋보이는 세상입니다. 기득권자의 훈육과 지도로 세상이 발전하지 않고, 인간의 창조성이 존중되고 구성원들의 협조가 원활할 때 세상은 진보발전합니다.

이런 세상에 예수로 말미암아 발생한 신앙 언어는 선포되어야 합니다. 듣는 사람들이 살고 있는 삶의 자리를 외면한 일방적 언어는 독백입니다. 종교 언어가 독백이 되고 그 독백을 신의 이름으로 포장하면 독선이 됩니다. 많은 종교의 언어가 독선적 성격을 지닙니다. 과거에 사용된 언어라서 오늘도 문제가 없다고 생각하는 것은 언어의 역사성을 무시하는 행위입니다. 최근에 어떤 분이 장관직에 임명되자 그 감동을 "성은"이라는 단어로 표현했다가 여론의 거센 반발에 부딪쳐서 최단명 장관의 기록을 남긴 일이 있었습니다. "성은"이라는 단어는 과거에 신하가 국가 최고 통치권자인 왕 앞에서 사용하던 단어였습니다. 그러나 시대가 달라지니까 그 단어는 전혀 다른 의미를 발생시켰습니다.

이 책은 오늘을 사는 사람들에게 예수로 말미암은 신앙이 무엇인지를 설명하고자 합니다. 예수가 가르치고 실천한 것을 역사비평적 눈으로 보면서 그 안에 나타나는 하느님과 교회에 대한 체험을 말해 보고자 합니다. 과거 역사적 접근을 하지 못한 때에 발생한 신앙 언어와는 다른 점도 있습니다. 그러나 역사의 진실을 외면하고 신앙인일 수는 없습니다. 오늘의 그리스도 신앙인 혹은 신앙에 관심을 가진 분들이 쉽게 읽어서 자유롭게 공감하고 실천하는 데에 도움이 되고자 하는 의도로 이 책을 펴냅니다.

 이 책을 출판해 주시는 분도출판사 여러분들, 특히 정한교 편집장님께 심심한 감사의 말씀을 드립니다. 교정쇄를 읽어 준 권동성 신부님과 정창성 부제님에게도 감사의 말씀을 드립니다.

2001년 6월 29일
부산 사직동 성당에서
서 공 석

차 례

책 머리에   5

1. 신앙 언어와 종교들   11
2. 예수의 역사적 모습   31
3. 이스라엘의 신앙 전승   47
4. 예수의 가르침   59
5. 예수의 기적   71
6. 예수의 죽음   85
7. 부활하신 그리스도   95
8. 예수 그리스도를 믿음   115
9. 그리스도인의 하느님   125
10. 절대자 하느님과 예수의 하느님   151
11. 삼위일체이신 하느님   169
12. 인간 체험과 계시   183
13. 이스라엘의 계시 체험   201
14. 그리스도 신앙의 계시 체험   213
15. 예수 그리스도의 교회   231
16. 오늘 그리스도의 교회가 되기 위하여   255

목차 총람   269

① 신앙 언어와 종교들

신神이라는 단어

인류 역사 안에는 종교들이 있습니다. 원시 시대로부터 오늘에 이르기까지 인류의 언어 안에는 "하느님"·"하늘"·"알라"·"옥황상제" 등 문화권에 따라 신을 의미하는 다른 단어가 살아 있었습니다. 사람들은 이 단어로 말미암아 용기를 얻기도 하고, 이 단어를 생각하면서 자기의 삶을 바꾸기도 하였습니다. 사람들은 또한 이 단어를 부르면서 죽어갔습니다. 이 단어는 인간이 사용하는 단어이지만, 이 단어는 인류와 더불어 살아오면서 인류를 만들어 왔습니다. 인간은 "하늘이 두렵지 않으냐?", "하늘을 우러러"와 같은 표현을 사용하면서 "신"이라는 단어가 역사 안에 살아 있게 하였습니다. 이 단어는 인간에게 요구하는 바를 분명하게 지니고 있었습니다. 이 단어는 보람·사랑·정의·감사·보상·희망·뉘우침 등의 메시지를 지니고 있었습니다.

현대인에게 이 단어는 과거와 같은 메시지를 지니지 못합니다. 오늘은 지극히 제한된 종교 영역에서만 사용하는 단어가 되었습니다. 과거 사회, 특히 농경 사회에서 신은 우주의 최고 원리와 최종 목적으로 자명한 존재였습니다. 그러나 과학 산업 사회를 거치면서 인간의 시선은 인간 삶의 과정만을 보게 되었습니다. 현대인은 인간 생산품의 홍수 안에 살면서 인간이 이룬 것만을 봅니다. 옛날 사람들은 대자연 현상과 이변들을 신과 관련지어 생각하였습니다. 아침에 해가 동쪽 하늘에 뜨는 것도 은혜로운 일이었고, 태풍 피해나 한해 앞에 신을 생각했습니다. 그러나 오늘 우리는 그런 것이 신과 무관하다는 사실을 알고 있습니다. 우리는 과학 기술 문명이 만든 새로운 정신적 상황에서 살고 있습니다. 과학은 세계를 그 전체로 문제삼거나 존재의 의미를 묻지 않습니다. 과학은 세계를 분해하고 분석하여 인식하고 인간 삶이 안고 있는 문제들을 해결합니다. 이제 세계는 분야별로 찢어진 모습으로 우리 앞에 존재합니다. "과학적 인식이 순수하면 순수할수록 세계와 인간의 찢어진 모습은 더 심화될 것입니다."*

1. 종교 이전의 신 체험

인간의 거부와 분개

모든 사람에게 공통된 체험이 있습니다. "신"이라는 단어를 아직 사용하지 않고, 종교적 해석이 아직 개입하지 않은 상태의 인간 체험을 말합니다. 그것은 먼저 눈앞에 있는 현실을 거부하는 체험입니다. 인간이 매일 보고 듣고 읽는 현실은 질서정연하지 않습니다. 이 세상에는 무엇인가 근본적으로 잘못되었다고 생각되는 부분들이 많이 있습니다. 인간은 어떤 모순을 체험하면서 세상에 삽니다. 인간이 겪는 고통과 불행은 합리적으로 설명되지 않습니다. 인간은 고통과

---

* K. 야스퍼스〔이상철·표재명 옮김〕『철학적 사유의 작은 학교』〔서광사 1986〕21.

불행을 당연한 것으로 수용하지 못합니다. 인간은 그런 것 앞에서 그것이 없어야 한다고 생각합니다. 인간은 모두 그런 거부를 체험합니다. 이 거부는 철학과 과학이 제공하는 지식보다 더 명백합니다. 인간은 그런 부조리한 일들을 거부하면서 그런 것이 있다는 사실에 분개합니다. 과학에는 분개라는 단어가 없습니다. 그러나 인간 삶에는 분개가 분명하게 있습니다. 인간은 모든 불행, 무절제한 쾌락, 이웃에 대한 무관심, 권력을 가진 자의 횡포 등이 자기에게 닥쳤을 때 그것을 거부합니다. 그리고 그런 것이 있다는 사실에 분개합니다. 그러나 이 거부와 분개는 합리적 사고의 결과가 아닙니다. 그것은 인간의 가장 원초적인 의식에서 발생합니다.

사필귀정事必歸正이 아닌 세상

이 세상에는 우리의 마음을 감동시키는 선한 일, 아름다운 일, 즐거운 일이 많이 있습니다. 우리는 그런 것을 만나면 행복하고 삶의 보람을 느낍니다. 그러나 또한 악한 일, 고통스런 사건, 권력의 횡포 등도 있습니다. 이런 것은 우리의 행복한 순간들을 빼앗아 갑니다. 인간은 그 마음 한 구석에 늘 불안을 안고 삽니다. 우리는 불행이 언제 또 어떻게 닥칠지를 모릅니다. 이것은 우리가 외면할 수 없는 이 세상의 특징인 것 같습니다. 인간은 그런 세상에서 삽니다. 악이 선을 부정하고 선이 또한 악을 부정하는 세상입니다. 이 세상에는 선과 악, 의미와 무의미가 혼합되어 있습니다. 모순된 세상입니다. 역사는 선과 악 중 어느 것이 궁극적으로 승리하는지 알려 주지 않습니다.

우리가 순리라고 생각하는 인과응보의 질서가 궁극적으로 실현되는 것인지도 우리는 알 수 없습니다. 인류 역사에는 완결完決이 없는 것으로 보입니다. 역사 안에 태어났다 사라지는 모든 생명은 미결로 끝납니다. 젊어서 세상을 떠나거나 천수를 누리고 떠나거나 인생은 완결로 보이지 않습니다. 역사에는 지극히 제한된 부분적 사필귀정은 있어도 인류 역사 전체에서, 혹은 한 인간의 일생을 통틀어서 그것을 찾아볼 수는 없습니다. 천당과 지옥에 대한 언어와 윤회설은 이 세상과 인생이 미결로 끝나는 데에서 기인하는 언어로 보입니다. 사필귀정을 완성하기에 필요한 언어일 수 있다는 말입니다.

새로운 세계를 긍정하는 우리의 분개

인간이 자기 앞의 현실을 거부할 때는 분개가 따라옵니다. 인간이 거부하고 분개하는 것은 역사 안에 나타나는 모순 앞에 자포자기하지 않는다는 뜻입니다. 인간이 현실에 분개하는 것은 현실의 모순을 수용하지 않겠다는 것입니다. 인간이 현실의 모순을 거부하고 분개하는 것은 그런 모순이 없는 다른 상황을 긍정하면서 희망하는 행위입니다. 건강을 잃은 사람이 그 상태를 거부하는 것은 건강하게 살 수 있는 다른 상황을 희망하고 긍정하기 때문입니다. 굶주린 사람이 자포자기하지 않는 것은 충분히 먹고 살 수 있는 세상을 희망하기 때문입니다. 이 다른 상황 혹은 다른 세상은 아직 알려지지 않은 어떤 미지未知의 것이지만, 인간 앞에 닥친 현재의 모순이 없고, 인간이 동의할 수 있는 세상입니다. 이것은 어느 곳에도 아직 실현되지 않은 더 나은 세상입니다. 인간이 그 내용을 분명히 말할 수는 없지만, 최소한 각자 앞에 나타난 악이 없는 세상입니다.

인간이 자기 앞에 닥친 모순된 현실에 분개하는 데에는 그런 모순이 없는 이 미지의 상황 혹은 세상에 대한 희망과 긍정이 들어 있습니다. 지금 겪고 있는 현실이 더 좋아져야 한다고 생각하는 것은, 아직은 모르는, 그러나 더 나은 하나의 세상을 긍정하면서 그것을 향해 열려 있는 자세입니다. 유괴되어 살해된 어린이의 시신을 땅에 묻으면서, 또는 미국의 총기 난사 사건으로 죽은 아이의 시신에 고별하면서, 그 부모와 친지들이 흔히 하는 말이 있습니다. "이런 참혹한 비극이 없는 세상에서 행복하게 살아라." 이 말에는 가슴 아픈 현실에 대한 거부와 분개가 들어 있고, 또한 그런 아픔이 없는 미지의 새로운 세상을 향한 전망과 긍정과 희망이 들어 있습니다.

부정보다 긍정의 힘이 더 강한 인류 역사

인류 안에는 생명을 부정하는 힘보다는 그 성취를 향한 긍정의 힘이 더 강한 것으로 보입니다. 이 긍정의 힘이 있기에 역사 안에 새 생명이 태어나 자라고, 갖가지 부정의 힘을 이겨 내면서 인류가 존속합니다. 인간이 하는 모든 성취의 이면에는 어떤 긍정의 힘이 있습니다. 어떤 형태의 성취이든 인류 안에 있는 긍정의 힘을 반영한다는 말입니다. 종교인이든 비종교인이든 자살을 죄악시하는 것은 그것이 바로 이 긍정의 힘을 근본적으로 부정하는 행위이기 때문입니다. 인간이 갖가지 수단으로 억제하여도, 그 제한을 피하여 자라나는 분재盆栽를 보면 생명이 지닌 성취의 힘이 얼마나 강한지를 알 수 있습니다. 인류 역사 안에는 생명이라는 긍정의 힘이 작용하기에 많은 모순에도 불구하고 삶의 푸름과 따뜻함이 지속됩니다.

우리는 대단히 단편적이지만 의미와 행복을 때때로 체험합니다. 이 체험은 인류 안에 있는 긍정의 힘을 확인시켜 주고 그것을 지속시킵니다. 이런 체험은 종교인에게나 비종교인에게나 공통된 것입니다. 의료기관 종사자들은 환자들의 건강한 삶을 위해 노력합니다. 교육기관 종사자들은 젊은이들의 더 나은 미래를 긍정하는 노력을 합니다. 그들이 이런 일을 하는 것은 종교 이전에 인류 안에 있는 긍정의 힘에 동의하고 그 힘을 실현하는 데에 헌신하는 것입니다. 이 힘에 대한 긍정은 모든 사람이 공감하는 것이고, 이 공감이 있기에 종교를 묻지 않고 모두가 더 나은 세상을 위해 함께 투신할 수 있는 것입니다.

2. 종교 체험의 발생

긍정의 힘과 종교적 해석

하느님을 믿는 사람은 인류 안에 있는 긍정의 힘을 체험하면서 그것을 종교적으로 해석합니다. 그러면 이 긍정의 힘이 더 강력해집니다. 이 힘의 기원을 처음부터 하느님과 연결시킬 필요는 없습니다. "하느님이 말씀하셨다", "하느님이 부르셨다" 등의 언어로 시작할 필요가 없다는 말입니다. 신앙인은 하느님에 대해 다 알고 있는 사람이 아닙니다. 신앙인은 각자 자기가 몸담은 종교의 창시자 안에서 이 긍정의 힘을 봅니다.

불교 신앙인은 부처님 안에서 이 긍정의 힘을 봅니다. 고타마 싯다르타가 아직 출가하지 않고 태자로 있을 때 일어났다는 사문출유四門出遊의 이야기가 있습니다. 태자는 왕성의 네 문으로부터 출유하면서 각각 노인, 병자, 죽은 사람, 그리고 수도자를 만났습니다. 그는 그를 수행하는 사람에게 물었습니다. 자기도 노인이 되는가? 그렇다는 대답을 듣고 그는 그날의 출유를 포기하고 돌아왔습니다. 그 후 병자와 죽은 사람의 장례 행렬을 각각 만났을 때도 같은 질문을 하였고, 같은 대답에 번번이 출유하지 않았습니다. 세상의 고통과 불행을 거부한 것입니다. 세 번의 거부 후 마지막 문에서 만난 수행자 안에서 고타마 싯다르타는 긍정의 힘을 발견하고 출가하여 수행자가 되었습니다. 삶의 모순을 극복할 수 있는 긍정의 힘을 수행에서 읽은 것입니다. 그가 깨달음의 경지에 이르렀을 때 제자들을 가르쳤습니다. 이것이 인도 종교 전통을 배경으로 불교의 구원 언어 전통이 발생하는 계기가 되었습니다. 불교에 몸담은 사람은 부처님의 언어 안에서 새로운 전망과 긍정의 힘을 읽어내는 사람입니다.

긍정의 힘과 그리스도적 해석

그리스도인에게 이 긍정의 힘은 한 인간의 모습 안에 있습니다. 인간 예수의 모습입니다. 그리스도 신앙은 그를 그리스도 혹은 하느님의 아들이라 일컬으면서 그분 안에 하느님과 인간에 대한 긍정을 읽습니다. 이제 인류가 하는 거부는 예수의 생애에 나타난 거부들과 연결해서 이해되고 평가됩니다. 예수는 율법주의, 권위주의, 독선주의, 위선 들을 거부하였습니다. 그 거부와 더불어 예수가 열어 놓은 새로운 전망이 있습니다. 그 전망이 하느님 나라입니다. 하느님이 인간과 함께 계시기에 그 하느님을 중심으로 사는 삶이 지닌 전망입니다. 예수가 죽고 부활하셨다는 말은 그 삶의 전망에는 스스로를 소모시켜서 끝나는 죽음도 있고 그것을 넘어서 실현되는 하느님의 "함께 계심"도 있다는 말입니다.

그리스도 신앙인은 예수가 열어 놓은 이 새로운 전망 안에서 자기가 희망하고 가야 하는 길이 무엇인지를 봅니다. "자기 자신을 버리고 제 십자가를 지고 나를 따라야 합니다"(마르 8,34)라는 신약성서의 말씀은 신앙인이 어떤 거부와 어떤 전망을 가지고 살아야 하는지를 말해 줍니다. 이 전망, 예수의 표현으로 말하면 하느님의 나라는 우리가 부정하고 분개하고 싶은 현실 앞에서도 어떤 자비와 긍정의 숨결을 세상 깊은 곳에서 들을 수 있게 해줍니다. 하느님을 자비하신 아버지로 부르는 그리스도인입니다. 그리스도인은 그 자비와 긍정의 숨결 안에서 세상을 보고 부정도 하고 긍정도 합니다. 그리스도인은 그것을 "하느님의 나라" 혹은 "새 하늘과 새 땅"이라 표현합니다.

3. 신 체험과 계시 언어

인간 체험과 신 체험

선을 추구하고 악을 거스르는 투쟁에 인간은 아무도 초연하게 있을 수 없습니다. 투신이라는 것을 전혀 모르고 자신만을 생각하는, 이기적이고 냉소적인 사람만 그 투쟁의 대열에서 이탈하여 초연할 수 있습니다. 이기적이고 냉소적인 사람은 인류의 일원이기를 포기하고 스스로 고립하는 존재입니다. 구원은 인류 역사 안에 주어져 흐르고 있습니다. 의료·교육·복지 등은 인류 역사 안에 주어진 구원의 실재를 체험할 수 있는 특권적 현장입니다. 구원은 인간 해방을 체험하는 비종교적 인류 역사 안에 주어졌습니다. 이 비종교적 인류 역사 안에는 고통과 불행에 대한 말이 많이 있습니다. 하느님은 그 고통과 불행을 거부하고 더 나은 세상을 향해 전망하고 희망하는 사람들과 함께 계십니다. 그들의 거부와 그들의 희망 안에 하느님은 살아 계십니다.

모세와 예수의 신 체험

모세는 이집트에서 노예 생활을 거부하고 가나안이라는 새로움을 긍정하고 희망하면서 길을 떠났습니다. 하느님은 모세와 함께 계셨습니다. 예수는 사람을 단죄하고 벌주는 그 시대 유다교 기득권층을 거슬러 반발한 인물이었습니다. 예수는 하느님이 사람을 용서하고 살리시는 분임을 긍정하고 가르쳤습니다. 그 하느님은 예수와 함께 계셨고 죽음을 넘어서도 하느님은 그와 함께 계셨다는 것이 부활에 대한 믿음입니다.

인간 해방과 신 체험

신앙인은 인간 해방의 역사 안에 하느님의 일을 봅니다. 비신앙인은 그것을 보지 않는 사람입니다. 그러나 여기서 말하는 인간 해방은 신앙인과 비신앙인이 공감하는 역사적 사실을 의미합니다. 의료·교육·복지 등의 단어가 요약하는 인간 해방입니다. 이 해방의 역사적 사실 앞에 신앙인과 비신앙인은 함께 대화하고 협조할 수 있습니다. 결정적인 것은 하느님에 대해 분명하게 긍정하거나 부정하는 일이 아닙니다. 중요한 것은 "선과 악 사이, 희생시키는 자와 희생당하는 자 사이의 투쟁에 어느 쪽을 택하겠는가?"라는 질문에 대한 대답입니다. 중요한 것은 하느님이 정의로운 분이라고 긍정하는 일이 아니라 나 자신이 정의로운가 반성하는 일입니다. 이 반성이 하느님을 체험하는 첫걸음입니다. 그러나 이 하느님 체험은 획일적인 것도 아니고 모든 이에게 강요된 것도 아닙니다. 각자의 가장 자유스런 결단을 전제로 하는 체험입니다.

계시 언어의 발생

인간 해방을 위한 인간의 노력이 먼저 있고 그 다음에 그것을 하느님과 연결해서 생각해야 합니다. 하느님은 인류 역사 안에 나타나는 해방적인 모든 움직임의 심장과 원천이십니다. 그러나 우리는 계시를 말하기 위해 하느님을 먼저 거론할 필요가 없습니다. 하느님으로부터 시작하여 계시를 말하면, 그 하느님은 우리가 체험할 수 있는 구원에서 유리된 하나의 이데올로기가 되고 맙니다. 인간은 신을 거론하면서 자기의 생각을 정당화하고 그것을 사람들에게 강요하는 우를 범합니다. 계시를 말하기 위해 신을 먼저 거론하면 인간의 생각과 인간이 만드는 차별을 정당화하는 초월적 도구인 하느님이 되고 만다는 뜻입니다. 이런 하느님은 현대인에게 시대에 뒤떨어진 인간 소외 개념으로만 보일 것입니다. 인간의 해방과 구원이 아니라 인간 위에 군림하면서 인간을 부자유스럽게 만드는 하느님이 된다는 말입니다.

우리가 신앙인이라고 말하면서 고통당하는 이, 소외된 이들과 연대성을 사는가, 아니면 사람을 소외시키는 가해자들의 편에 서는가를 아는 것이 중요합니다. 하느님은 가난하고 버려진 이들을 축복하시는 분입니다. "복되다, 가난한 사람들! … 복되다, 지금 굶주리는 사람들! … 복되다, 지금 우는 사람들!"(루가 6,20-21)이라고 선언하면서 예수는 하느님이 그들을 사랑하신다는 사실을 선포합니다. 하느님은 자유로우신 분입니다. 그분이 사람을 사랑하시는 데는 아무런 전제 조건이 없습니다. 인간이 이상으로 하는 인과응보 원리에는 전제 조건이 있습니다. 하느님이 행동하시기 전에 인간 행동에 요구된 조건들이 있습니다. 그러나 하느님은 그런 원리에 얽매여 계시지 않는 자유로운 분이십니다. 이 사실을 유다교 신앙 언어와 그리스도교 신앙 언어가 설명합니다.

유다교 계시 언어의 발생

먼저 유다교 신앙 언어 안에서 보면, 히브리인들이 하느님의 "함께 계심"을 자각한 것은 이집트 탈출이라는 비종교적 역사를 일으키면서였습니다. 이스라엘 사람들은 그들의 신앙 고백에 이 비종교적 사실을 언급합니다. 그들은 과거에 겪은 해방의 역사적 사실을 하느님이 주셨다고 말합니다.

> 너희는 너희 하느님 야훼 앞에 아래와 같이 아뢰어야 한다. "제 선조는 떠돌며 사는 아람인이었습니다. 그는 얼마 안되는 사람을 거느리고 이집트로 내려가서 거기서 몸부쳐 살았습니다. 그러나 그는 거기에서 불어나 크고 강대한 민족이 되었습니다. 그래서 이집트

인들은 우리를 억누르고 괴롭혔습니다. 우리를 사정없이 부렸습니다. 우리가 우리 선조들의 하느님 야훼께 부르짖었더니, 야훼께서는 우리의 아우성을 들으시고 우리가 억눌려 고생하며 착취당하는 것을 굽어 살피셨습니다. 그리고 야훼께서는 억센 손으로 치시며 팔을 뻗으시어 온갖 표적과 기적을 행하심으로써 모두 두려워 떨게 하시고는 우리를 이집트에서 구출해 내셨습니다. 그리하여 우리를 이곳으로 데려오시어 젖과 꿀이 흐르는 이 땅을 우리에게 주셨습니다"(신명 26.5-9).

이 종교적 신앙 고백의 언어가 배경으로 가지고 있는 역사, 곧 비종교적 사실을 출애굽기는 다음과 같이 말합니다. 여기서는 하느님이 거명되지 않습니다.

> 세월이 지나 모세는 성년이 되었다. 그는 어느날 밖에 나갔다가 동족이 고생하는 모습을 보게 되었다. 그 때 마침 이집트인 하나가 동족인 히브리인을 때리는 것을 보고, 그는 이리저리 살펴 사람이 없는 것을 알고 그 이집트인을 쳐죽여 모래 속에 묻어 버렸다(출애 2.11-12).

이 사실이 알려지자 모세는 피신해야 했습니다. 셈족의 부족들은 차례차례 모세의 영도하에 들어왔습니다. 그리고 그들은 이집트 사람들의 손아귀를 벗어났습니다. 역사적 해방 운동이었습니다.

야훼를 믿는 사람들은 비종교적인 이 해방의 역사를 하나의 "거룩한 역사"로 해석합니다. 신앙인들은 이집트의 압제

하에 있던 백성을 하느님이 구원하셨다는 사실을 체험하게 된 것입니다. 이렇게 해서 계시 역사가 나타납니다. 역사 안에 개입하시는 하느님에 대한 신앙 언어가 발생합니다. 그 언어는 인간 행동 방식을 표현하는 인간의 것입니다. 인간은 하느님에 대해 말할 때도 인간 언어로 표현할 수밖에 없습니다. 신앙은 인간의 한계와 역사의 한계를 넘어서 우리를 기적의 세계, 신비의 세계로 인도하지 않습니다.

그리스도 계시 언어의 발생

예수의 경우에도 먼저 인간 해방의 역사를 찾아야 합니다. 인간이 물질이나 명예에 대한 욕심에서 해방되고, 자기 자신을 올바로 이해하고 동료 인간을 영접하는 자유의 실천에 먼저 주목해야 한다는 말입니다. 신앙인은 이 해방의 역사 안에 하느님의 일하심을 봅니다. 죄인들과 세리들과 어울린 예수, 그들과 함께 먹고 마신 예수, 죄인으로 낙인찍힌 사람에게 죄의 용서를 선포한 예수, 이런 예수의 생애가 지닌 인간적 의미를 깨닫지 못하고 예수를 믿는 것은 아무런 가치가 없습니다. 역사적 과정 안에 나타나는 인간적 실천만이 종교적 혹은 초자연적 의미, 곧 계시의 발생 장소가 될 수 있습니다. 예수가 인간 해방을 위해 수행한 인간적 실천을 외면하면, 우리를 위한 실천적 신앙이 발생하지 못합니다. 예수의 인간적 실천 안에 그분이 하느님과 가졌던 유일하고 특수한 관계를 확인해야 합니다. 그리스도 신앙 언어는 예수가 하느님을 계시한 분이라고 말합니다.

구원 역사

 인간 해방의 역사만이 구원 역사로 체험될 수 있습니다. 하느님에 대해 아무런 언급이 없는 역사 안에서 사람이 어떤 사실을 은혜로운 것으로, 또 자기의 삶에 해방적 의미를 지닌 것으로 이해하고, 그것을 영접하여 해석하고 실천하면서 신앙 언어가 발생합니다.* 그리스도 신앙인이 인류 역사를 하느님의 구원 역사라고 말할 때는 그 역사가 타인의 존엄성에 대한 인식을 향상시켰고, 참되고 선한 인간상을 지닐 수 있게 해주었다는 의미를 내포합니다. 하느님이 주신 구원이라는 사실을 분명하게 인식하지는 못하여도, 노예 해방, 남녀 평등의 실현, 사회 복지, 생명 존중, 환경 보호 등 인류 역사 안에 어떤 해방이 이루어지고 있음을 보기에 우리는 구원 역사라고 표현할 수 있습니다.

 신앙은 우리가 사는 세계와 우리 일상의 비종교적 문화를 하느님에게 기원이 있는 구원으로 해석하는 데에 있습니다. 신앙은 현실 도피가 아닙니다. 신앙은 인류와 그 역사를 외면하고 하느님을 생각하는 길이 아닙니다. 역사 안에 살아가는 모든 사람은 이 세상이 주는 소외에서 해방되어 자유롭기를 원합니다. 인간을 소외시키는 것은 많이 있습니다. 재물·경예·권력·증오·질투·허영 등 수없이 많은 것들이 사람의 자유를 제한합니다. 모든 사람이 자유롭기를 원한다는 의미에서 인류 역사 안에 내재하는 구원의 보편성을 말할 수 있습니다. 그리스도 신앙 언어가 계시라는 표현을 사용할 때는 이 구원에 대한 자각이 인류 역사의 산물이 아니라는 사실을 말하려는 것입니다.

4. 하느님과 종교들

구원하시는 하느님

하느님을 믿는 것은 인류 구원의 역사를 소중히 생각하는 것입니다. 인간 해방 역사의 근본과 원천으로서 하느님을 믿는 것은 우주 공간의 먼 어느 곳에 있는 유성군流星群의 존재를 믿는 것과는 전혀 다릅니다. 하느님을 믿는 것은 이 세상에 생명을 주신 하느님이 인간을 구원하신다는 사실을 믿는 것입니다. 각자 태어난 역사의 현장에서, 투신하는 모든 사람 안에 구원하시는 하느님이 현존하심을 믿는 것입니다. 우리가 사는 여건이 어떤 것이든 하느님이 가까이 계시지 않고 또 발견되지 않는 경우는 없었다는 것을 믿는 것입니다. 자녀들을 위한 부모의 헌신, 인간 상호간의 사랑과 희생적 헌신 등을 외면하고 구원하시는 하느님을 논할 수는 없습니다. 하느님을 빙자하여 인간의 체념과 포기를 정당화하지 말아야 합니다. 아무 의미도 보이지 않는 눈앞의 현실에 대한 우리의 견해를 하느님의 뜻으로 위장하는 것은 거짓 신을 만드는 행위입니다.

하느님의 구원적 현존

하느님의 구원적 현존은 우리가 그 사실을 자각하기 전에 이미 역사 안에 있습니다. 하느님의 구원적 일하심은 종교적

---

* "나병환자 열 사람을 낫게 한" 이야기(루가 17,11-19)에서 열 사람이 나았지만 "큰 소리로 하느님을 찬양하면서 돌아와 예수의 발 앞에 엎드려 감사드리는" 신앙 행위를 한 사람은 사마리아 사람 한 사람이었다. 이 사람만이 치유의 해방적 의미를 알아보고 영접하여 해석하면서 신앙 언어를 발생시켰다.

영역 안에 한정되어 있지 않습니다. 구원 역사는 종교사와 동일하지도 않으며, 유다 그리스도 신앙 역사에 한정되지도 않습니다. 인류 역사 전체가 창조하고 해방하시는 하느님의 돌보심 아래에 있습니다. 하느님은 인간이 만든 비구원의 역사에 대해 심판하시는 분입니다. 신약성서(마태 25,31-46)에 예수의 말씀으로 전해지는 "최후 심판"에 대한 이야기가 있습니다. 구원과 비구원에 대해 예수가 제시하는 기준입니다. "굶주린 이에게 먹을 것을 주고, 목마른 이에게 마실 것을 주고, 나그네를 맞아들이고, 헐벗은 이를 입혀 주며, 병든 이와 감옥에 갇힌 이를 찾아 주는 것"이 구원의 역사이며, 그것을 하지 않는 것이 비구원의 역사라는 이야기입니다. 구원과 비구원은 종교적 계율이나 의례 안에 있기 전에 우리 삶의 일상적 현장에 먼저 있습니다.

구원적 현존에 참여

인류 역사 안에 하느님의 구원적 현존은 하나의 베푸심이고 인류에게 하시는 제안입니다. 성서가 잔치라는 표현을 자주 사용하는 이유가 여기에 있습니다. 잔치는 베풀어진 것입니다. 잔치에 초대받은 사람은 그 베풀어진 것을 동료와 나누도록 제안받은 것입니다. 사람이 그 제안에 응하고 그것을 수용하여 베풂을 나눌 수도 있고, 외면할 수도 있습니다. 사람이 구원을 체험하는 것은 그것을 수용하고 나눔을 실천할 때 가능한 일입니다. 잉태된 아기의 생명을 수용하고 아기를 낳아서 키우면서 자기 자신을 나눈 부모만이 생명의 신비로움을 체험합니다. 하느님의 구원적 현존을 수용하고 그것을 실천해 본 사람만이 인류 역사 안에 주어진 구원을 자각할 것입니다.

구원과 종교

교리, 예배 의례, 공동체는 모든 종교들이 중시하는 세 가지 요소입니다. 그러나 흔히는 종교 공동체가 스스로를 구원과 동일시합니다. 인류 역사 안에 주어진 구원이라는 사실을 망각하고 특정 공동체에 속하는 것이 구원인 양 말합니다. 이것은 구원의 실재에 대한 오해에서 기인한 독선입니다. 종교나 교회가 중요하지 않습니다. 세상과 인류 역사가 구원의 장소입니다. 인류 역사 안에서 구원이 실현되고, 그곳에서 구원이 거절당하는 불행이 일어납니다. 그런 의미에서 "세상 밖에 구원 없다"는 격언이 사용됩니다. 창조된 세상 안에서 우리의 역사는 전개됩니다. 세상은 하느님이 사람들을 매개로 구원 행위를 하시는 무대입니다.

개별 종교의 역사는 전체 구원 역사의 단편입니다. 종교들은 역사 안에 주어진 하느님의 구원 행위를 인간이 깨닫고, 그 깨달음을 언어화하여 보존하는 전승들입니다. 하느님의 구원은 종교들보다 먼저 인류 안에 있었습니다. 인간이 그 구원에 대해 체험하기 전에 구원은 이미 역사 안에 있었습니다. 하느님의 구원은 이 세상 인간이 실천하는 사랑 안에 이미 있었습니다.

구원 언어의 전승인 종교

종교들은 하느님이 이 세상 안에 이루시는 구원을 체험하고 실천하는 운동, 혹은 놀이의 전승입니다. 놀이라는 말은 종교들이 일련의 실천적 양식을 지녔고 인간이 그것에 자유롭게 참여하여 그 종교가 역사 안에 존속하게 한다는 것을 의미합니다. 종교들은 하늘에서 떨어지지 않았습니다. 구원과 인류 역사를 묶어서, 우리 삶 안에 있는 구원의 더 깊은 바탕을 인식해야 합니다. 구원을 자기가 속하는 종교 혹은 교회와 묶어 놓고, 인류 안에 주어진 구원임을 망각하는 것은 중세 유럽과 같은 단일 종교 문화권에서 가능했던 일입니다. 하느님의 현존 혹은 일하심을 자기가 속하는 종교 혹은 교회 안으로 한정하는 것은 독선적 편견입니다. 바로 이 독선과 편견이 그리스도 교회간의 일치와 종교간의 상호 이해를 저해합니다. 오늘날 종족과 지역의 분쟁이 있는 곳에 반드시 종교적 반목이 그 저변에 흐르고 있음을 볼 수 있습니다. 인간의 비구원적 독선이 인류 안에 주어진 자비로우신 하느님의 구원을 외면하면서 빚어지는 현상입니다.

종교들과 교회들

종교들과 교회들은 구원이 아니라 구원의 징표들입니다. 종교와 교회가 있는 것은 이 세상에 주어진 구원이 있음을 말하기 위함입니다. 자기가 몸담은 종교 혹은 교회를 사람들에게 강요할 것이 아니라 그 종교가 지닌 해방적이고 구원적인 성격을 사람들이 알아 볼 수 있도록 해야 합니다. 하느님은 숨어 계십니다. 하느님을 믿는 사람에게도 믿지 않는 사람에게도 그분은 숨어 계십니다.

종교들과 교회들은 "기억"입니다. 이집트로부터의 해방에 대한 기억이 유다 종교의 핵심에 자리잡고 있습니다. 그리스도 신앙의 핵심에는 예수로 말미암아 발생한 해방의 기억이 자리잡고 있습니다. 불교에서는 부처님이 깨달은 해방의 기억이 그 핵심을 이룹니다. 종교와 교회는 인류 역사 안에 침묵을 지키면서 일하시는 하느님의 보편적 구원 의지와 구원을 위한 그분의 절대적 현존에 대해 살아 있는 기억을 보존하는 사람들의 집단입니다. 여기서 살아 있다는 것은 그 기억으로 말미암은 놀이, 곧 일련의 실천이 있다는 말입니다. 종교들은 말씀, 예배 의례, 삶의 실천으로써 이 보편적 구원의 현존이 망각되지 않게 합니다. 하느님의 현존은 이 세상 안에 숨겨진 것이기에 종교와 교회의 언어는 필수적입니다. 종교들은 하느님이 익명으로, 숨어서, 겸손하게 이 세상에 오시는 것에 대한 감사로운 영접입니다.

세상에 대한 다양한 체험과 다양한 종교

사람들은 그들 동료 인간과 세상에 대한 경험을 통해서 종교에 입문합니다. 따라서 종교인이 되는 것은 세상이라는 매체를 통해서 되는 일입니다. 이 세상은 우리에게 다양한 모습으로 체험됩니다. 여러 종교들이 있다는 사실은 세상에 대한 우리의 체험이 다양하다는 것을 말해 줍니다. 다양한 종교들이 있는 것은 다양한 문화 전통이 있기 때문입니다. 인간은 언어를 통해서 체험한 것을 해석하고 전달합니다. 같은 언어 안에서도 다양한 해석이 있을 수 있고, 언어가 다르면 해석도 달라질 수밖에 없습니다. 인간의 언어 전통은 역사적으로, 지리적으로 채색된 것입니다. 역사와 지리가 다르면 언어 전통의 표현 양식도 다르다는 말입니다. 종교 언어 전승들이 종교 공동체간 상호 이해가 불가능할 정도로 다양한 것은 역사적, 지리적 또 사회적 요인들이 작용하여 하느님의 보편적 현존에 대한 체험을 해석하였고, 그것이 축적된 종교 전승이기 때문입니다.

종교와 언어

신앙인이 표현하는 신앙 언어는 그 자체로 어떤 권위를 지니는 것이 아닙니다. 신앙 언어는 인류 역사 안에 이미 주어진 구원에 대한 감사로운 응답입니다. 하느님은 인간의 구원을 위해 인간 안에서 일하십니다. 신앙인은 자기가 속하는 신앙 전통 안에서 그 구원을 언어로 전환합니다. 유다교와 그리스도교가 "하느님의 말씀"이라는 표현을 즐겨 사용하는 이유가 여기에 있습니다. 구원의 언어보다 먼저 있는 것이 그 원천이신 하느님의 일하심입니다.

그리스도 신앙의 역사에서 예수는 당신 말씀과 행동으로, 하느님의 보편적 구원 의지에 유일하게 얼굴을 준 인물로 일컬어집니다. 그는 그 시대 사람들의 비종교적 동기로 된 재판의 결과로 십자가에 죽었습니다. 그리스도 신앙 언어가 말하는 핵심 사건은 비종교적이고 정치적인 역사의 한 과정입니다. 교회들은 이 비종교적 사건을 종교의례적으로 기억하면서 하느님이 이 세상 안에 이루시는 구원을 표현합니다. 교회 공동체가 종교의례적으로 보존하는 기억은 사람들이 종교의례 밖, 곧 일상생활 안에서 그 구원적 행업을 실천하도록 촉구합니다. 여기에 종교 언어의 존재 이유가 있습니다.

② 예수의 역사적 모습

예수는 역사 안에 태어나 살았던 인물입니다. 그리스도 신앙 언어가 예수를 기원으로 발생했으면, 그분이 어떤 사회적, 문화적 여건에 태어나 살았으며 어떤 활동을 했는지를 역사적으로 확인해 보아야 합니다.

1. 시대상

로마제국의 식민지 팔레스티나

기원전 63년 로마의 장군 폼페이우스가 예루살렘을 점령하면서부터 팔레스티나는 로마제국의 식민지가 되었습니다. 헤로데는 팔레스티나 부호로서 로마제국의 정권에 영합하여 왕이 되고 기원전 37년부터 기원후 4년까지 33년간 팔레스티나를 다스렸습니다. 그는 에사오의 후손인 에돔 사람입니다. 유다인들은 야곱의 후손입니다. 따라서 헤로데는 순수 유다인이 아닙니다. 기원전 4년에 헤로데가 죽고 팔레스티나는 세 아들에게 분할되었습니다. 헤로데 아르켈라오스가 유다와 사마리아를 차지하고 헤로데 안티파스가 갈릴래아와 베레아 지방, 헤로데 필리포스가 그 북부 지역을 다스립니다. 기원후 17년 로마 황제는 아르켈라오스의 무능을 탓하여 그를 유배하고 총독을 파견하여 직접 통치합니다.

예루살렘 도시의 규모

그 무렵 예루살렘의 인구는 55,000 내지 90,000명으로 추산됩니다. 해방절을 전후해서는 200,000명 정도가 되었을 것으로 추측합니다. 플라비우스 요세푸스는 기원후 70년에 1,200,000명의 인구가 예루살렘에 살고 있었다고 기록하였지만, 예루살렘의 지리적 여건으로 볼 때 그 기록은 믿을 수 없습니다. 로마와 알렉산드리아 두 도시의 인구가 각각 1,000,000명이었고 안티오키아에 500,000명의 인구가 있었습니다. 유다 전쟁(66~70년) 당시 팔레스티나 저항군의 연대장이었던 요세푸스는 자기 병력을 이끌고 로마군 사령관이었던 티투스 장군에게 투항하고 로마로 귀화하여 황제로부터 은급을 받으면서 역사가로 여생을 보낸 인물입니다. 따라서 그의 조국이었던 팔레스티나를 과대 포장하는 과정에 예루살렘의 인구를 과장했을 것입니다.*

유다인들의 파벌

그 시대 유다인들을 구성하는 사람들 중에는 혁명당원이라 불리는 사람들이 있습니다. 절대적 신정神政을 꿈꾸면서 무력 봉기로써 로마의 예속에서 벗어나야 한다고 생각하던 사람들입니다. 기원후 66년에 그들은 실제로 무력 봉기를 주도하였고, 70년 티투스 장군에 의하여 예루살렘이 함락되면서 완전 섬멸되었습니다. 그중 일부(요세푸스의 기록에 의하면 960명)가 사해 근방에 있는 마사다 요새에 피신하여 항쟁하다가

---

* 정양모·이영헌 『이스라엘 성지 – 어제와 오늘』〔생활성서사 1988〕 85 참조.

74년 실바 장군에 의해 섬멸되어 "마사다의 비극" 이야기를 남겼습니다.*

바리사이 파는 로마에 항쟁은 하지 않고 철저한 율법 준수로써 이스라엘을 종교적으로 개혁해야 한다고 주장하던 사람들입니다. 바리사이라는 이름은 분리된 자들이라는 뜻입니다. 그들은 율법을 잘 지키지 못하는 다른 사람들과는 분리된 거룩한 자들입니다. 에쎄네 사람들이 있습니다. 그들은 엄격주의자들이고 사회와 절연된 독신·수도·금욕 생활을 장려하던 사람들입니다. 자기들 스스로 빛의 자녀라고 자처하는 배타주의자들입니다. 이들은 66년 혁명당원들이 로마를 거슬러 반란을 일으켰을 때 초기에 그들의 우세함을 보고 그 전쟁에 가담했다가 예루살렘 함락과 더불어 완전 섬멸되었습니다. 마지막으로 사두가이라고 불리던 사람들이 있습니다. 이들은 보수주의자들입니다. 로마 정권에 협력하면서 현상유지를 원하는 이들입니다. 사제장들과 원로회원들, 토호와 귀족들이 이 집단에 속합니다.

2. 사회 계층

그 시대 유다인 사회는 다음과 같은 사회 계층으로는 이루어져 있습니다.

---

* 같은 책 83-5 참조.

가난한 사람

가난한 이들은 대부분 걸식으로 생계를 이어가는 이들입니다. 소경·벙어리·귀머거리·절름발이·앉은뱅이·나병환자 등 모두 신체 장애자들입니다. 과부와 고아들도 노동력이 없기에 스스로 생계를 해결하지 못하는 사람들입니다. 그들은 남의 희사에 의지할 수밖에 없었습니다. 날품팔이와 노예들도 이 가난한 사람들의 계층에 속합니다.

죄인

죄인들은 어떤 이유에서든지 율법과 전통을 따르지 못하는 사람들입니다. 그들은 창녀·세리·강도·목자·고리대금업자·선원과 같이 죄스럽거나 부정한 직업에 종사하는 사람들입니다. 목자가 죄인인 것은 그들이 양떼를 몰고 지나가면 메마른 땅에 사람들이 애써 가꾸어 놓은 농산물이 하나도 남지 않기 때문입니다. 성전에 십일조를 바치지 않는 사람들과 율법을 알지 못하는 무식한 사람들도 모두 이 범주에 속합니다. 이 사람들은 아무런 해결책이 없습니다. 이들은 하느님의 뜻으로 열등한 인간으로 태어났습니다. 이들에게는 사회적 존경과 공민권이 거부되었습니다.

병든 사람과 마귀들린 사람

그 시대에는 정신장애자와 간질환자들을 모두 마귀들린 것으로 생각하였습니다. 피부가 불결하면 나병환자였습니다. 그들이 겪는 질병은 그들 자신 혹은 그들 조상이 범한 죄에 대해 하느님이 내리신 벌이라는 것이 당시 유다교 사회의 통념이었습니다.

중류 계급과 상류 계급

그 사회의 중류 계급에 속하는 사람들은 전체 인구에 비하여 소수입니다. 목수·어부·상점경영자·무역업자·기술자들입니다. 끝으로 극소수의 상류 계급 인구가 있습니다. 부호들, 헤로데 왕실 사람들, 십일조로 치부하는 귀족사제들, 대부분의 토지를 소유한 귀족들이 이 계급에 속합니다.

3. 각색되고 윤색되지 않은 예수의 모습

신앙 문서인 복음서들

우리 현대인은 확인되지 않는 것은 믿지 않습니다. 복음서들은 예수의 죽음과 부활 후 신앙인들이 예수에 대해 기억하는 바와 더불어 그들이 믿고 있는 것을 기록한 문서들입니다. 오늘과 같이 문서를 기록할 수 있는 수단을 다양하게 가진 시대가 아닙니다. 물론 녹음기도 녹화기도 없었습니다. 따라서 그 시대 사람들에게 정확한 사실 보도를 기대할 수 없고 기록하는 사람들도 그것이 정확한 사실 보도가 아니라는 것을 알고 있습니다. 예수의 말씀과 행적이 예수를 따르던 사람들의 삶 안에 일단 녹화되었다고 말할 수 있습니다. 그들의 실천 안에 역사적 예수의 말씀과 실천이 살아 있었다는 말입니다. 예수가 돌아가시고 수십 년이 흐른 다음, 그들이 예수에 대해 회상하고 그 회상한 바를 언어로 표현할 때, 그들의 실천이 함께 언어화될 수밖에 없었습니다.

복음서들은 예수에 대한 전기傳記와 같은 양식으로 기록되었지만 그것은 어디까지나 초기교회 신앙 실천을 반영하는 문서입니다. 그 문서는 20세기에 사는 우리를 위해 기록된 것이 아니라, 성서가 기록될 당시의 사람들을 위해 기록된 것입니다. 요한 복음서는 그 마지막에 "이 일들을 적은 것은 여러분이 예수는 그리스도요 하느님의 아드님이심을 믿고, 또한 믿어서 그분 이름으로 생명을 얻기 위해서이다"(20,31)라고 기록하였습니다. 복음서들의 기록이 역사적 사실보도가 아니라, 부활하신 예수를 믿는 사람들이 그들의 믿음을 표현한 것이라는 말입니다. 따라서 우리가 예수에 대해 역사적으로 확인을 하려면 먼저 신앙인이 아닌 사람들이 남긴 문서에 물어 보아야 합니다. 과연 예수라는 인물이 생존하였던지 먼저 물어 보아야 합니다.

예수에 대한 역사서들의 언급

위에서 언급한 요세푸스의 「유다 고대기」(서기 93년경 기록)라는 책이 있습니다. 요세푸스는 그리스도 신앙인이 아닙니다. 그는 이렇게 기록하고 있습니다. "이 시대에 예수라는 한 슬기로운 사람이 생존했다. 그는 기적적인 일들을 행했다. 그는 많은 유다인들과 이방인들을 자신에게로 끌어 모았다. … 오늘에 이르기까지 그를 따라 그리스도 교도라 불리는 사람들의 대가 끊어지지 않고 있다."*

시리아 사람 마라 바르 세라피온은 스토아 철학자인데 혹해 연안 에데싸에서 공부하고 있던 자기 아들에게 서기 70년 조금 후에 써 보낸 편지에 다음과 같이 말하고 있습니다.

---

* A. 레플레 [김윤주 역] 『성경과 오늘 – 돌과 문서가 말한다면』 [분도출판사 1978] 189.

"아테네 사람들은 소크라테스를 죽였지만 무슨 이익이 있었는가? … 유다인들은 그들의 현명한 왕을 처형하고 어떠했는가? 그 시대 그들은 그 나라에서 제거되지 않았는가? … 아테네 사람들은 굶어죽었다. … 유다인들은 살육되고 또 자기네들 나라에서 추방되었다. 그들은 여기 저기 흩어져 살고 있다. 소크라테스는 플라톤에 있어서는 죽지 않았고 … 그 현명한 왕도 그가 선교한 새로운 법에 있어서는 죽지 않았다."*

이것 외에도 몇 개의 기록이 더 있습니다. 그러나 예수는 목수라는 직업을 가진 로마 식민지인 팔레스티나의 한 젊은이였습니다. 그분의 생애는 짧았고 로마 정권의 처형으로 죽었다는 사실은 그 시대 대단한 화제가 될 수 없는 흔한 일이었습니다. 따라서 성서 밖에서 그분에 대한 기록을 더 찾는 것은 별 의미가 없습니다.

예수의 출생과 생존

예수가 기원전 6년경부터 기원후 30년 4월 7일까지 팔레스티나에 생존했다는 사실은 오늘날 역사학에서 의심할 여지가 없습니다. 예수에 대한 객관적 전기는 쓸 수 없습니다. 우리가 고증할 수 있는 자료가 너무나 부족하기 때문입니다. 예수의 용모와 자아의식에 대해서도 우리는 모릅니다. 예수는 당신 스스로 당신의 생애와 사상에 대해 기록한 것도 없고 예수의 제자들도 그런 시도를 하지 않았습니다.

---

* 위의 책 191-2.

마태오 복음서(1-2장)와 루가 복음서(1-2장)가 전하는 소위 유년 복음이라는 것은 전기적 기록이 아닙니다. 예수가 제자들을 가르치고 사람들에게 당신의 복음을 선포하는 공적 활동 이전의 이야기를 구약성서의 기록을 참고하여 서술한 것입니다. 부활하신 주님이신 예수 그리스도를 믿는 공동체가 예수는 구약성서를 완성시키는 인물이라는 사실을 말하기 위해 만든 신학적 작품입니다. 따라서 예수의 탄생에 대한 이야기들은 너무 사실화해서 이해할 것이 아니라, 그 이야기들이 담고 있는 그리스도 신앙의 의미, 곧 예수를 주님으로 믿는 초대교회의 해석과 실천을 기록한 것으로 이해해야 합니다. 초기교회 신앙인들은 이 이야기들을 하고 또 들으면서 예수로 말미암아 발생한 신앙의 의미를 그들 안에 되새겼습니다. 이야기는 사람들이 그것을 듣고 자유롭게 실천할 것을 권하는 의사 전달의 양식입니다.

마태오 복음서가 전하는 이야기들

동방에서 점성가들이 예방한 이야기(2,1-12)가 있습니다. 이 부분은 시편(72,10-11.15)과 이사야 예언서(60,6)를 참조하여 만든 이야기입니다. 세상의 주목을 받는 메시아가 탄생했다는 뜻입니다. 요셉이 예수 아기와 어머니를 데리고 이집트로 피신했다가 거기서 돌아온 이야기(2,13-15.19-23)는 "내가 내 아들을 이집트에서 불러내었다"는 호세아 예언서(11,1)의 말씀을 참작하여 구성한 부분입니다. 이스라엘은 이집트에서 탈출이라는 일대 역사의 와중에 함께 계시는 하느님에 대한 깊은 체험을 하였듯이 예수도 그 과정을 거치게 만들었습니다. 예수는 이스라엘의 운명을 요약하는 인물이라고 믿는 마태오 복음 공동체의 작품입니다. 헤로데가 "베들레헴과 그 일대에 사는 두 살 또래와 그 아래 아이들을 모두 죽인" 이야기(2.16-18)가 있습니다. 헤로데는 이스라엘을 대표하는 인물입니다. 예수에 대한 이스라엘의 거부는 이렇게 잔인하고 철저했었다는 것을 말하려는 의도가 보이는 이야기입니다.

루가 복음서의 예수 탄생 예고(루가 1.26-38)

가브리엘 천사가 마리아에게 하는 인사가 "기뻐하십시오"라는 것입니다. 이 말은 예언자 스바니야(3.14)가 시온, 곧 예루살렘을 향해 한 인사입니다. 구원은 예루살렘에서부터 온다는 뜻입니다. 루가 복음서는 마리아에게 이 인사를 하면서 이제 마리아가 구원을 갖다주는 참다운 예루살렘이라는 사실을 말하고자 합니다. "은총을 입은 이!"라는 표현은 사무엘의 어머니 한나가 예언자 엘리와 가진 대화(1사무 1.17-18) 중 예언자가 한나에게 한 말입니다. 루가 복음서는 이 말을 마리아에게 하면서 그에게 일어나는 일은 은혜로운 일이라는 사실을 말하고자 합니다. "주님이 함께 계십니다"라는 말은 시나이 산에서 모세에게 하느님이 함께 계시다(출애 3.12)고 말씀하신 데서 가져온 표현입니다. 하느님이 마리아와 함께 계시다는 것입니다. "잉태하여 아들을 낳을 터이니", 이 말은 이사야 예언자(7.14)가 아카즈 왕의 아들이 태어날 것을 예언할 때 한 말입니다. "성령이 내려오신다"는 것은 창세기(1.2) 창조의 이야기 안에 하느님의 영이 내려오셔서 창조가 시작된다는 사실에서 가져온 표현입니다. 마리아가 예수를 잉태한 것은 성령이 하시는 새로운 창조라는 뜻입니다. "지극히 높으신 분의 힘이 감싸주실 것"이라는 표현은 출애굽기(40,35)에 나오는 표현입니다. 광야에서, 하느님을 만나는 성막 위에 구름이 내려와 덮어서 하느님의 현존을 알렸습니다. 하느님의 힘이 이제 마리아를 감싸서 마리아는 하느님이 현존하시는 장소가 된다는 뜻입니다. 그리고 이어서 엘리사벳에 대한 언급이 있습니다. 석녀인 그가 이미 잉태한 지 여섯 달이 되었다는 것입니다. "하느님에게는 불가능한 일이 없다"는 말로써 천사의 말은 끝납니다. 아브라함의 아내 사라가 잉태할 것을 예고할 때 사용된 표현입니다(창세 18,14).

이 탄생 예고에는 사무엘의 어머니 한나, 이사악의 어머니 사라 그리고 요한의 어머니 엘리사벳, 이 세 여인이 언급되었습니다. 한나와 사라는 구약성서가 언급하는 수태치 못한 여인들이고 엘리사벳은 신약성서가 언급하는 수태치 못하는 여인입니다. 이 여인들에게 공통된 것은 그들이 하느님의 특별한 배려로 수태하였고 그 결과 이스라엘과 그리스도 신앙사에 결정적 역할을 하는 인물을 탄생시켰다는 것입니다.

이렇게 보면 마리아가 처녀였다는 복음서의 말은 수태치 못한 여인들의 이야기 안에서 이해해야 한다는 뜻입니다. 인간의 생산력에서 구원이 오는 것이 아니라 인간의 능력이 그 불가능함을 드러내는 곳에 하느님이 은혜롭게 하시는 일이 구원이라는 뜻입니다. 마리아가 처녀라는 것은 생리학적으로 혹은 산부인과학적으로 알아들을 일이 아닙니다. 성서는 신앙의 문서입니다. 마리아가 처녀라는 말은 독신으로 사는 것이 좋다는 뜻도 아니고 처녀가 하느님의 눈에 더 깨끗하다는 의미도 아닙니다. 하느님의 구원은 인간 생산력의 결과가 아니라, 인간이 불가능한 곳에 하느님은 은혜롭게 베푸시고, 새롭게 창조하시며, 현존하신다는 믿음이 만든 이야기입니다.

세례받은 예수

예수가 세례자 요한으로부터 세례를 받은 것은 틀림없는 사실로 보아야 합니다. 그 시대에는 정화(淨化) 예식으로 세례의 실천이 많았습니다. 예수는 한때 세례자 요한의 세례 운동에 가담하였던 분으로 보입니다. 예수의 제자들이 선교할 무렵에 요한의 제자들도 살아 있었습니다. 선교의 목적은 사람들의 시선이 예수에게로 가게 하는 데에 있습니다. 요한이 예수에게 세례를 주었다는 사실은 예수의 제자들에게 퍽 부담스런 일이었습니다. 그들의 복음선포에 혼선을 빚을 수 있는 일이었습니다. 따라서 예수가 요한으로부터 세례받은 것이 사실이 아니었다면 그것을 만들어서 각색할 이유가 전혀 없습니다. 예수의 제자들은 이 부담스런 일을 사실이기 때문에 전하고 있습니다. 그러나 그들은 혼선을 빚지 않기 위해 여러 가지 장치를 하였습니다.

각 복음서는 요한이 "예수의 신발끈을 풀어 드릴 자격조차 없는"(마르코, 루가, 요한), "신발을 들고 다닐 자격조차 없는"(마태오) 인물이었다고 말합니다. 요한은 예수에 비하면 종도 되지 못한다는 뜻입니다. 복음서들은 이사야서를 인용하면서 요한을 "심부름꾼"·"길을 닦는 이"·"부르짖는 이의 소리" 등으로 표현합니다. 요한을 넘어서 예수에게로 사람들의 시선이 가게 하려는 것입니다. 루가 복음서는 예수가 세례를 받았다고 말하면서도 요한으로부터 받았다는 사실을 밝히지 않습니다. 요한 복음서도 예수에게 사람들의 시선이 가게 하고자 여러 가지 장치를 합니다(요한 1,6-8; 1,19-28; 1,29-34; 3,22-30). 복음서들이 이렇게 많은 장치를 해 가면서 세례자 요한의 이야기를 하는 것은 예수가 요한의 세례 운동에 가담했었다는 사실이 역사적으로 확실하다는 것을 입증합니다.

죄인들과 세리들과 어울린다는 평을 들은 예수

예수가 죄인들과 세리들과 어울렸다는 말도 사실을 전하는 것으로 생각해야 합니다. 당시 유다교 기득권자들인 율사들과 바리사이들은 예수가 죄인들과 세리들과 어울려 음식을 든다고 비난한 것으로 복음서(마르 2,16)는 전합니다. 예수가 안식일 계명을 위반한다(마르 2,23)는 것은 복음서들에 자주 나오는 비난입니다. 유다인들이 지키던 정결례법을 폐기한다(마르 7,1)는 비난도 예수 생애에 대한 확실한 증언으로 보아야 합니다. 예수에 대한 유다인들의 평가는 "보아라, 먹보요 술꾼이며 세리와 죄인들의 벗이로구나"(마태 11,19)라는 것이었습니다. 이런 불평과 비난은 유다인으로 구성된 초기교회 공동체에서 예수에게 불리하고 불명예스러운 증언들입니다. 따라서 이런 언급들은 역사적 사실로 보아야 합니다. 사실이 아니라면 그들이 그런 것을 상상해서 만들어낼 수 없는 이야기들이기 때문입니다.

예수에 대한 사람들의 반응은 두 가지로 보입니다. 일부 사람들에게 예수는 감탄스런 예언자였습니다. 그러나 유다 종교 지도자들과 경건한 유다인들의 눈에는 기성 종교 질서를 문란하게 하는 거짓 예언자로 보였습니다. 하느님이 죄인들을 사랑하신다는 것은 하느님의 거룩하심과 정의에 근본적으로 위배된다고 그들은 생각하였습니다. 그래서 예수는 처형됩니다. 예수의 설교 행각이 일부 사람들에게 성공을 거두지 않았다면 그를 죽이기까지 할 필요는 없었을 것입니다.

예수의 죽음

예수가 폭력에 의해 생명을 잃은 것은 유다 종교 지도자들과 경건한 사람들이 양심의 갈등을 해소하는 길이었습니다. 그들의 양심에 따르면 하느님은 율법을 잘 지키는 의인에게 상을 주고 율법을 지키지 못하는 죄인에게는 벌을 주어야 합니다. 예수는 거짓 예언자로 처형되었습니다. 구약성서 신명기 법은 하느님의 이름으로 다음과 같이 말합니다. "내가 말하라고 시키지 않은 것을 주제넘게 내 이름으로 말하는 … 예언자는 죽임을 당하리라"(신명 18,20 참조). 예수는 악은 사랑으로만 극복된다고 생각하였습니다. 예수는 악에 대해 악으로 대처하지 않았습니다. 예수는 사람들이 악을 극복하는 수단으로 생각하는 재물·신분·지위·권력 등의 힘을 빌려서 입신立身·보신保身·양명揚名을 꾀하지 않았습니다. 그는 제한 없는 사랑, 죽음에 이르는 사랑(1요한 3,16)을 가르쳤습니다. 예수는 자기가 가르친 대로 실천하면서 죽어갔습니다.

세상에 개방적이었던 예수

예수는 금욕·고행·은둔·출가 등을 장려하지 않았고 사람들과 어울려서 함께 살았습니다. 그는 세상에 대해 개방적이었습니다. 그 시대 유다인들과 같이 그는 사마리아 사람이

나 이교도들에 대해서도 배타적이 아니었습니다. 예수는 정통 신앙을 정확하게 고백하기 위해 노력한 흔적도 없고, 종교 의식儀式에 참여하고 종교 의무를 다했다고 생각하지도 않았습니다. 예수는 여인들에 대해서도 그 시대 사람들과 같은 태도를 취하지 않고 개방적이었습니다(루가 8.2-3 참조). 예수 시대 유다교 회당에서 여성은 아무런 역할을 할 수 없었고 여성이 받는 종교 교육도 대단히 기초적인 것이었습니다. 어느 스승 밑의 제자도 될 수 없었고 그와 함께 길을 갈 수도 없었습니다. 예수는 병자와 죄인들을 하느님이 버리지 않으신다고 가르치고 변두리 인생들과 함께 어울렸지만 부자들이나 권력자들을 미워한 흔적도 전혀 찾아볼 수 없습니다. 예수는 어떤 조직적 계획이나 전략에 따라 활동한 분으로도 보이지 않습니다. 예수는 어떤 깨달음이 있을 때마다 실천한 것으로 보입니다. 이것이 우리가 역사적으로 확인해 볼 수 있는 예수의 모습입니다.

4. 예수가 어떤 인물이었는지를 알려면

한 인물의 실재를 확실하게 알려면 그 인물에 대해 객관적으로 확인되는 역사적 사실만 알아서 다 되는 것이 아닙니다. 그 인물을 존경하고 따랐던 사람들과 그 인물을 미워했던 사람들의 이야기도 들어 보아야 합니다. 신약성서는 예수를 따랐던 사람들이 예수에 대해 기억하는 것을 그 시대 방식으로 기록한 문서입니다. 그들은 예수에 대한 그들의 체험을 언어화하는 과정에 다른 과제도 가지고 있습니다. 그것은 예수의 죽음이 지닌 의미입니다. 예수는 하느님을 아버지로 부르면서 하느님을 사람들에게 가르친 인물이었습니다. 죽은 예수가 하느님 안에 살아 계시다는 사실을 믿는 예수의 제자들입니다. 그렇게 살려 놓을 예수였다면 하느님이 왜 그런 비극적 죽음을 맞이하도록 그를 버려 두셨는지를 알 수 없었습니다. 복음서 형성 과정에서 제자들은 예수가 비극적 종말을 겪게 된 원인들을 찾고 짚어 보았습니다. 그들의 그런 노력이 복음서 안에 보입니다. 따라서 신약성서는 예수를 따르던 사람들의 믿음뿐 아니라, 예수를 죽인 유다 종교 지도자들이 예수를 미워한 동기들도 말해 줍니다. 그러면 우리는 복음서들 안에서 예수를 믿고 따랐던 사람들이 예수로 말미암아 경험한 것과 예수를 미워한 사람들이 예수에게서 경험한 것을 모두 발견할 수 있을 것입니다.

과거의 한 인물이 보여준 사상과 실천을 올바르게 평가하려면 그 인물이 어떤 전통 안에서 살았으며, 그 전통에 대해서 어떻게 반응하고 어떻게 평가했는지를 보아야 합니다. 그리고 우리가 관심을 가져야 하는 또 한 가지는 그 인물의 영향사影響史라는 것입니다. 그 인물로 말미암아 어떤 언어와 실천들이 역사 안에 발생했는지도 생각해 보아야 합니다. 신약성서에는 초대교회의 실천도 함께 수록되었기에 예수의 영향사도 신약성서에서 확인할 수 있을 것입니다.

③
이스라엘의 신앙 전승

이스라엘의 경전인 구약성서는 하나의 도서관과 같습니다. 역사적·사회적 배경과 관심사가 서로 다른 여건에서 사람들이 하느님의 일을 체험하고 그 체험을 언어화해서 기록한 것을 집대성한 문서입니다. 그들의 기록 방식도 다양합니다. 각 문서가 사용하는 문학유형文學類型이 다르기 때문입니다. 역사서·설화·율법·예언·시·지혜문학 등의 다양한 문학유형으로 기록되었다는 말입니다. 성서의 문서들은 문학유형만 다른 것이 아닙니다. 시대와 문화가 다르면 사람들의 지식·관심사·염원 등도 다릅니다. 따라서 신앙에 대한 그들의 감수성도 시대에 따라 다르고 그들이 체험한 바를 언어화하는 방식에도 차이가 있습니다. 그런 의미에서 여러 시대의 다양한 장서를 지닌 도서관과 같다고 말하는 것입니다. 여기서 우리는 그 다양한 전승을 모두 공부할 수는 없습니다. 다만 그 다양한 양식의 근저에 일관되게 흐르는 기초를 생각해 보고자 합니다.

모세의 신앙 체험

유다교 신앙은 기원전 1250년경 이집트 탈출이라는 일대 역사를 일으키는 모세와 더불어 발생합니다. 성서는 모세와 하느님이 계약을 맺었다고 말합니다. 창세기는 노아와의 계약(9,1,9-17))과 아브라함과의 계약(15,18-19)이 먼저 있었던 것으로 말하지만 모세와의 계약 이야기가 발생한 후 그것에 준해서 노아와 아브라함의 이야기를 계약의 언어로 해석한 것입니다. 하느님이 모세와 맺었다는 계약의 핵심은 하느님이 인간과 함께 계시다는 것이고 인간은 하느님의 그 함께 계심에 입각하여 살겠다는 내용입니다.

출애굽기가 전하는 하느님에 대한 모세의 체험에 핵심으로 나타나는 것은 "나 너와 함께 있다"(3,12)는 말씀입니다. 그 후 하느님이 모세에게 알려 주시는 것으로 되어 있는 하느님의 이름 "야훼"(3,15)도 하느님이 이스라엘과 함께 계시다는 사실을 말해 줍니다. "야훼"라는 하느님의 이름은 히브리어의 "내가 있다"라는 동사의 삼인칭 단수, 곧 "그가 있다"라는 단어입니다. 하느님에 대한 모세의 체험은 하느님의 "함께 계심"입니다. 그 함께 계심은 모세와 더불어 시작된 것이 아니라 이스라엘 민족의 시초부터 있었다는 것입니다. "너희 선조들의 하느님 야훼이시다. 아브라함의 하느님, 이사악의 하느님, 야곱의 하느님이시다"(3,15)라는 말이 그 사실을 설명해 줍니다. 모세가 시나이 산에서 받았다는 십계명(출어 20,1-17; 신명 5,1-22)은 하느님이 함께 계심을 믿으면서 사는 사람의 사회적·윤리적 행동 지침을 그 시대 언어로 요약한 것입니다.

계약의 의미

모세의 신앙 체험에 "계약"이라는 단어가 사용된 것은 하느님이 함께 계시다는 사실을 깨달은 사람에게는 전혀 다른 내일이 열린다는 것을 의미합니다. 일상 생활에서 우리가 계약을 맺는 것은 계약 당사자들이 장차 행동할 방식을 정하는 것입니다. 모세가 하느님과 계약을 맺었다는 것은 하느님과 이스라엘 백성을 대표하는 모세 사이에 장차 어떻게 행동할 것인지를 정했다는 말입니다. 하느님은 인간과 함께 계시는 분이고, 이스라엘은 그 함께 계심에 충실하여 하느님과 함께 내일을 열어 나가겠다는 약속을 했다는 뜻입니다. 이스라엘은 이제부터 하느님과 인간이 함께 여는 내일을 살아야 합니다. 하느님은 충실하신 분입니다. 이제 인간의 충실함이 요구됩니다. 이 충실함의 실천을 구체적으로 표현한 것이 율법이고 그 헌장이 십계명입니다.

계약과 하느님 인식

계약 안에 나타나는 하느님은 이 세상을 설명하기 위한 원리로서의 하느님이 아닙니다. 세상에 대해 인식한 결과 그 원리인 하느님을 생각하게 된 것이 아닙니다. 계약은 하느님을 부를 수 있게 해줍니다. 계약으로 열리는 내일은 인간이 하느님을 부르면서 사는 삶의 공간입니다. 하느님은 당신이 원해서 사람들과 함께 계십니다. 세상은 하느님이라는 원리가 있어야 설명이 되지만, 계약은 그것에 대해서 긍정도 부정도 하지 않습니다. 계약은 하느님을 부르는 백성으로 살겠다는 약속입니다. 계약이 말하는 것은 이 계약으로 말미암은 관계가 생기기 전에 사람은 하느님을 알지 못하였다는 것입니다. 사람이 사람을 아는 것은 객관적 관찰로써 되는 일이 아닙니다. 사람이 사람을 아는 방식은 함께 있으면서 이름을 부르고 그 함께 있음을 소중히 생각하고 서로 존중하는 데에 있습니다. 이것은 친구 되는 일입니다. 사람은 친구 되면서 그 사람을 압니다. 계약은 하느님과 친구같이 함께 있는 공간을 만드는 것입니다.

인간의 실천 안에서 확인되는 하느님의 함께 계심

하느님이 함께 계심을 체험하고 그 함께 계심에 충실하여 하느님의 백성이 되겠다고 약속한 모세는 하느님에게 기도합니다. 이집트를 탈출할 때 하느님도 그 백성과 함께 길을 떠나셔야 한다고 청합니다. 그 기도에 하느님은 "내가 친히 너를 데리고 가서 너를 편하게 하리라"(출애 33,14)라고 답하십니다. 하느님은 그 함께 계심에 충실하다는 뜻입니다. 모세의 기도는 그것으로 끝나지 않습니다. "당신의 존엄하신 모습을 보여주십시오" 하면서 모세는 하느님을 눈으로 확인하려 합니다. 하느님의 답은 이렇습니다. "내 모든 선한 모습을 네 앞으로 지나가게 하며, 야훼라는 이름을 너에게 선포하리라. 나는 돌보고 싶은 자는 돌보아 주고, 가엾이 여기고 싶은 자는 가엾이 여긴다." "그러나 내 얼굴만은 보지 못한다." "내 얼굴은 보지 못하겠지만 내 뒷모습만은 볼 수 있으리라"(출애 33,18-23). 하느님으로 말미암아 "돌보아 주고 가엾이 여기는" 선한 실천을 하는 사람들 안에 하느님은 함께 계시다는 말씀입니다. 그 실천 안에서 하느님이 확인된다는 말입니다. 하느님을 확인하는 방식은 그 얼굴을 보는 데 있지 않고, 그 백성과 함께 계시는 하느님을 원인으로 발생하는 인간 실천을 보면서 하느님을 인식하는 데에 있다는 말입니다. 출애굽기는 하느님으로 말미암아 발생하는 인간의 실천이 하느님의 "뒷모습"이라고 표현합니다.

함께 계시는 하느님에 대한 초기 이스라엘의 체험

이집트에서 천민으로 살던 히브리 사람들은 이집트의 다른 떠돌이들과 함께 모세의 영도하에 모여듭니다. 그들은 자유롭게 살 수 있는 땅을 찾아서 이집트를 탈출합니다. 그들은 시나이 반도를 40년 동안이나 헤매었습니다. 하느님의 "함께 계심"에 대한 모세의 확신은 놀라운 일들을 발생시켰습니다. 그 놀라움을 구약성서는 기적 이야기로 표현했습니다. 후에 그 이야기들을 기록으로 남기면서 더 극적으로 각색하고 과장하였습니다. 이 각색과 과장은 하느님의 "함께 계심"에 대한 모세의 신앙이 놀라운 결과를 낳았다는 것을 말하기 위함이었습니다. 그 이야기들은 하느님은 과연 사람들과 함께 계셨고 그분은 "돌보아 주고 가엾이 여기는" 분이었다는 사실을 말합니다. 이집트 탈출이라는 일대 역사를 성취한 다음, 자유롭게 살 수 있는 땅을 차지한 이스라엘 사람들의 감탄과 감사를 담은 이야기들입니다. 하느님의 "함께 계심"은 불가능했던 일을 가능하게 만들었다는 것입니다.

율법의 존재 이유

이스라엘이 팔레스티나에 정착하면서 함께 계시는 하느님에게 충실하겠다는 마음다짐은 율법에 대한 자각으로 표현되었습니다. 율법은 함께 계시는 하느님을 생각하면서 사는 인간의 행동 방식을 요약합니다. 이스라엘이 하느님을 우리의 왕, 우리의 아버지라고 말하는 것은 하느님에 준해서 살겠다는 표현입니다. 왕의 통촉하심으로 백성이 살고 아버지의 생명을 자녀들이 살듯이 이스라엘 백성은 함께 계시는 하느님에 준해서 산다는 뜻입니다.

창세기 2-3장의 창조 설화説話는 하느님이 인간과 세상을 창조하실 때 "선과 악을 알 수 있는 나무 열매"만은 먹지 말라는 법을 주셨다고 말합니다(3.5 참조). 창세기는 하느님이 창조하신 과정을 전하는 역사학적 혹은 과학적 보고서가 아닙니다. 이 문서는 이스라엘이 팔레스티나에 정착한 다음에 인류 역사의 기원에서부터 하느님이 함께 계셨고 인간과 세상은 하느님이 창조하신 결과라는 믿음을 말합니다. 이 문서에 따르던 인간은 무엇이라도 할 수 있는 자유를 지녔지만 선과 악의 기준을 자기 안에 두어서는 안된다는 것입니다. 하느님을 기준으로 선과 악을 판단하라는 말입니다. 선과 악의 기준을 자기 안에 두면 자기 자신을 중심으로 세상을 보게 될 것입니다. 그것은 하느님과 함께 사는 방식이 아닙니다.

이 창조 설화는 사람이 그 나무 열매를 먹어서 선과 악의 기준을 자기 안에 두고 말았다고 말합니다. 하느님이 계시지 않는 듯이 행동했다는 뜻입니다. 그 결과 사람은 자기가 알몸이라는 사실을 알았고 하느님이 두려워 숨었다고 말합니다. 자기를 기준으로 살면서 인간은 이웃 앞에 부끄러워지고, 하느님 앞에 두려워졌다는 뜻입니다. 율법 혹은 계명은 하느님의 "함께 계심"에 충실하기 위한 인간 행동 강령입니다. 그것은 맹목적으로 지키라는 것이 아니라 하느님의 "함께 계심"을 의식하고 사는 데 필요한 지침입니다.

제물 봉헌의 존재 이유

이스라엘이 실천하는 제물 봉헌은 하느님이 함께 계시기에 인간은 그분 시선하에서 자기 생산품을 처리하겠다는 의미를 담고 있습니다. 사람들이 맏아들, 농산물의 맏물과 축산물의 맏배를 하느님께 봉헌하는 것은 하느님께 그것들이 필요하기 때문이 아닙니다. 함께 계시는 하느님의 시선으로 자식이나 자기 노동의 대가를 보겠다는 뜻입니다. 나 한 사람의 좁고 이기적인 시선을 넘어 하느님의 시선으로 보고 처리하겠다는 상징성을 지닌 행동입니다. 상징성이라는 말은 제물 봉헌 본래의 뜻을 살려내어 함께 계시는 하느님이 우리 삶 안에 살아 계시게 한다는 뜻입니다. 인간 나눔의 행위를 거룩하신 하느님을 기원으로 한 행위로 격상시키는 제물 봉헌 의례입니다.

율법과 제물 봉헌에 대한 가상假想적 해석

역사가 흐르면서 사람들은 이 율법을 목적으로 삼고 말았습니다. 율법을 완전하게 지켜서 자기의 미래를 자기 노력으로 보장하겠다는 생각은 함께 계시는 하느님을 보지 못하게 만들었습니다. 그 결과 이스라엘은 율법의 빈틈없는 준수를 위해 많은 율법을 만드는 결과를 초래하였습니다. 이것은 율법을 전담한 율사들의 일이었습니다. 결국 율법이 지니고 있는 상징성, 곧 하느님의 함께 계심에 준해서 살기 위한 인간 실천으로서의 율법의 의미는 상실되고 이스라엘은 율법 준수를 위해 맹목적으로 노력하게 되었습니다.

제물 봉헌도 같은 변천을 겪습니다. 인간 나눔의 의미는 상실되고 하느님께 바치는 행위로 전락한 것입니다. 이것은

이스라엘의 신앙 전승 53

제물 봉헌 의례를 전담한 제관들이 한 일이었습니다. 하느님의 "함께 계심"과 베푸심의 의미는 퇴색하고, 바친 만큼 받아낸다는, 인과응보의 원리가 작용하는 장으로 하느님을 끌어내린 것입니다. 하느님은 많이 바치는 자에게 많이 보상하는 분이 되면서, 그분의 주거住居는 제물 봉헌 의례가 거행되는 성전 안으로 제한되는 결과를 초래했습니다.

결국 함께 계시는 하느님에 대한 이스라엘의 의식은 퇴색되고, 율법을 완벽하게 지키고 제물 봉헌 의례에 충실하여 하느님으로부터 많은 것을 얻어내는 수단인 신앙이 되었습니다. 인간을 중심으로 한 삶의 장에 자리잡은 율법과 제물 봉헌이 되었습니다. 하느님으로부터 벌을 받지 않고 많은 보상을 얻어내기 위해 인간은 율법과 제물 봉헌으로 하느님을 조율해야 하는 것입니다. 하느님은 인간의 재물과 지위와 권력에 대한 욕구를 충족시켜 주고 정당화해 주는 존재로 전락하였습니다. 인간이 소중하기에 발생한 해석입니다. 그것은 율법과 제물 봉헌이 지닌 본래의 의미가 아니라 인간이 자기를 중심으로 발생시킨 가상적 해석입니다.

예언자들의 등장

이스라엘 사람들이 하느님의 "함께 계심"을 상실한 사실에 반발해서 일어나는 것이 예언자들입니다. 예언자들은 하느님이 함께 계시는 것이 이스라엘 백성에게 어떤 실천을 요구하는지를 외치는 사람들입니다. 하느님을 자기 이득 추구의 수단으로 삼지 말고 하느님이 하느님으로 함께 계시는 원초의 계약이 의미하는 삶으로 돌아가야 한다고 외친 이들입니다.

각 예언서에는 차이나는 시대적 배경이 있습니다. 그 시대가 안고 있는 현안들에 대한 언급이 많습니다. 따라서 우리가 접근하여 온전하게 알아듣기 위해서는 그 시대의 역사적 배경도 알아야 할 것입니다. 예언서들의 몇 구절을 읽어 봅시다.

> 야훼께서 말씀하신다. "무엇하러 이 많은 제물을 나에게 바치느냐? 나 이제 숫양의 번제물에는 물렸고, 살진 짐승의 기름기에는 지쳤다. 황소와 어린양과 숫염소의 피는 보기도 싫다. … 더 이상 헛된 제물을 가져오지 말아라. … 내 앞에서 악한 행실을 버려라. 깨끗이 악에서 손을 떼어라. 착한 길을 익히고 바른 삶을 찾아라. 억눌린 자를 풀어 주고, 고아의 인권을 찾아 주며 과부를 두둔해 주어라"(이사 1,11-17).

"착한 일"과 "바른 삶"은 소외된 사람들을 위해 "돌보아 주고 가엾이 여기는" 실천을 하는 일과 삶입니다. 고아와 과부는 그 시대 소외 계층의 대명사입니다. 노동력이 없어서 아무런 생활 대책이 없는 사람들입니다.

> 너희의 순례절이 싫어 나는 얼굴을 돌린다. 축제 때마다 바치는 분향제 냄새가 역겹구나. … 다만 정의를 강물처럼 흐르게 하여라. 서로 위로하는 마음 개울같이 흐르게 하여라(아모 5,21-24).

성서가 말하는 정의는 오늘의 분배 정의가 아닙니다. 하느님이 베푸셨기에 사람도 베푸는 것이 정의입니다. 정의를 실천하는 것은 서로 위로해 주는 것, 곧 "돌보아 주고 가엾이 여

이스라엘의 신앙 전승 55

기는" 실천을 하는 것입니다.

> 야훼께서 말씀하신다. 하늘은 나의 보좌요 땅은 나의 발판이다. 너희가 나에게 무슨 집을 지어 바치겠다는 말이냐? …(이사 66,1-4).

"성전을 지어 하느님께 바치자"는 구호의 모순을 지적하는 말입니다. 하느님의 집을 짓는다는 구실로 사람들을 괴롭히지 말라는 말씀입니다. 성전은 하느님의 집이 아니라 하느님이 사람들과 함께 계시다는 사실을 상기시키는 건물입니다. 사람들은 거기 모여 하느님이 함께 계시다는 사실을 기억하고, 그 함께 계심에 입각한 새로운 실천을 다짐하는 장소입니다.

수많은 예언자의 출현에도 불구하고 이스라엘은 계약으로 말미암은 하느님의 "함께 계심"에 충실한 실천을 하지 못하였습니다. 율법 조항은 많아지고 제사 의례는 엄격해졌습니다. 율법도 제사도 하느님의 "함께 계심"을 의식하여 사람을 "돌보아 주고 가엾이 여기는" 수단이 되지 못하고, 오히려 사람을 차별하고 단죄하고 죽이는 무기가 되었습니다. 율사들은 율법으로 사람을 단죄하고 제관들은 제사로 사람을 죄인으로 만들었습니다. 병자·불구자를 비롯한 모든 불행한 자는 율법과 제사 의례에 충실하지 못하여서 하느님으로부터 벌받은, 곧 하느님이 버린 사람들로 인식되었습니다. 이런 시기에 예수가 출현합니다.

모세와 예언자의 노선에서 이해된 예수

예수의 죽음과 부활 후 제자들이 중심이 된 공동체는 모세와 예언자의 연장선상에서 예수를 이해하였습니다. 복음서는 예수의 최후만찬 보도에서 그것이 "새 계약"(루가 22,20)이었다고 말하여 모세의 계약을 상기시키고, 예수의 유년 시절을 기록하는 부분에서는 구약성서가 전하는 모세의 유년 시절 이야기를 참고하여 기록하였습니다. 복음서는 또한 "어떤 예언자도 고향에서는 환영받지 못합니다"(루가 4,24), "예언자가 예루살렘 밖에서 죽을 수는 없습니다"(13,33)라는 예수의 말씀을 상기시켜서 예수는 예언자의 한 사람으로 행동하셨다는 사실을 알려 줍니다.

예수의 "영광스러운 변모" 이야기(마르 9,2-9)는 모세와 엘리야가 나타나서 "예수와 이야기를 나누고 있었다"고 말합니다. 초기교회가 모세와 엘리야 노선에서 예수를 이해하였다는 사실을 알려주는 장면입니다. 엘리야는 이스라엘 예언자의 대명사입니다. 그 이야기의 끝에 예수는 "인자가 죽은 이 가운데서 다시 살아날 때까지는 그들이 본 바를 아무에게도 전하지 말라고 엄명하신" 것으로 되어 있습니다. 예수의 죽음과 부활 후에 모세와 엘리야의 노선에서 예수에 대한 올바른 이해가 있었다는 사실을 알려주는 말입니다.

④
예수의 가르침

"하느님 나라" - 가르침의 주제

 예수의 가르침은 "하느님의 나라"를 주제로 하고 있습니다. 하느님의 나라는 하느님의 "함께 계심"을 의미합니다. 현세에든 내세에든 하느님은 우리와 함께 계십니다. 그 사실을 받아들여, 그 하느님에 준한 실천을 하는 사람이 하느님의 나라에 있는 사람입니다. 예수는 "하느님의 나라가 가까웠다"고도 말하지만 또한 "하느님의 나라가 너희 가운데 있다"고도 말합니다. 현재 하느님의 "함께 계심"을 사는 사람 안에는 하느님 나라가 있다는 말씀입니다. 하느님은 미래에 충만히 함께 계시겠지만 그 미래를 향해 현재를 사는 사람에게는 벌써 하느님의 나라가 있다는 말씀입니다.

이미 있고 아직 없는 하느님 나라

 우리의 현재는 미래를 계획합니다. 대학생이 되겠다는 고등학생은 대학생이라는 미래를 향해 계획하면서 살아야 합니다. 이 계획이 없으면 대학생이라는 미래는 그 학생에게 오지 않습니다. 그렇다고 대학생이라는 미래가 그 사람이 한 계획의 산물은 아닙니다. 미래는 오는 것입니다. 계획한 것보다는 다른 모습으로 옵니다. 그 고등학생이 대학생이 되어 보면 자기가 생각했던 것보다 다른 대학생이 되어 있다는 사실을 알 것입니다. 그 고등학생에게 대학생이라는 미래는 대학에 입학하겠다는 계획으로 이미 있었습니다. 그러나 후에 실제로 실현된 대학생은 아직 없었습니다.

하느님 나라의 미래도 마찬가지입니다. 사람은 미래의 하느님 나라를 위해 현재를 계획하면서 살아야 합니다. 그래서 하느님 나라를 향한 실천들이 있습니다. 그것이 하느님의 "함께 계심"이기에 미래를 향한 우리의 현재 실천에도 하느님은 함께 계십니다. 미래에 올 하느님 나라는 현재의 실천이 없으면 오지 않습니다. 그러나 미래에 실현될 하느님 나라는 현재 하는 실천의 산물은 아닙니다. 하느님이 주시는 미래의 현실입니다.

예수가 사용한 하느님 나라에 대한 비유들 중 현재와 미래를 대조적으로 설명하는 것들이 있습니다. 하느님 나라는 "겨자 씨와 같습니다. 뿌려질 때는 그것이 땅에 있는 모든 씨보다도 작습니다. 그러나 뿌려지면 자라서 어떤 푸성귀보다도 크게 되어 커다란 가지들을 뻗어서 '하늘의 새들이 그 그늘에 깃들일 수 있게 됩니다'"(마르 4,31-32). 겨자 씨의 현재와 겨자 나무라는 미래가 얼마나 대조적인가를 보여주는 비유입니다. "하늘 나라는 누룩과 비슷합니다. 어떤 부인이 그것을 가져다가 밀가루 서 말 속에 집어넣었더니 온통 부풀어 올랐습니다"(마태 13,33). "좋은 땅에 떨어져 무럭무럭 자라서 열매를 맺는데 삼십 배, 육십 배, 백 배로 맺는" 밀씨(마르 4,1-9)의 비유도 있습니다. 하느님 나라는 현재 우리가 하는 계획의 산물이 아니라 현재 계획과는 대조적 성격을 지닌, 하느님이 주시는 기적과 같은 도래到來임을 말하는 비유들입니다.

아무도 제외하거나 버리지 않는 하느님 나라

예수는 하느님의 "함께 계심"에서 아무도 제외되지 않는다고 믿고 있습니다. 예수는 유다 종교 기득권자들이 하느님의 "함께 계심"에서 제외되었다고 말하던, 죄인들·세리들·버려진 사람들과 함께 어울렸습니다. 예수는 이런 믿음과 실천 때문에 바리사이파 율사들로부터 "세리와 죄인이랑 어울려 먹소?"(마르 2,16)라는 비난을 받았습니다. "미쳤다고들"(마르 3,21) 말하는 소문이 떠돌기도 했습니다. "보아라, 먹보요 술꾼이며 세리와 죄인들의 벗이로구나"(마태 11,19)라는 것이 예수에 대한 그 시대 유다인 기득권층의 평가였습니다. 예수는 하느님이 계약으로 열어놓은 "함께 계심"의 공간에서는 아무도 제외되지 않는다고 가르쳤습니다. 하느님은 사람을 버리는 분이 아니라는 것입니다. 하느님은 모든 사람의 하느님이시고, 율법과 제물 봉헌은 사람을 단죄하는 수단이 아니라 그분의 "함께 계심"을 사는 양식이라야 하는 것이었습니다.

베푸심이고 용서인 하느님 나라

예수는 병 고침과 마귀 쫓는 행위로 하느님이 고치고 살리신다는 것을 보여주었습니다. 그 시대 사람들은 간질이나 정신분열증을 마귀 들린 것이라 표현했습니다. 유다 종교 기득권층은 사람이 병들거나 마귀 들린 것은 사람의 죄에 대해 하느님이 벌주신 것이라 믿었습니다. 예수는 하느님이 벌하시는 분이 아니라고 가르쳤습니다. 예수는 "당신의 죄는 용서받았소"라는 말씀을 자주 하십니다. 하느님은 죄의 대가로 병고와 불행을 주시지 않는다는 것을 표현하는 말씀이기도 합니다.

마르코 복음서는 중풍병자를 고친 이야기(2.1-12)에서 예수께서 실천하신 병 고침은 단순한 치유만이 아니라, 하느님이 용서하시는 분이라는 사실을 보여주는 행위임을 말합니다.

"눈은 눈으로, 이는 이로"라는 동태복수법同態復讐法의 원리를 벗어나지 못하는 인간입니다. 이스라엘은 함께 계시는 하느님과의 공생共生이라는 신앙의 초기 체험을 잃으면서 인간 사회의 원리인 인과응보 안에서 하느님을 생각하게 되었습니다. 예수는 하느님이 인과응보의 원리 안에 계시지 않다는 것을 가르칩니다. "이 사람이 죄인들을 맞아들이고 함께 먹는구나"(루가 15.2)라고 불평하는 바리사이들과 율사들 앞에서 예수는 세 가지 비유를 말씀하십니다.

죄인에 대한 하느님의 시선

첫째 비유는 잃어버린 양 한 마리를 되찾고 기뻐하는 목자의 비유입니다(루가 15.3-7). 그 목자는 길 잃었던 양을 벌하지 않습니다. 그는 기뻐서 그 양을 "어깨에 메고 집으로 가서 벗과 이웃을 불러모아" 기뻐합니다. 한 마리도 잃지 않고 함께 있고 싶은 목자의 심정이 인간을 위한 하느님의 심정이라는 것입니다. 둘째 비유는 잃었던 은전을 되찾고 기뻐하는 부인의 비유입니다(루가 15.8-10). 은전 한 푼도 잃기 싫은 부인의 마음이 인간을 한 사람이라도 잃지 않고 함께 계시고 싶은 하느님의 마음이라는 것입니다.

셋째 비유는 잃었던 아들을 되찾아서 기뻐하는 아버지의 이야기입니다(루가 15.11-32). 그 아들은 아버지로부터 유산을 받아 먼 땅으로 가서 방탕한 생활로 재산을 탕진하고 먹을 것조차 없었습니다. 그는 아버지 집에 종으로라도 들어가서 굶주림을 면해 보겠다고 마음먹고 집으로 돌아옵니다. 그 아버지가 아들을 맞아들이는 광경을 루가 복음서는 다음과 같이 서술합니다. "그가 아직 먼 거리에 있었는데, 아버지는 그를 알아보고 측은히 여겨 달려가서 그의 목을 끌어안고 입을 맞추었다." 그리고 좋은 옷을 갖다 입히고 손에는 가락지를 끼워 주고 발에는 신을 신겨 줍니다. 좋은 옷은 돌아왔다고 아버지가 주는 훈장이고, 가락지는 상속권을 다시 준다는 의미입니다. 아버지는 종들에게 살진 송아지를 잡아서 잔치를 벌이라고 말합니다. 그러면서 아버지는 말합니다. "나의 이 아들은 죽었다가 다시 살아났고 내가 잃었다가 찾은 것이다." 아버지와 함께 있는 것이 살아 있는 것입니다. 하느님은 죄인을 용서하고 모든 것을 다시 베풀어서 잃었던 사람을 되찾고 살리신다는 뜻입니다.

하느님과 사람의 차이

이런 이야기도 있습니다. 예수가 시몬이라는 바리사이 집에 초대받아 갔습니다(루가 7,36-50). 예수가 자리잡고 앉았을 때 "고을에서 죄인으로 소문난 여자"가 예수에게 접근하여 "눈물로 그분의 발을 적시더니 머리카락으로 닦고 그 발에 입맞추며 향유를 발라드렸습니다". 그 광경을 본 집주인은 속으로 말합니다. "이 사람이 예언자라면 자기에게 손을 댄 저 여자가 누구이며 어떤 여자인지 알 터인데. 사실 죄인이지!" 죄인이라는 말 한 마디가 그 여인에 대해 모든 것을 평가하고 말았습니다. 이것이 유다 종교 기득권자들이 하는 일이었습니다. 예수는 그 여인에게 "당신의 죄는 용서받았소"라고 말씀하십니다. 사람이 하는 일과 하느님의 일이 얼마나 다른가를 보여줍니다.

간음하다 잡힌 여인의 이야기(요한 8.1-11)도 있습니다. 사람을 죽이는 율법 맹신자들과 살리는 예수를 대조해 보이는 이야기입니다. 유다인들은 율법의 이름으로 그 여인을 돌로 치려 합니다. 예수는 그들의 손에서 그 여인을 구출하여 살렸습니다. 예수는 그 유다인들에게 말씀하십니다. "진리가 당신들을 자유롭게 할 것입니다"(8.32). 용서하고 살리는 하느님의 일이 진리이고 사람을 용서하고 살릴 때 인간은 참으로 자유롭다는 말씀입니다.

율법과 안식일 계명

예수는 안식일 계명과 율법을 자주 범한 것으로 신약성서는 말합니다. 그렇다고 예수가 율법 폐지 운동을 한 것은 아닙니다. 예수는 그것들을 단순히 범할 뿐입니다. 그러면서 예수는 말씀하십니다. "안식일이 사람을 위해서 생겼지, 사람이 안식일을 위해서 생기지 않았습니다"(마르 2.27). 그 시대 유다교 지도자들이 이해하지 못하는 말입니다. 예수는 이 말씀으로 안식일을 인생의 목적과 같이 절대화하지 말아야 한다는 사실을 표현했습니다. 율법이 아니라 함께 계시는 하느님이 중요합니다. 율법은 그 "함께 계심"을 상기시키는 수단입니다. 사람들이 율법 준수에 온갖 힘을 쏟으면서 유다교 율법 조항들은 많아졌습니다. 예수가 안식일 계명이나 율법을 범하는 것은 사람들의 시선을 가로막고 있는 율법과 안식일 계명에다 구멍을 뚫는 것같이 보입니다. 율법과 안식일을 넘어서 함께 계시는 하느님에게로 시선이 가게 하는 일입니다. 예수는 "내가 율법이나 예언자들의 말을 혁파하러 온 줄로 여기지 마시오. 혁파하러 온 것이 아니라 오히려 완성하러 왔습니다"(마태 5,17)라고 말씀하십니다. 함께 계시는 하느님에게로 사람들의 마음이 가면 율법의 존재 의미가 완성된다는 뜻입니다.

하느님 앞에 아들이신 예수

예수는 하느님의 나라만 선포하였지 자기 자신에 대해 전혀 선포하지 않았습니다. 아들은 아버지 앞에서 자기 스스로를 내세우지 않습니다. 예수는 하느님에게 "아빠"라는 파격적 호칭을 사용한 것으로 성서는 전합니다(마르 14,36; 갈라 4,6; 로마 8,15). 이것은 어린이가 아버지를 부를 때 사용하는 격의 없이 친근함을 표시하는 단어입니다. 유다인 사회에서 아버지는 아들에게 삶의 기원이고 권위와 가르침입니다. 아들이라는 사실은 아버지를 기준으로 하는 아들의 실천에서 확인됩니다. "내 뜻이 아니라 아버지의 뜻"이라는 표현은 복음서들 곳곳(루가 22,42; 마태 26,42; 요한 4,34; 5,30; 6,38)에 나옵니다. 하느님이 아버지이시기에 예수가 취하는 자세입니다.

하느님 아버지와 이 세상의 대조적 성격

예수가 하느님을 아버지로 부를 때는 하느님과 이 세상을 대조적인 것으로 보고 있습니다. 인간 고통과 재해의 역사, 폭력과 불의의 역사 앞에 아버지이신 하느님의 선하심은 대조를 이룹니다. 아버지는 은혜롭고 악을 거스르는 분이십니다. 악이 마지막 말이 되지 않게 하시는 분이며, 미래를 주시는 분입니다. 예수는 이 "아빠" 체험으로 세상의 역사가 주지 못하는 희망의 메시지를 사람들에게 주었습니다. 예수는 하느님에 대한 자기 체험이 독창적이라는 것을 알고 그것을 바탕으로 가능성과 확신을 사람들 안에 심습니다. 예수의 "아빠" 체험은 사람들을 아끼고 자유롭게 하는 힘이신 하느님에 대한 직접적 인식의 산물입니다.

"선하신 선생님"이라 부르면서 접근하는 사람에게 예수는 "하느님 한 분 외에는 아무도 선하지 않습니다"(마르 10,17-18)라고 말씀하십니다. 예수가 하느님을 아버지로 부르면서 살고 있는 지평이 무엇인지를 보여주는 말씀입니다. 하느님의 선하심을 체험하면서 열리는 지평입니다. "부자가 하느님 나라에 들어가기보다는 낙타가 바늘귀를 지나가기가 쉽습니다"(10,25)는 예수의 말씀에 제자들은 놀랍니다. "그렇다면 누가 구원받을 수 있겠는가?"라는 제자들의 의문에 예수는 "하느님은 무슨 일이나 다 하실 수 있습니다"(10,27)라고 대답하십니다. 부자는 돈을 좇아서 사는 사람입니다. 하느님 나라에는 돈이 없습니다. 따라서 부자가 하느님 나라에 들어갈 이유가 없습니다. 그러나 하느님은 그들도 받아들이신다는 뜻입니다. 예수가 하느님 아버지의 선하심에 대해 가진 확신의 지평이 어떤 것인지를 잘 보여주는 이야기입니다.

아버지의 생명을 사는 자녀

아버지는 아들에게 법입니다. 하느님이 베풀고 용서하고 사랑하시는 분이면 자녀인 우리도 그렇게 해야 합니다. 이 사실을 설명하는 예수의 비유 말씀이 있습니다(마태 18,23-35). 일만 달란트를 빚진 사람이 자기 주인으로부터 그 부채를 면제받았습니다. 이 사람은 자기에게 백 데나리온을 빚진 자기 동료에게 무자비했습니다. 그 사실을 들은 주인은 부채 면제 조처를 취소했습니다. 하느님이 용서하시는 분이니까 우리도 용서할 줄 알아야 한다는 비유 말씀입니다.

자캐오가 예수를 만난 이야기(루가 19,1-10)도 시사하는 바가 많습니다. 예수가 예리고 거리를 지나가다 그곳의 부자 세리 자캐오를 만났습니다. 예수는 그 날 그 사람의 집에 머물게 되었습니다. 자기 집에 예수를 모셔들인 자캐오는 자기 재산의 반을 가난한 사람들에게 주고 남의 것을 등쳐먹은 것은 네 곱절로 갚겠다고 말씀드립니다. 예수는 "오늘 이 집에 구원이 내렸습니다"라고 말씀하십니다. 남의 재산을 등쳐먹고 빼앗아서 자기 자신을 위해 갖다 쌓던 사람이 예수를 만나서 베푸는 사람이 된 것입니다. 베풂은 하느님의 생명이 하는 일입니다.

배척당한 예언자 예수

하느님 나라에 대한 예수의 가르침과 하느님의 "함께 계심"에 준한 그분의 활동은 유다 종교 기득권자들로부터 배척을 당하였습니다. 예수는 제관도 아니고 백성들의 원로도 아니며 율법학자도 아니었습니다. 예수는 유다 종교 사회에서 아무런 기득권을 갖지 못한 인물입니다. "어떤 예언자도 자기 고향에서는 환영을 받지 못합니다"(루가 4,24)라는 말씀이나, "오늘도 내일도 그 다음날도 나는 내 길을 가야만 합니다. 예언자가 예루살렘 밖에서 죽을 수는 없습니다"(루가 13,33)라는 말씀은 예수가 자기 자신을 예언자로 의식하고 있음을 보여줍니다. 이스라엘의 역사에 예언자는 하느님의 진리를 갈하고 그것 때문에 스스로의 목숨을 잃는 사람입니다. 예수는 하느님에 대해 타협하지 않는 예언자로서 죽음에 이르게 되리라는 말씀입니다. 하느님의 일을 위해 죽는 예수는 하느님의 "함께 계심"을 어디까지 실천해야 하는지를 보여줍니다. 초기교회는 이 사실을 "누가 내 뒤를 따르려면 자기 자신을 버리고 제 십자가를 지고 나를 따라야 합니다"(마르 8,34)라는 예수의 말씀으로 우리에게 전합니다.

하느님의 나라에 죽기까지 충실했던 예수

죽음을 앞두고도 예수는 하느님의 "함께 계심"에 충실했습니다. 제자들이 죽음에 직면한 예수를 버리고 떠난 것은 살기 위한 아무런 대책을 세우지 않는 예수가 못마땅하였기 때문입니다. 예수는 자기 자신이 살아남기 위한 대책을 세우지 않았습니다. 그에게는 하느님의 "함께 계심"이 소중했습니다. 제자들을 가르쳐서 하느님의 나라가 그들을 통해 실현되게 한다는 예수의 계획이었지만, 예수는 자기 계획보다 하느님이 하시는 일이 더 가치 있다는 사실을 깊이 의식하고 있었습니다.

예수는 당신의 실패 앞에 하느님 아버지를 부르면서 아버지의 뜻을 위해 자기가 변할 것을 받아들입니다. "아빠 아버지, 아버지께서는 어떤 일이든 하실 수 있사오니, 이 잔을 저에게서 거두어 주소서. 그러나 제가 원하는 대로 하지 마시고 아버지께서 원하시는 대로 하소서"(마르 14,36). 예수는 겟세마니에서 이렇게 기도하면서 아버지를 불렀지만, 하느님은 침묵만 지키십니다. 하느님의 이 어두운 침묵 앞에서도 예수는 하느님의 "함께 계심"에 대한 믿음을 잃지 않았습니다. 함께 계시는 하느님을 중심으로 자기 자신이 변할 것을 주저하지 않았습니다. 예수가 가르친 하느님은 계시지 않다고 십자가 앞에서 비아냥거리는 사람들의 조롱을 받으면서도 예수는 하느님을 부르고 죽어갔습니다.

루가 복음서는 예수가 "아버지, 제 영을 당신 손에 맡기옵니다"라고 기도하고 숨을 거두신 것으로 전합니다. 예수가 죽음에 이르기까지 하느님에게 충실했음을 잘 나타내는 말입니다. 예수의 부활은 하느님의 "함께 계심"에 끝까지 충실했던 예수 생애의 당연한 귀결이었습니다.

유혹에 빠진 제자들

그와 반대로 제자들은 겟세마니에서 잠들어 하느님의 침묵 앞에 침묵으로 답하였습니다. 예수는 그들에게 유혹에 빠지지 않도록 기도하라고 권했습니다. 유혹은 하느님이 계시지 않는 듯이 사는 것입니다. 하느님의 침묵에도 불구하고 예수는 하느님 아버지를 불렀습니다. 그것은 하느님과 함께 있는 방식입니다. 하느님 아버지는 실제로 함께 계셨고, 예수는 유혹에 빠지지 않았습니다. 그러나 제자들은 하느님을 부르지 않았습니다. 하느님의 "함께 계심"을 살지 않았습니다. 그들은 유혹에 빠졌습니다. 그들이 잠에서 깨어났을 때는 자기 자신 밖에 보지 못합니다. 그들은 살기 위해 도망칩니다. 침묵으로 일관하시는 하느님은 그들에게 계시지 않은 것으로 느껴졌습니다. 하느님의 침묵 앞에 제자들이 침묵으로 응답하자, 하느님과 인간 사이의 거리가 응고하여 벽이 되고 만 것입니다.

⑤
예수의 기적

과거와 현대 역사 서술 방식의 차이

과거 세상에서 사람이 역사를 쓴다는 것은 과거사를 저자의 해석과 더불어 소개하여 독자로 하여금 저자의 해석에 참여하게 하는 것이었습니다. 역사 서술은 사람들에게 윤리적·종교적 안목을 주어서 그들도 유사한 이야기의 주인공이 되게 하려는 의도가 깔린 것이었습니다. 그러나 현대의 역사 서술 방식은 다릅니다. 역사과학의 발생과 더불어 현대인은 무엇보다 과거에 대한 진실된 사실을 중요시합니다. 현대인의 과학적 정신은 과거를 정확하게 재생시키려 합니다. 그리고 역사는 역사학적으로 보증된, 곧 고증考證된 것이라야 합니다. 이것이 오늘의 역사 비평학이 추구하는 바입니다.

기적 이야기들의 서술 방식

예수에 대한 복음서의 이야기들은 옛날 역사 서술 양식을 따릅니다. 기적 이야기들은 예수가 실제 그런 기적을 했느냐는 물음에 대해 답하려는 것이 아닙니다. 예수의 활동이 지닌 의미, 곧 우리를 위한 구원적 의미를 전하기 위한 기적 이야기들입니다. 우리는 기적 이야기를 대할 때 그것의 사실 여부를 묻기 전에 그것이 무엇을 의미하며 그 이야기를 전하는 사람들이 말하고자 하는 바가 무엇인지를 물어 보아야 합니다. 이 문제가 분명해지면 다음 단계로 넘어가서 이 기적 이야기가 예수의 생애중 어떤 면을 반영하는지를 생각해야 합니다. 셋째 단계에 가서 비로소 그것이 예수가 실제로 행한 기적인지를 물어야 합니다. 이렇게 보면 예수가 행한 역사적 기적으로 나타나는 것이 있고, 예수의 부활 이후 예수를 따르던 사람들이 구약성서의 표현들을 빌려서 구성한 기적 이야기들이 있다는 사실을 알게 될 것입니다. 예수에 대한 신앙인들의 해석이 고대 역사 기록 양식을 빌려서 마치 예수께서 생애중에 행하신 일과 같이 역사화되어 있음을 알 수 있습니다. 이런 이야기들이 발생한 것은 예수가 그런 해석의 대상이 될 수 있는 인물로 살았기 때문입니다.

신앙과 역사

예수 그리스도에 대한 신앙은 역사 안에 일어난 사실들을 기반으로 하고 있습니다. 그러나 역사적 사실 확인만으로 신앙이 발생하지는 않습니다. 그리스도 신앙은 예수라는 인물로부터 인류 역사 안에 새로운 구원의 역사가 시작했다고 주장하기에 역사비평적 평가는 반드시 있어야 합니다. 고증된 역사와 상반되는 사실을 진리라고 믿으면서 신앙인이 될 수는 없습니다. 예수가 역사적 인물이었고, 그리스도 신앙 운동 혹은 "놀이"*도 역사의 현장에 일어난 일입니다. 따라서 그리스도 신앙의 중요한 주제들을 위한 역사학적 접근은 필수적입니다.

---

* 위의 27-8쪽 참조.

1. 기적 이야기들이 지닌 문제점들

과학 지식

현대인에게는 과학 지식이 가장 중요합니다. 과학 지식은 확실해야 하고 재생 가능한 것이라야 합니다. 과학 지식이 대상으로 하는 실재는 누가 관찰해도 같은 모양, 곧 일양적이고 또한 우리가 정한 표준으로 표현되는, 곧 규격적인 것입니다. 이런 지식을 바탕으로 산업 사회가 발달했습니다. 과학은 자연 현상을 관찰하여 그 원리를 인식하고 실험으로 그 원리를 확인합니다. 그 원리를 이용하여 일양적이고 규격적인 제품을 생산합니다.

과학 지식은 인간 생활 안에 제기된 문제들을 해결해 줍니다. 질병 문제를 의학 지식이 해결합니다. 인간에게 필요한 물질 문제를 공학 지식이 해결합니다. 지리적 거리 문제를 교통과 통신 과학 지식이 해결합니다. 과학 지식은 이렇게 인간 삶 안에 발생한 필요를 충족시켜서 인간을 안정시키고 자유롭게 해줍니다. 현대인은 이런 과학 지식에 익숙해진 나머지 유일회성唯一回性에 대한 감수성을 잃어 가고 있습니다. 정성이 담긴 수제품이나 사랑을 기억하게 하는 기념품보다는 일양적이고 규격적인 생산품이 더 편리하고 더 관심의 대상이 되는 세상입니다. 현대인은 이례異例적인 것을 보고도 감탄하거나 감사하기보다는 언젠가는 설명될 수 있는 일이라 생각합니다.

해방과 구원의 체험을 전하는 기적 이야기들

복음서들이 전하는 기적 이야기의 상당수는 전설적인 것으로 보아야 합니다. 복음서는 역사서 형식으로 기록된 신앙의 문서입니다. 복음서들은 일어난 과거의 역사를 있었던 사실 그대로 전하려는 의도로 기록되지 않았습니다. 복음서는 초기교회의 신앙 체험, 곧 예수로 말미암아 그들이 겪은 구원 체험을 전하려는 문서입니다. 기적 이야기들은 그 기적의 주인공이 받은 혜택이 어떤 것이었는가를 전하려 하지 않습니다. 신앙인들이 예수 그리스도로 말미암아 체험하는 구원이 어떤 것이었는가를 전하려는 의도로 각색된 이야기들입니다. 예수의 죽음과 부활 후, 신앙인들이 예수에 대해 회상하면서, 예수가 실천한 하느님의 일이 어떤 구원이었으며 어떤 해방이었는지를 전하려는 의도로 각색되고 해석된 이야기들입니다.

예를 들어 마르코 복음서(5.24-34)가 전하는, 하혈하는 부인의 치유 이야기를 생각해 봅시다. 이 부인은 "열두 해 동안이나 하혈을 해 왔는데, 여러 의사들을 찾아다니며 숱한 고생을 하고 가진 것을 모두 탕진했지만, 아무런 효험도 없었을 뿐 아니라 오히려 더 심해지고 있었습니다". 사람들의 일은 전혀 도움이 되지 않았을 뿐 아니라 오히려 가산을 탕진하는 불행한 결과만 주었다는 것입니다. 그 여인은 "예수의 소문을 들은 바 있어", "내가 그분의 옷만 만져도 구원받겠지"라는 희망을 가지고 예수에게 접근하여 그분의 옷을 만졌습니다. 그러자 그의 병은 "말끔해졌습니다". 예수는 그 여인을 찾았고 그 여인은 "두려워 떨며 나왔습니다. 그리고 예수 앞에 엎드리어 모든 사실을 말씀드렸습니다". 두려워 떨고 엎드리어 모든 것을 말씀드린다는 표현은 신앙인이 하느님 앞에서 가지는 태도입니다. 예수가 "딸아"라고 말하는 것은 하느님이 인간에게 사용하는 호칭입니다. "평안히 가시오. 그리고 병고에서 나아 건강해지시오"라는 예수의 말씀도 하느님은 인간의 평안함과 치유를 원하시는 분이라는, 초기교회 신앙의 표현입니다. 예수에 대한 소문을 들은 사람은 예수에게 구원을 기대하면서 접근합니다. 그러면 그는 예수에게서 큰 힘을 얻어 구원의 체험을 합니다. 예수의 시선이 그에게 오고 그 사람은 신앙인이 됩니다. 이런 해석을 전하려는 의도를 지닌 이 기적의 이야기입니다. 예수께서 하신 일은 유다 종교 기득권층의 관행과는 달랐다는 것을 전하는 이야기입니다.

기적 이야기들은 모두 역사적 근거가 없는 각색인가?

그러면 예수의 기적들은 모두 역사적 근거가 없는 초대교회의 각색으로만 보아야 하는가? 현대 역사비평적 방법으로 접근할 때 예수의 기적들은 역사적 근거가 있다는 것이 성서학자들의 공통된 의견입니다. 예수의 생애가 기적을 행하는 분이라는 추억을 사람들에게 남겼고, 그 추억을 기반으로 기적 전승이 발생하고 발전한 것입니다. 예수의 기적 이야기들 중에는 안식일에 예수가 기적을 행했기 때문에 유다인들과 안식일 계명에 대한 논쟁을 일으키는 이야기들이 있습니다(마르 1,23-28; 3,1-6; 루가 3,10-17; 요한 5,1-18; 9,1-17). 안식일에 기적이 없었으면 유다인으로 구성된 초대교회 신앙 공동체가 예수를 안식일 계명을 범하는 인물로 각색하지는 않았을 것입니다.

예수가 마귀 들린 사람으로부터 마귀를 쫓았다는 이야기들이 있습니다. 정신분열 환자나 간질 환자를 고쳤다는 이야기입니다. 유다 종교 지도자들은 예수가 "귀신 두목 베엘제불의 힘을 빌려 귀신들을 쫓아낸다"(루가 11,15)고 비난합니다. 이런 비난의 원인이 되는 이야기를 초기교회 신앙인들이 만들어낼 수는 없습니다. 유다인인 예수에게 불리한 이야기이기 때문입니다. 이런 비난이 있었다는 사실은 예수의 반대자들조차도 예수가 기적을 행했다는 사실을 시인하는 것으로 보입니다. 기적 이야기들 중에는 특별한 동기 없이 전해지는 것이 있습니다. 가령 시몬의 장모를 낫게 한 이야기(마르 1,29-31)와 같은 것입니다. 병이 나은 사람이 시몬의 장모였다는 사실 외에는 아무런 의도가 보이지 않는 이야기입니다.

기적과 자연법칙

사람들은 통속적으로 기적은 하느님이 자연의 법칙을 무시하고 이루시는 사건이라고 이해합니다. 기적은 자연적 가능성을 초과하는 사건이며 하느님이 일하셨음을 보여주는 일이라 생각하기도 합니다. 기적을 이렇게 이해하면, 우리가 자연법칙을 빠짐없이 다 알고 있다는 것을 전제합니다. 그뿐 아니라 이런 견해는 하느님을 자연법칙과 대등한 수준으로 격하시킵니다. 자연법칙으로 설명되는 것은 하느님이 하신 일이 아니라는 말이 됩니다. 그러나 하느님은 자연과 초자연의 하느님이십니다. 따라서 하느님은 자연법칙들 안에서도 일하십니다. 자연법의 테두리 안에서 이루어진 일도 하느님이 하신 기적일 수 있다는 말입니다. 성서가 전하는 기적은 반드시 자연법칙을 거스른 일을 의미하지 않습니다. 하느님이 하신 일이 기적입니다.

자연법을 완전히 거스른 것으로 확인되고, 하느님이 직접 개입하신 것으로밖에는 설명될 수 없는 기적 개념은 신학적으로 문제가 있습니다. 이런 기적은 인간에게 신앙을 강요합니다. 그러면 신앙은 인간 자유의 결단이라는 신앙의 근본 원리가 무너집니다. 사실 신약성서는 같은 사실을 놓고 보는 눈이 서로 다른 경우들을 보도합니다. 예수가 하신 같은 일을 두고 예수의 제자들은 하느님이 하신 기적이라 말하고, 예수의 반대자들은 마귀가 한 일이라고 말합니다(마태 12,22-24 참조).

하느님에게로 시선이 가게 하는 기적

성서는 예수의 기적을 놀라운 일이라고만 말하지 않고 하느님의 위업偉業이며 징표徵表라고 말합니다. 기적 이야기들은 기적이 이례적이며 의외의 사건이기에 경악과 감탄을 불러일으켰다고 말하지만, 자연법칙과의 관계는 전혀 언급하지 않고, 사람들의 시선이 하느님에게로 가게 합니다. 이것은 성서가 다루는 중요한 주제들을 이해하는 열쇠이기도 합니다. 율법·제사·성전 등은 하느님에게로 사람들의 시선이 가게 하는 한, 그 의미를 지닙니다. 성서는 자연의 원리들을 가르치는 책이 아닙니다. 하느님에 대한 체험을 전하는 문서입니다. 그러므로 성서에는 창조를 포함하여 모든 것이 기적입니다. 아침에 해가 뜨는 것도 기적이고 내가 살아 있다는 사실도 기적입니다. 성서가 전하는 기적 이야기들을 읽으면서 우리가 제기해야 하는 문제는 자연과학적인 것이 아니라 종교적이고 신론적인 것이라야 합니다. 하느님이 하신 일이 모두 기적입니다.

2. 예수의 기적이 지닌 의미

회고적 문서에만 있는 기적 이야기

기적 이야기는 공관복음서들과 사도행전에만 있습니다. 바울로는 리스트라에서 앉은뱅이를 고친 일(사도 14.8-10)이 있습니다. 그러나 자기의 친서에는 그 사실을 전혀 언급하지 않습니다. 신약성서의 다른 문서들은 기적 이야기를 끌어들여 현실 문제를 해결하지 않습니다. 기적 이야기는 공관복음서와 사도행전 같은 회고적인 서술에만 나옵니다.

실천과 말씀으로 된 가르침

바울로는 기적들이 실제 있었던 것으로 말합니다(1고린 12.10; 2고린 12.11-12 참조). "그것이 말이건 업적이건 표징들과 이적들의 위력이건, 영의 능력이건 말입니다. 그리하여 나는 예루살렘으로부터 일리리쿰에 이르기까지 두루 그리스도의 복음을 다 전했습니다"(로마 15.19). 그의 설교는 말로만 한 것이 아니었습니다.

복음서들이 회상하는 바에 의하면 예수도 하느님 나라를 당신의 말과 행동으로 선포하였습니다. 마르코 복음서는 예수가 유다인 회당에서 정신분열증 환자를 고치는 기적을 행한 다음, 사람들의 반응을 이렇게 소개합니다. "이게 웬일이냐? 권위있는 새로운 가르침이다. 저분이 더러운 영들에게 지시하니 그들도 복종하는구나"(1.27). 사람들은 예수가 행한 기적 안에 새로운 가르침을 보고 있습니다. 사람을 고치고 살리시는 하느님에 대한 가르침을 봅니다. 같은 복음서는 예수의 전도 여행을 다음과 같이 요약합니다. "그분은 온 갈릴래아의 회당들을 찾아다니며 복음을 선포하시고 귀신들을 쫓아내셨다"(1.39). 결국 예수의 가르침에는 말씀과 실천이 함께 있습니다. 예수의 말씀과 실천은 바로 그 현장에 현존하는 하느님의 나라를 체험하게 하는 일입니다. 그것은 사람들에게 해방·구원·생명을 주는 일이었습니다.

해방·구원·생명의 체험을 담은 기적 이야기들

그리스도인이 기적을 회상하고 이야기하는 것은 그들이 체험하는 해방·구원·생명의 체험을 전하려는 것입니다. 그것은 그리스도인의 정체성을 말하는 것과 같은 일입니다. 초기 그리스도인들은 해방과 구원을 매우 짙게 체험하면서 살았습니다. 그리스도인이 복음서에서 스승의 기적들을 회고하는 것은 그들이 체험한 해방·구원·생명을 위한 실천의 의미를 자각하는 데 있었습니다.

기적은 근본적으로 인간이 겪고 있는 장애와 인간 한계를 극복하게 하는 행위입니다. 인간은 신체적으로 혹은 정신적으로 크고 작은 장애들을 가지고 삽니다. 인간에게 한계로 나타나는 것도 많이 있습니다. 각종 재해·질병·죽음 등입니다. 예수가 행한 기적들은 모두 이런 장애를 극복하고 한계를 넘어서는 일이었습니다. 예수를 따르는 사람들은 예수가 지상 생애중에 실천한 기적 체험에다 부활 체험을 접목합니다. 부활 체험은 시간과 공간을 비롯한 인간으로서 예수가 지녔던 모든 한계를 초월한 예수 그리스도를 보게 하였습니다. "하늘이 열리고 하느님의 오른편에 서 계신 그리스도가 보입니다"(사도 7.56)라는 신앙 고백은 어디서라도 하늘이 있는 곳에 그분의 해방과 구원이 실현된다는 의식을 반영한 것입니다. 하느님의 나라는 예수의 부활과 더불어 하느님의 숨결인 성령 안에서 모든 사람이 체험하는 해방·구원·생명을 향한 구체적 현실 안에 있는 것입니다.

특전特典적 회상인 기적 이야기

그리스도 공동체가 예수의 행적을 회상할 때, 십자가의 죽음을 제외하고 특전적 회상의 대상이 되는 것은 그분의 기적들입니다. 그러나 공동체가 구체적으로 행동하는 데 있어서는 더 이상 기적에 의존하지 않습니다. 초기 그리스도인들은 자기들의 처신을 정당화하려는 의도에서 기적을 회고합니다. 무질서, 혼란, 악마의 해악, 가난한 이의 고통, 질병과 죽음이라는 현실에 그들은 대처해야만 했습니다. 이것이 공동체가 기적을 회상하는 첫째 이유였습니다. 회상하면서 언어를 발생시키고 그 언어는 사람들을 움직이는 이야기가 되었습니다. 예수가 하느님 아버지를 생각할 때, 이 세상의 재앙·불행·고통과 대조되는, 선하신 하느님 아버지를 생각하고 있습니다. 하느님 아버지에 대한 예수의 이런 의식이 기적을 가능하게 했고, 초기교회가 예수의 기적을 회상하는 것은 예수의 이런 의식에 참여하는 길이기도 했습니다.

물론 호교론적 동기도 있었습니다. 기적 이야기로써 예수의 탁월한 능력을 증명해 보이려는 의도가 있었습니다. 그러나 이 호교론적 동기는 그리스도교적 실천을 정당화하기 위한 공동체의 회상이라는 첫번 동기에 비하면 이차적입니다. 어떤 기적의 회상에는 그리스도 안에 이루어진 해방과 구원에 대한 공동체의 체험과 실천이 그대로 다 기입記入되었습니다.

예수가 가파르나움에서 중풍병자를 고친 이야기가 있습니다(마르 2,1-12). 어느 날 많은 사람들이 예수에게 몰려왔습니다. 이 때 네 사람이 중풍병자 한 사람을 떠메고 왔습니다. 예수는 그 병자에게 "당신의 죄는 용서받았소"라고 말씀하십니다. 그 자리에 있던 율사 몇 사람이 불평하였습니다. 사람이 어떻게 죄를 용서하느냐는 것입니다. 그러자 예수는 그들에게 "왜 당신들은 마음속에 그런 생각을 품습니까? 어느 편이 더 쉽겠습니까? '그대의 죄는 용서받았다'고 말하는 것이 더 쉽겠습니까? 혹은 '일어나 그대의 침상을 들고 걸어가라'고 말하는 것이겠습니까?" 그리고 예수는 그 중풍병자에게 "그대의 침상을 들고 집으로 가시오"라고 말합니다.

위의 이야기는 예수가 실천한 병 고침이 단순한 병 고침만이 아니라는 사실을 말합니다. 그 시대 종교 사회 안에서 병이 의미하는 바를 생각해야 합니다. 병은 인간이 극복해야 하는 해악이 아닙니다. 그것은 인간 죄에 대한 하느님의 벌이었습니다. 유다 종교 지도자들은 인간의 모든 불행을 죄에 대한 하느님의 벌이라고 가르쳤습니다. 위의 기적 이야기는 하느님이 인간 죄에 대해 벌로써 보복하시지 않고 용서하신다는 사실을 설명하기 위해 각색되었습니다. 예수가 당신 생애에 병을 고치고 마귀를 쫓았다는 복음서들의 이야기에서 우리의 시선을 병의 치유에만 멈추지 말아야 합니다. 용서하시는 하느님을 체험하게 하는 예수의 병 고침입니다.

요한 복음서는 하느님의 일은 "병을 고치는 일"(5,1-18), "소경을 보게 하는 일"(9,1-12), "죽은 사람을 살리는 일"(11,1-44)이라는 사실을 명상록 양식으로 정리하여 제시합니다. 요한 복음서는 병을 고친 이야기와 소경의 시력을 회복한 이야기에서 그것이 안식일이었다는 사실을 강조합니다. 하느님의 날에 예수가 하느님의 일을 실천한 것은 지극히 타당하다는 뜻입니다.

비유와 같이 해석되어야 하는 기적 이야기

기적을 회상한다는 것은 초기교회 신앙인에게 어떤 해석과 인식을 불러일으켰습니다. 비유는 가치들의 모형을 창출하고 그 모형들이 움직이게 하여 사람들이 그 비유를 듣고 하느님 나라의 새로운 가치 세계로 들어가도록 초대합니다. 기적 이야기도 비유와 같이 하느님 나라의 새로운 세계 안에 발견되는 효과적 동작을 회상하는 이야기입니다. 그 이야기를 듣는 사람이 예수가 당신의 기적 행위로 보여주는 하느님 나라의 가치들을 자기의 실천 안에 실현하게 하려는 것입니다. 이렇게 보면 비유와 기적 이야기는 모두 모형들을 움직여서 우리로 하여금 하느님 나라의 새로운 가치들을 실천하도록 초대하는 성격을 지니고 있습니다.

은혜로운 일

신약성서의 서간들은 하느님 나라를 선포하기보다는 실천적 문제 해결을 위한 문서입니다. 그들은 비유도 기적도 말하지 않습니다. 공동체의 복음선포와 실천적 가르침을 위해서 기적 이야기는 더 이상 실용적 가치를 지니지 못한 것입니다. 오늘 우리가 성서의 기적 이야기들을 읽을 때 중요하게 보아야 하는 것은 해방·구원·생명에 대한 초기교회 신앙인들의 체험입니다. 우리도 예수와 함께 같은 체험을 할 수 있다고 초대하는 기적 이야기입니다. 해방·구원·생명을 위해 하느님이 하시는 일이 기적입니다. 우리에게 은혜롭고 감사로운 것으로 다가오는 모든 일은 하느님의 일, 곧 기적입니다.

6
예수의 죽음

1. 죽음의 사실

십자가 처형

 예수가 십자가형으로 목숨을 잃었다는 사실은 역사적으로 부인할 수 없습니다. 처형 일자는 해방절과 안식일이 겹친 안식일 하루 전이니까 서기 30년 4월 30일로 추산됩니다. 십자가형은 로마제국의 사형 방법 중 하나입니다. 이 사형은 로마제국 시민권 소지자에게는 행해지지 않았습니다. 노예들과 식민지의 민족 해방 운동가들을 위한 처형 방법입니다. 로마의 정치가이자 웅변가였던 키케로의 증언이 있습니다. 십자가형은 "가장 잔학하고 굴욕적인 고통, 최고의 노예 형벌이다".* 따라서 로마 정부는 예수를 정치적 반란자로 처형한 것입니다. 예수의 십자가에 붙인 죄목 명패가 "유다인들의 왕"(마르 15.26)이었다는 사실이 이를 입증합니다.

두 번의 재판

 예수는 두 번의 재판에서 사형 언도를 받았습니다. 대제관들과 원로들과 율사들로 구성된 유다 최고의회의 재판과 로마 총독 빌라도의 재판입니다. 유다의 최고의회는 죄수를 사형에

---

* A. 레플레 〔김윤주 역〕『성경과 오늘 – 돌과 문서가 말한다면』〔분도출판사 1978〕 239.

처할 권한을 갖지 못했습니다. 유다는 로마제국의 식민지였으며 제국의 식민지 정책이 그것을 허락하지 않았습니다. 따라서 최고의회는 총독 빌라도와 협력해야 했습니다. 요한 복음서는 그 시대 실세였던, 그 해의 대제관 가야파가 최고의회에서 발언한 내용을 다음과 같이 전합니다. "당신들은 아무것도 모릅니다. 한 사람이 이 백성을 위해 죽고 온 민족이 멸망하지 않는 것이 당신들에게 이롭다는 것도 헤아리지 못하는군요"(요한 11,50). 최고의회는 진리에 대한 관심이 없고 정치적 편법만 생각합니다. 예수를 제거하여 자기들의 기득권을 지키는 편법입니다. 그러나 그들만의 죄는 아닙니다. 인간인 우리 안에 쉽게 발생하는 오해·편견·비겁함·증오·거짓과 권모술수 등이 복합적으로 작용하여 예수를 죽인 것입니다. 최고의회는 예수의 활동으로 위협받고 있는 유다교의 권위를 되찾아야 하는 것이었습니다. 사람은 자기가 누리는 기득권을 잃지 않기 위해 다른 사람을 쉽게 희생시킵니다.

빌라도는 유다를 통치하는 로마제국의 총독입니다. 예수에 대한 유다 최고의회의 고발은 그에게 중대한 문제로 보이지 않았습니다. 그것은 유다교 내부의 갈등으로 보였습니다. 총독인 그에게 로마의 식민지인 팔레스티나 젊은이 한 사람이 희생된다는 것은 그리 대단한 일이 아닙니다. 그는 유다 최고의회 지도자들의 선동에 동의하여 예수에게 사형 언도를 내립니다. 빌라도도 진리에 대해 관심 없었고 정치적 편법만 생각한 것입니다. 그 시기 알렉산드리아의 유다인 철학자 필로Philc(기원전 20 ~ 후 50년)의 말을 빌리면 빌라도는 "천성이 굽힐 줄 모르고 고집이 센" 사람이었고, "수회, 독재, 약탈, 폭행, 중상, 재판 절차도 거치지 않는 끊임없는 처형, 그리고 끝없이 자행되는 참을 수 없는 잔인성"*의 소유자였던 것으로 전해집니다.

예수의 죄목

유다인 최고의회가 재판에서 논한 예수의 죄목은 두 가지로 보입니다(마르 14,53-65 참조). 하나는 성전을 헐어 버리겠다는 예수의 발언입니다. 이것은 하느님을 모독한 죄에 해당합니다. 또 하나는 예수가 메시아라고 주장한 부분입니다. 메시아는 마지막 예언자이며 이스라엘의 왕으로 온다는 사실을 믿고 있던 당시 유다인들이었습니다. 메시아 주장은 예수를 빌라도에게 고발하는 데 매우 중요한 죄목입니다. 이 두 가지가 사실로 입증되면 예수는 하느님을 모독한 자이며 메시아를 사칭한 거짓 예언자입니다. 이스라엘의 율법은 이렇게 말합니다. "야훼의 이름을 모욕한 자는 반드시 사형시켜야 한다. 온 회중이 그를 돌로 쳐 죽여야 한다. 내 이름을 모욕한 자는 외국인이든 본국인이든 사형에 처해야 한다"(레위 24,16).

복음서들은 예수가 받은 조롱의 두 장면을 전합니다. 이 장면들이 예수의 두 죄목을 입증합니다. 유다인 최고의회에서 몇 사람이 예수를 조롱한 것은 그를 거짓 예언자로 단죄한 다음이었습니다. 그들은 예수에게 "침뱉고 그분의 얼굴을 가리고 그분을 구타하며 '알아맞추어 봐라'"(마르 14,65)라고 놀렸습니다. 이것은 예수를 거짓 예언자로 조롱한 것입니다.

---

* A. 놀런 [정한교 옮김] 『그리스도교 이전의 예수』 [분도출판사 1999[15]] 228.

빌라도 총독 관저에서 예수가 사형 언도를 받자, 군인들이 예수를 조롱하였습니다. 군인들이 "그분께 자색 옷을 입히고 가시관을 엮어서 씌웠다. 그리고 '유다인들의 왕 만세!' 하며 인사를 했다"(마르 15,17-18). 이것은 로마 군인들이 예수를 유다인들의 왕으로 조롱한 것이었습니다. 빌라도의 재판에서 예수는 정치범이었습니다.

2. 예수의 죽음에 대한 해석들

이해하기 어려웠던 죽음

예수가 부활하신 후, "죽은 예수가 하느님 안에 살아 계시다"는 믿음을 가진 제자들은 예수의 죽음을 이해할 수 없었습니다. 예수를 그렇게 살려놓으실 하느님이 그 비참한 죽음을 그에게 왜 허락하셨는지를 이해할 수 없었습니다. 제자들은 예수가 최후만찬에서 남기신 말씀을 따라 성찬을 거행합니다. 그 성찬중 그들은 예수의 삶을 회상하면서 그분 죽음의 의미를 생각합니다. 이렇게 발생한 죽음에 대한 해석들입니다. 초기교회는 성서 안에 이 죽음에 대한 다양한 해석들을 남겼습니다.

죽음에 대한 예수의 예고

복음서들은 예수가 살아 계실 때 당신이 죽고 부활할 것이라는 사실을 세 번 예고한 것으로 보도합니다. 이것은 예수의 죽음이 강압적으로 일어난 비극이 아니라, 예수가 자발적으로 받아들인 것이었다는, 부활 후 제자들의 해석을 표현한 것입니다. 예수가 당신의 죽음과 부활까지 미리 분명히 알고 제자들에게 예고했다면, 제자들이 예수의 죽음 앞에 보인 실망과, 예수를 버리고 그들 고향 갈릴래아로 도망친 사실을 설명할 수 없습니다. 예수가 부활하셨다는 소식을 듣고도 믿으려 들지 않는 제자들의 자세(마르 16.11.13.14)도 이해되지 않습니다. 예수의 제자들은 지상 예수를 직접 체험하지 못한 사람들을 위해서는 새로운 언어가 필요하다고 믿었습니다. 예수의 죽음이 자발적으로 스스로를 "내어주고 쏟은" 결과였다는 사실을 전하기 위해 예수가 당신의 죽음에 대해 미리 예고한 것으로 말하게 된 것입니다. 예수가 최후만찬에서 말씀하신 대로 스스로를 "내어주고 쏟은" 결과가 그분의 죽음이었다는 초기교회 해석을 가미한 죽음의 예고입니다.

"우리 죄를 위해 죽으셨다"(1고린 15.3)

예수의 죽음에 대한 이 고백은 예수가 우리의 죄를 속죄하기 위해 죽었다는 해석을 표현합니다. 초기교회의 해석입니다. 복음서에도 표현된 내용입니다. "인자도 섬김을 받으러 온 것이 아니라 오히려 섬기고 또한 많은 사람들을 대신해서 속전으로 자기 목숨을 내주러 왔습니다"(마르 10.45). 여기 속전은 노예나 포로를 해방시키기 위해 지불해야 하는 돈입니다. 과거 사회의 관행에서 나온 표현입니다. 한 생명이 해방되기 위해서는 다른 사람이 그 몸값을 지불해야 하는 것이었습니다. 그 혜택을 입은 사람은 해방되고 그 몸값을 지불한 사람에게 감사의 마음을 가집니다. 몸값을 지불하여 사람을 자유롭게 해주는 일은 무엇과도 바꿀 수 없는 큰 혜택을 베푸는 것입니다.

예수의 죽음을 이렇게 해석하는 데에 길잡이가 된 것은 구약성서의 이사야서 한 부분이었습니다.

> 이제 나의 종은 할 일을 다 하였으니, 높이높이 솟아오르리라. … 그의 몰골은 망가져 사람이라고 할 수 없었고, 인간의 모습은 찾아볼 수가 없었다. … 늠름한 풍채도, 멋진 모습도 그에게는 없었다. 눈길을 끌 만한 볼품도 없었다. 사람들에게 멸시를 당하고 퇴박을 맞았다. … 실상 그는 우리가 앓을 병을 앓아 주었으며, 우리가 받을 고통을 겪어 주었구나. … 그를 찌른 것은 우리의 반역죄요, 그를 으스러뜨린 것은 우리의 악행이었다. … 우리 모두 양처럼 길을 잃고 헤매며 제멋대로 놀아났지만, 야훼께서 우리 모두의 죄악을 그에게 지우셨구나. … 야훼께서 그를 때리고 찌르신 것은 뜻이 있어 하신 일이었다. 그 뜻을 따라 그는 자기 생명을 속죄의 제물로 내놓았다(이사 52,13 - 53,10).

이 해석은 한 사람의 운명이 다른 사람에 의해서 좌우되는 시기에 예수의 죽음이 "우리를 위함"이었다는 사실을 잘 말해 줍니다. 그 시기 유다인들에게 하나의 공식같이 알려진 사실이 있습니다. "율법에 따르면 거의 모든 것이 피로써 깨끗해지며 피흘림이 없이는 죄사함이 이루어지지 않습니다"(히브 9,22). 예수의 죽음에 대한 해석은 이 공식에 대입代入되어 속죄를 위한 죽음으로 해석되었습니다.

오늘 우리가 사는 세상에는 우리의 뜻을 좌우하는 높은 사람이 없습니다. 한 사람이 다른 사람의 몸값을 지불하는 관례도 없습니다. 현대인은 자기의 운명을 자기 스스로 좌우한다고 믿고 있습니다. 따라서 우리는 과거에 발생한 "속죄"의 언어에만 머물 것이 아니라, 예수의 삶 안에서 "우리를 위함"이 무엇이었는지를 찾아서 그것이 예수를 죽음에 이르게 했다는 사실을 밝혀야 할 것입니다.

"우리 죄 때문에 죽으셨다"(로마 4,25; 1요한 4,10)

이 해석은 가야파를 중심으로 한 유다인 지도자들이 예수를 죽인 동기가 우리의 일상생활 안에서 발견된다는 말입니다. 이기주의, 옹졸함, 권위주의, 하느님이 하시는 일보다는 우리가 만든 것에 대한 더 큰 신뢰, 질투심 그리고 인명 경시 등입니다. 빌라도가 예수에게 사형 언도를 내리고 그 형을 집행하면서 보이는 자세에는 인명 경시, 출세욕, 비겁함, 진리에 대한 무관심 등이 보입니다. 이런 죄들은 그들 안에만 있었던 것이 아닙니다. 역사 안에 줄곧 있었고, 우리 안에도 있는 죄입니다. 결국 예수를 죽인 이들 안에 있었던 죄들이 우리 안에도 있기에 예수는 우리 죄 때문에 죽으셨다는 신앙고백이 나타납니다.

예수의 죽음 - 섬김의 결과

예수는 하느님 나라를 선포하신 분이었습니다. 예수는 당신 스스로 "하느님의 함께 계심"에 끝까지 충실했습니다. 그에게는 율법도, 제사 의례도 "하느님의 함께 계심"을 살기 위한 수단이었습니다. 유다교 지도자들은 율법과 제사 의례를 기준으로 사람들을 단죄하고 소외시켰습니다. 예수는 그 소외된 사람들과 어울리면서 하느님은 사람을 버리지 않으시는 자비로운 분이라는 것을 가르치기 위해 노력하신 분이었습니다. 예수는 하느님이 용서하신다는 사실을 사람들에게 가르치고, 당신 스스로 그 용서를 실천하였습니다. 유다 종교 기득권층은 예수의 이런 가르침과 실천이 하느님에 대한 모독이라 생각하였습니다. 그들은 예수를 미워했고 결국 그를 죽이고 말았습니다. 예수의 이런 자세는 다음과 같은 말씀을 남겼습니다. "누가 내 뒤를 따르려면 자기 자신을 버리고 제 십자가를 지고 나를 따라야 합니다. 사실 제 목숨을 구하려는 사람은 목숨을 잃을 것이요, 나 때문에 또한 복음 때문에 제 목숨을 잃는 사람은 목숨을 구할 것입니다"(마르 8,34-35).

예수의 죽음이 섬김의 극치였다고 말하는 성서의 언급들은 많이 있습니다. 바울로가 채집하여 자기 서간에 수록한 초기교회의 노래는 섬김을 본업으로 하는 "종"이라는 표상으로 예수의 죽음을 해석하고 있습니다. 예수는 "하느님의 모습을 지니셨지만 하느님과 같음을 노획물로 여기지 않으시고 도리어 자신을 비우시어 종의 모습을 취하셨으니 … 자신을 낮추시어 죽음에까지, 십자가의 죽음에까지 순종하셨도다"(필립 2,7-8). 예수의 죽음은 당신을 비우고 낮추어 종과 같이 봉사하신 데서 발생했음을 말합니다. 제자들이 예수의 생애를 회상하면서 예수가 우리를 위해 하신 일은 그런 섬김이었다고 말하는 것입니다.

요한 복음서(8장)는 유다인들은 사람을 죽이고 예수는 살린다는 사실과, 예수의 이 살리는 모습에 빛과 진리가 있음을 말합니다. 유다인들은 간음한 여인을 율법의 이름으로 돌로 치려 하고, 예수는 그 여인을 그들의 손에서 구해냅니다. 이어서 이 복음서는 하느님은 살리시고 사람들은 죽인다는 사실을 예수의 입을 빌려서 길게 설명합니다. 예수의 죽음은 사람을 죽이는 인간 죄의 역사에서 이해해야 한다고 설명합니다. "당신들은 당신들의 아비인 악마에게서 났으니 그 아비 욕망대로 행하려고 합니다. 그는 처음부터 살인자였으며 진리 안에 있지 않았습니다"(8.44). "여러분이 내 말에 머물러 있으면 참으로 내 제자들입니다. 그러면 진리를 알게 되고 진리가 여러분을 자유롭게 할 것입니다"(8.31-32). 사람을 용서하고 살리는 일이 하느님의 일, 곧 진리이며 이 진리를 실천하는 것이 참으로 자유롭게 사는 길이라는 말입니다. 예수는 이 진리를 실천하다가 죽음에 이르게 되었다는 내용입니다.

요한 복음서는 예수의 수난사를 시작하면서 "그동안 세상에서 사랑해 온 당신 사람들을 끝까지 사랑하셨다"(13.1)고 말합니다. 제자들을 위한 사랑이 죽음을 무릅쓰는 행위로 나타났다는 것입니다. 이 복음서는 이어서 제자들의 발을 씻어주는 예수의 모습을 소개하여 그 섬김의 끝이 죽음이었다고 말합니다. 같은 복음서는 예수가 십자가에서 임종하면서 "다 이루어졌다"(19.30)는 말씀을 남긴 것으로 전합니다. 예수의 삶과 섬김이 그분의 죽음에서 성취되었다는 말입니다.

7
부활하신 그리스도

모세와 예수의 연속성

예수는 하느님 나라를 선포하고 하느님의 "함께 계심"을 실천하다가 죽임을 당한 분입니다. 하느님 나라는 모세와의 계약에 "나 너와 함께 있다"는 말씀에서 비롯합니다. 율법은 본시 하느님의 "함께 계심"을 사는 인간의 사회적·윤리적 실천을 요약하는 것이었습니다. 제사는 인간 노동의 산물을 "함께 계시는" 하느님 앞에 갖다두고 하느님의 시선이 그 위에 내려오게 하는 것입니다. 그리고 그 하느님의 시선으로 자기가 얻은 산물을 다시 보고 처리하겠다는 상징적 행위였습니다. 율사와 제관들은 율법과 제사를 백성들 안에 보존하여 하느님의 "함께 계심"을 사는 백성이 되게 하는 일을 전담한 사람들입니다. 그러나 실제로는 그들이 하는 일을 하느님의 이름으로 포장하여, 그들 신분의 우월성을 긍정하고 그들의 생각을 하느님의 것으로 강요하였습니다. 그들은 "함께 계시는" 하느님을 잊어버리고 율법과 제사를 빙자하여 사람을 죄인으로 만들었습니다. 어느 시기 어느 곳에서나 함께 계시는 하느님이 퇴출되면, 종교 기득권층은 하느님의 이름으로 사람을 죄인으로 만듭니다.

예수의 삶-죽음-부활의 연속성

예수는 율법과 제사를 절대화하는 유다교 기득권층을 비판하였습니다. 율법과 제사가 중요한 것이 아니라 함께 계시는 하느님이 절대성을 지닌다는 예수의 주장입니다. 예수가 사람들의 병을 고치고 마귀를 쫓고 또 죄의 용서를 선포한 것은 모두 하느님이 함께 계심을 알리는 일이었습니다. 결국 예수는 하느님의 "함께 계심"을 사람들에게 알리고 그 함께 계심을 실천하는 데 전혀 타협하지 않았습니다. 이것 때문에 예수는 유다인 기득권층으로부터 죄인으로 단죄되고 처형되었습니다. 예수는 "이 잔을 저에게서 거두어 주소서. 그러나 제가 원하는 대로 하지 마시고 아버지께서 원하시는 대로 하소서"(마르 14.36)라는 기도를 하면서 죽어갔습니다. 예수는 당신 삶의 근거를 하느님 안에 두었고, 그 함께 계심을 잃지 않으면서 죽어간 것이었습니다. 예수가 부활하셨다는 것은 하느님은 과연 예수와 함께 계셨고, 그 하느님은 예수가 가르쳤던 대로 사람을 살리시는 분이라는 사실을 알게 해주었다는 말입니다.

1. 부활 증언들

사도행전의 증언

루가 복음서와 사도행전은 같은 저자의 작품입니다. 복음서는 예수의 행적을 기록한 문서이고 사도행전은 예수의 죽음 후 제자들의 행적을 기록한 문서입니다. 저자는 사도행전을 시작하면서 "예수께서는 고난을 당하신 뒤에 여러 가지 증거로써 그들에게 당신이 살아 계시다는 것을 드러내셨습니다"(사도 1.3)라고 말합니다. "죽은 예수가 살아 계시다"는 체험은 베드로의 첫 설교에도 나타납니다. "하느님이 여러분을 위해 나자렛 사람 예수를 권능과 기적과 표징으로 확인하셨습니다. … 이분을 여러분은 무법자들의 손을 빌려 십자가에 못박아 없애 버렸습니다. 그러나 하느님이 그분을 죽음의 고통에서 풀어 다시 살리셨습니다. 그분이 죽음에 사로잡혀 계실 수는 없었기 때문입니다"(사도 2,22-24).

부활에 대한 가장 오래된 신앙고백문

"죽은 예수가 살아 계시다"는 체험은 가장 오래된 신앙고백문의 기본을 이룹니다. 옛날 사회는 문서 문화가 아니라 입에서 입으로 전달하는 구전口傳 문화 사회였습니다. 신앙 내용도 기록되기 전에 먼저 구전되었습니다. 사람이 암기하기 편한, 간결한 표현인 신앙고백문은 공동체 구성원 모두가 같은 신앙을 갖기 위해 필요한 것이었습니다. "그리스도께서는 성서 말씀대로 우리 죄를 위해 죽으시고 묻히셨으며, 성서 말씀대로 사흗날에 부활하시고, 게파에게, 그 다음 열둘에게 나타나셨습니다"(1고린 15,3-5). 이것은 신약성서에 수록된, 부활에 대한 가장 오래된 신앙고백문이라 일컬어집니다. 이 고백문의 내용은 십자가에 죽은 분을 하느님이 부활시키셨다는 것입니다. 그분은 제자들에게 발현하셨고, 제자들을 파견하여 온 세상에 이 소식을 전하게 하셨다는 것입니다.

목격의 대상이 아닌 부활

부활의 체험은 제자들이 기적을 본 것이 아니었습니다. 어느 제자도 예수가 부활하시는 장면을 목격했다고 말하지 않습니다. 2세기에 신앙인들이 신약성서를 흉내내어 만든 신약외경外經이라 불리는 문서들이 있습니다. 그중 「베드로 복음서」라는 이름의 책은 사람들이 예수가 무덤에서 부활하는 장면을 목격했다고 말합니다. 그러나 이것은 그 시대 몇몇 신앙인들이 신약성서의 문체를 흉내내어 사람들의 호기심을 충족시킬 수 있는 상상으로 만든 작품에 불과합니다. 이것은 제자들의 부활 증언이 아닙니다. 신약성서가 보도하는 증인들은 예수가 살아 계시다는 사실에 놀랄 뿐입니다. 그들은 부활 장면을 목격한 사람들이 아닙니다.

2. 부활 증언의 신빙성

제자들이 예기치 못했던 부활

예수의 부활 사실은 제자들에게 처음부터 분명한 것이 아니었습니다. 복음서들은 제자들이 부활의 소식을 듣고도 불신과 완고한 마음을 가졌다고 말합니다. "열한 사람이 음식상을 받고 있을 때 예수께서 나타나 불신과 완고한 마음을 꾸짖으셨습니다. 부활하신 당신 모습을 본 사람들의 말을 그들이 믿지 않았기 때문입니다"(마르 16,14). 예수의 무덤에 갔던 여인들이 부활 사실을 제자들에게 알렸지만, "사도들은 그 말이 헛소리처럼 여겨져서 믿지 않았습니다"(루가 24,11). 부활 체험을 전하는 복음서들은 제자들이 "무서워 떨고", "당황하고 의심하였다"(루가 24,37-38; 요한 20,24-29)는 표현들을 사용하고 있습니다. 부활 사실 앞에 제자들이 이런 어려움을 겪었다는 보도는 그들이 부활을 기대하고 있지 않았다는 사실을 말해 줍니다. 부활 사실 앞에 제자들은 비판적이고 신중했음을 엿볼 수 있습니다. 이런 사실들은 그들 증언의 신빙성을 높여 줍니다. 이 증인들이 그들의 증언을 위해 죽음마저 불사했다는 사실도 기억해야 합니다.

부활사화史話들의 불일치

예수의 수난에 대한 복음서들의 기록이 상당히 일치하는 반면, 부활에 대한 기록들은 복음서들간에 많은 차이를 보입니다. 마르코와 마태오 복음서는 부활하신 예수가 갈릴래아에서만 발현하신 것으로 보도하는 반면, 루가 복음서는 예수가 예루살렘에서만 발현하셨던 것으로 전합니다. 요한 복음서는 빈 무덤에서 막달라 여자 마리아에게 발현하시고 이어서 제자들에게 발현하셨으며, 그 뒤 다시 갈릴래아에서 발현하신 것으로 기록하였습니다. 이렇게 이야기들이 일치하지 않는 것은 부활의 이야기가 제자들의 조작이 아니라는 증거이기도 합니다. 그것이 조작이었다면, 그 정도 기본적인 부분은 일치하도록 만들었을 것입니다.

예루살렘의 무덤이 비어 있었다는 이야기 하나를 비교해 보아도 복음서들간에 전혀 일치하지 않습니다. 마르코 복음서(16,1-8)는 빈 무덤에 간 여인이 세 명이라 말합니다. 그들은 향료를 예수에게 발라 드릴 목적으로 갔습니다. 이들은 무덤에 가다가 무덤 입구에서 돌을 굴릴 걱정을 합니다. 그들은 무덤 안에서 "흰 예복을 입은 젊은이"를 만납니다. 부활의 메시지를 듣고 그들은 무서워서 "벌벌 떨며 넋을 잃었습니다". 그들은 "너무나도 겁이 나서 아무에게도 말을 하지 않았습니다".

마태오 복음서(28,1-8)에는 이야기가 다릅니다. 무덤에 간 여인의 수는 두 명이고 향료에 대해서는 아무 말이 없습니다. 그들은 묘소를 보러 갑니다. 큰 지진이 일어나고 "주님의 천사가 하늘에서 내려오더니 다가가 돌을 굴려내고 올라앉았습니다". 천사의 "모습은 번개 같고 옷은 눈같이 희었습니다". "여자들은 겁이 나면서도 크게 기뻐하며 … 제자들에게 알리려고 달려갔습니다." 실제로 알렸는지 혹은 알리지 않았는지는 언급하지 않습니다.

루가 복음서(24,1-12)는 무덤에 간 여자들의 수는 말하지 않고 다만 "갈릴래아에서부터 그분과 함께 다니던 여자들"(23,56)이라고 말합니다. 그들은 향료를 가지고 갔고 무덤의 돌은 이미 굴러나 있었습니다. 그들에게 나타난 것은 "눈부신 것을 입은 남자 두 사람"이었습니다. 그들로부터 부활의 소식을 들은 여자들은 "예수의 말씀을 떠올렸습니다. 그들은 무덤에서 돌아와 열한 제자와 그밖의 모든 사람에게 이 일을 모두 알렸습니다".

빈 구덤 이야기 하나만 보아도 서로의 차이는 이렇게 많습니다. 만들어낸 이야기라면 좀더 일치하게 만들었을 것입니다.

부활이 제자들의 조작일 수 없는 이유

제자들이 부활 이야기를 만들어내지 않았을 것으로 보는 이유들은 더 있습니다. 첫째로, 제자들이 거짓말을 한 것으로 보기는 어렵습니다. 거짓을 말할 때는 말하는 자에게 어떤 이득이 있기 때문입니다. 그러나 제자들은 예수가 부활하셨다고 말하면서 모두 박해당하고 생명을 잃었습니다. 바울로가 가이사리아 감옥에 2년 동안 구속되어 있는 이유는 "바울로는 예수가 살아 있다고 주장했기"(사도 25,19) 때문입니다.

둘째로, 예수의 제자들은 모두 유다인으로서 유일신 사상에 물든 사람들입니다. 그들의 율법은 이렇게 말합니다. "야훼 바로 그분이 위로 하늘에 계시고 아래로 땅 위에 계시는 하느님이시다. 그분밖에 다른 하느님은 없다"(신명 4.39). 그들이 얼마 전까지 함께 살았던 예수가 죽어서 "하느님 오른편에 높이 올려졌다"(사도 2.33)는 말을 생각해낼 수는 없습니다.

셋째로, 예수를 버리고 도망친 예수의 제자들이 돌아와서 부활하신 그리스도를 설교하는 사실이 설명되지 않습니다. 그들이 예수의 죽음에서 체험한 실망과 예수가 부활하셨다고 말하면서 선교하는 그들의 희망 사이에는 너무나 큰 간격이 있습니다. 죽은 예수가 살아 계시다는 확신을 준 어떤 일이 없었다면 제자들의 이 자세 변화를 설명할 수 없습니다.

마지막으로, 바울로의 전향을 설명할 수 없습니다. 바울로는 교회를 박해하던 유다인입니다. 그는 자기 서간에 이렇게 말합니다. "나는 여드레 만에 할례를 받았고, 이스라엘 민족의 한 사람으로 베냐민 지파 출신이며, 히브리족에서 나온 히브리 사람, 율법을 지키는 바리사이로서 교회를 맹렬히 박해했으며 율법에 의한 의로움에서는 흠잡힐 데 없었습니다"(필립 3.5-6). 바울로는 서기 35년경 다마스커스의 그리스도인들을 박해하기 위해 길을 떠났다가 부활하신 예수를 길에서 체험하고 전향하여 예수 그리스도를 선포하는 사람이 되었습니다.

바울로의 극적 전향을 사도행전은 세 번이나 반복하여 서술합니다(9.1-19; 22.3-21; 26.9-18). 바울로가 한 그 체험을 허위로 돌리면, 바울로 자신이 기록한 바와 같이 "유다교를 믿는 일에서는 같은 또래의 많은 동족보다 훨씬 앞서가고 있었으며 조상들이 물려준 전통을 지키는 일에는 특별히 열심이었던"(갈라 1,14) 그가 그리스도 신앙의 선교사가 된 것을 설명할 수 없습니다. 그는 사도로서 겪어야 했던 고난을 이렇게 요약합니다. "많은 인내를 하면서, 환난과 역경과 곤경에 처해서, 매질과 투옥과 난동을 겪고 밤샘과 단식을 했습니다"(2고린 6,4-5).

3. 부활의 의미

빈 무덤과 발현 이야기의 성격

빈 무덤 이야기는 예루살렘에서 발생하여 전해진 것입니다. 예수의 무덤이 예루살렘에 있었으니 당연한 일입니다. 부활하신 분의 발현 이야기는 갈릴래아에서 유래된 전승입니다. 제자들은 예수가 십자가에 처형되자 그를 버리고 고향인 갈릴래아로 돌아가서 살고 있었습니다. 빈 무덤과 발현, 두 종류의 이야기들은 이렇게 발생지가 서로 다르지만, 시간이 흐르면서 한 장소로 모아지는 현상을 볼 수 있습니다. 기원후 70년경 집필된 마르코 복음서에서 빈 무덤은 예루살렘에 있고 부활하신 분의 발현은 갈릴래아에 있었습니다. 85년 전후에 기록된 것이 마태오 복음서와 루가 복음서입니다. 마태오 복음서는 빈 무덤과 발현의 장소에 대해서는 마르코를 따릅니다. 루가 복음서는 빈 무덤도 예루살렘에 있고 부활하신 분의 발현도 예루살렘에서 있었던 것으로 기록하였습니다. 가장 늦게 기원후 100년경 생겨나는 요한 복음서는 빈 무덤이 있는 그 장소에서 부활하신 예수가 막달라 여자 마리아에게 발현한 것으로 기록했습니다.

복음서들은 빈 무덤 이야기도 발현의 이야기도 각각 달리 서술하고 있습니다. 이야기의 세부에 가서는 차이가 많아서 각기 다른 사실을 보도하고 있다는 느낌을 줄 정도입니다. 그렇다면 무덤이 비었다는 사실이나 예수가 발현한 사실 자체가 중요하지 않다는 말입니다. 이 이야기들이 전하고자 하는 바는 따로 있는 것입니다. "죽은 예수가 살아 계시다"는 신앙고백이 이 이야기들의 핵심 메시지로 보입니다.

빈 무덤 이야기들의 메시지

복음서들이 전하는 빈 무덤 이야기는 무덤이 비었다는 사실을 확인 보도하는 것이 아닙니다. 마르코 복음서의 빈 무덤 보도에는 "웬 젊은이가 흰 예복을 입고 앉아 … 그분은 부활하셔서 여기 계시지 않습니다"(16,6)라고 말합니다. 루가 복음서는 "남자 둘이 번쩍이는 옷을 입고 … 왜 살아 계신 분을 죽은 자들 가운데서 찾고 있습니까?"(24,4-5)라고 말합니다. 이것이 빈 무덤 이야기의 핵심입니다. 죽음의 장소에서 예수를 찾지 말고 삶의 이야기로 가라는 것입니다. 죽음의 이야기가 아니라 삶의 이야기 안에 부활하신 예수를 만날 것이라는 말입니다. 예수의 죽음은 제자들을 흩어 버렸습니다. 이제 그 죽음의 이야기 안에 머물 것이 아니라, 예수의 삶의 이야기 안에서 예수의 의미를 찾아야 한다는 말입니다.

발현 이야기들의 메시지

복음서들이 전하는 발현의 이야기들도 사실 보도라는 면에서는 전혀 일치하지 않지만, 제자들이 살아 계신 예수를 만나면서 변했다는 점에서 모두 일치합니다. 실망하여 갈릴래아 고향 생업으로 돌아갔던 예수의 제자들이 부활하신 예수를 선포하는 사도가 된 것입니다. 예수가 부활하셔서 하느님 안에 살아 계시면, 예수가 살아 계실 때 하신 말씀과 실천이 하느님의 것입니다. 사람들이 사람은 죽여도 그분 안에 살아 계신 하느님의 생명은 말살할 수 없었습니다. 부활하신 예수가 발현하셨다는 말은 예수의 제자들이 하느님 안에 살아 계신 예수를 생각하면서, 예수가 살아 계실 때 하신 말씀과 실천으로 그들의 시선을 돌렸다는 것을 의미합니다. 그리고 복음을 선포하여 예수의 일을 계속하는 사람들이 된 것입니다. 요한 복음서는 토마를 등장시켜, "나의 주님, 나의 하느님"이라고 고백하게 함으로써 예수의 삶과 실천 안에 하느님의 일을 보는 제자들이 되었다는 사실을 알려 줍니다.

죽은 예수는 살아 계시다

죽은 예수가 살아 계시다는 부활 사건은 우리가 확인하여 표현하지 못하는 일입니다. 죽은 예수가 하느님 안에 살아 계시다는 사실은 우리가 관찰하고 확인할 수 있는 일이 아닙니다. 빈 무덤의 발견과 부활하신 예수의 발현이라는, 복음서가 전하는 두 종류의 사화들 안에 우리가 관찰하고 확인할 수 있는 현상은 제자들의 자세가 변했다는 사실입니다. 예수를 버렸던 제자들이 "예수가 부활하셨다"고 말하면서, 살아 계신 예수, 곧 자기들과 함께 계셨던 예수에게로 시선을 돌린 것입니다. 살아 생전에 하신 예수의 말씀과 실천 안에서 하느님의 삶을 보기 시작했습니다. 예수가 부활하여 하느님 안에 살아 계시다는 사실을 믿는 제자들은 과거에 그들과 함께 계셨던 예수를 회상합니다. 그들은 그 회상 안에서 예수 안에 살아 계셨던 하느님의 생명을 확인합니다. 그들은 예수를 새롭게 만난 것입니다.

부활 신앙

이렇게 보면 부활 신앙은 오늘 확인도 할 수 없는 과거의 사실을 맹목적으로 믿는 일이 아닙니다. 예수의 삶 안에서 하느님의 일을 발견하고 자기의 삶 안에 그것을 되살리는 사람이 예수의 부활을 믿는 사람입니다. 예수의 제자들은 예수의 죽음으로 흩어졌다가 자기들의 삶 안에 되살려야 하는 하느님의 일을 예수의 삶 안에서 발견하면서 모여들어 교회를 이룹니다. 예수에 대한 그들의 회상의 일부는 문서로 엮어져서 복음서가 되었습니다.

복음서는 "나를 사랑하는 사람은 내 말을 지킬 것이다"(요한 14,23)고 말합니다. 죽고 부활하신 예수를 소중히 생각하는 사람은 그분이 하신 실천을 한다는 말입니다.

> 여러분과 함께 있는 동안 나는 이런 일들을 여러분에게 말했습니다. 아버지께서 내 이름으로 보내 주실 협조자 성령께서 모든 것을 가르쳐 주시고 내가 말한 모든 것을 생각나게 해 주실 것입니다. … 내가 떠나갔다가 돌아온다고 한 말을 그대들은 들었습니다(요한 14,25-26.28).

예수의 일을 기억하고 실천하는 사람 안에 죽고 부활하신 예수는 돌아와서 살아 계십니다. 초대교회는 이 기억과 실천이 아버지로부터 오는 성령이 하시는 일이라 믿었습니다.

부활을 믿는 사람

예수는 살아 계실 때 자기 자신을 전혀 챙기지 않는 분이었습니다. 그 결과가 죽음이었습니다. 예수는 자기 한 몸을 소중히 생각하고 살아남기 위한 대책을 세우지 않았습니다. 율사와 제관들이 인과응보 원리를 배경으로 율법과 제사 의례를 사람들에게 강요하고 있었지만, 예수는 그것을 배척하고 하느님으로 말미암은 새로운 질서를 가르치고 실천했습니다. 그것은 무상성無償性의 질서였습니다.

우리가 예수의 실천 안에서 하느님의 일을 보는 사람이라면, 곧 예수의 부활을 믿는 사람이라면, 우리 자신을 챙기겠다는 생각을 버려야 합니다. 하느님까지 동원해서 인과응보의 질서 위에, 현세를 위해 또 내세를 위해 우리 자신이 잘 되는 길을 보장하겠다는, 이기적인 생각을 깨어 버려야 합니다. 자기 자신을 소중히 생각하고 챙기는 일은 모든 생명체가 힘껏 하는 일입니다. 이런 생명체 본능의 연장선상에 하느님이 계시지 않습니다.

구원은 인간이 자력으로 만들어내는 것이 아닙니다. 구원은 하느님이 베푸시는 것입니다. 처녀인 마리아와 구약의 수태치 못하는 여인들이 하느님의 배려로 수태하여 예수 혹은 구원역사상 중요한 인물을 출산했다는 이야기들이 말하는 바입니다. 구원의 결실을 스스로 맺지 못하는 인류입니다. 하느님이 주시는 구원입니다. 예수의 실천 안에서 하느님의 일을 보고 그것을 실천하는 사람이 부활을 믿는 사람입니다. 신앙인은 하느님이 무상으로 베푸시는 구원을 감사하게 받아들이는 사람입니다.

진리의 영. 그분이 오시면 여러분을 모든 진리 안에
인도하실 것입니다. … 그분은 내 것을 받아서 여러
분에게 알려 주실 것입니다(요한 16,13-14).

성령이 우리 안에 오시면 예수의 실천이 우리 안에서 발생하고 그 실천 안에는 하느님이 함께 계십니다. 예수의 삶 안에 하느님 아버지는 함께 계셨습니다. 우리의 실천 안에 죽고 부활하신 예수 그리스도가 살아 계십니다. 그때 우리의 삶이 발생시키는 것은 하느님의 베푸심이고, 그것은 곧 하느님의 숨결, 성령이기도 합니다.

4. 부활-승천-성령강림

삼 단계의 우주

부활-승천-성령강림을 시기적으로 분리한 것은 사도행전을 쓴 저자의 각색입니다. 루가 복음서를 집필한 사람이 그 후편으로 사도행전을 저술했습니다. 부활-승천-성령강림을 시간적으로 분리한 것은 그 시대의 우주관에 맞추어서 설명하기 위해서입니다. 하늘-땅-지하세계라는 삼단계 우주관입니다. 예수는 땅에서 살다가 죽어서 죽음의 나라인 지하세계(지옥·고성소·저승 등으로 표현되었음)로 갔다가 부활하여 땅으로 돌아오고, 승천하여 하느님이 계시는 하늘로 간 것입니다. 성령강림은 예수를 따라 하느님의 "함께 계심"을 사는 사람들 안에도 하느님은 과연 숨결과 같이 함께 계시다는 사실을 말합니다.

승천

"예수가 승천하셨다"는 신앙은 예수가 인간 개체의 역사적 개별성을 넘어서 하느님의 보편성 안으로 들어가셨다는 믿음입니다. 이제 하늘이 있는 곳이면 어디서나 인간 예수의 실천을 하느님의 일로 알아듣게 되었다는 말입니다. 예수가 보여준 삶은 시간과 공간과 문화의 차이를 넘어서 하느님의 일을 말한다는 뜻입니다.

예수의 승천은 또한 예수가 지도자로 이 세상에 군림하지 않는다는 의미도 지닙니다. 메시지를 발생시킨 사람이 군림하면 그 메시지의 내용은 왜곡되고 사람들은 복지부동伏地不動할 수 있습니다. 사람들이 자유를 잃는다는 말입니다. 예수는 신앙인들 위에 군림하지 않고 떠나신 분이었습니다. 그분은 부활 후에도 섬기는 분으로 남아 계시다는 뜻입니다.

5. 성령강림

부활과 성령강림

예수의 부활과 성령강림은 시간적으로 구별되는 두 사건이 아닙니다. 부활이 증언의 언어로써만 표현되는 것은 우리의 실천과 더불어 체험되는 것이기 때문입니다. 부활하신 그리스도는 "하느님 오른편에 높이 올려져 아버지께로부터 성령을 약속받으신 다음, 여러분이 보고 듣는 이 성령을 쏟아 주셨습니다"(사도 2,33). 사람이 "돌보아 주고 가엾이 여기는" 실천을 할 때만, 하느님을 체험할 수 있듯이, 부활하신 그리스도도 그분이 생전에 보여주신 "하느님 나라"의 일을 우리가 실천할 때만 체험 가능하다는 말입니다. 그리고 그것은 부활과 더불어 주어진 성령이 신앙 공동체 안에 서서히 이루시는 일이었습니다.

성령강림 장면의 바람과 불

성령강림 장면(사도 2,1-13)의 묘사는 사실 보도가 아닙니다. 하나의 신학적 작품입니다. "세찬 바람이 부는 듯한 소리"와 "불"은 시나이 산에 야훼가 내려오신 장면의 묘사(출애 20,18)에서 가져왔습니다. "불 같은 혀들"은 이제부터 일어나는 교회의 복음선포가 사람들에 의해서 되는 일이 아니라 하느님 안에 기원을 둔 말씀이 불처럼 타올라서 일어나는 일이라는 것입니다. "다시는 주의 이름을 입밖에 내지 말자. 주의 이름으로 하던 말을 이제는 그만두자고 하여도 뼛속에 갇혀 있는 주의 말씀이 심장 속에서 불처럼 타오른다"(예레 20,9)라는 예언서의 말씀과 "나는 세상에 불을 지르러 왔습니다"(루가 12,49)라는 예수의 말씀을 상기시키는 표현입니다. 사실 초기 교회의 복음은 여러 가지 불가능함을 넘어서 불길같이 전파되었습니다.

신앙의 보편성

성령이 내려오시자 사도들은 다른 언어로 말을 하고 모여든 군중은 각자 자기네 지방 말로 알아듣습니다. 이것은 복음이 모든 민족을 위해 선포된다는 것을 의미합니다. 한 인간 예수 안에서 발생한 복음이지만 이제부터는 인간 언어의 차이를 넘어서 모든 민족을 향해 복음이 전파된다는 뜻입니다. 예수 그리스도의 복음은 온 세상 모든 민족을 위해, 문화와 민족의 차이에도 불구하고, 각 민족, 각 계층, 개인 각자의 고유함 안에서 이해된다는 것입니다.

획일성을 좋아하는 인간

인간은 획일성을 좋아하고 다양성 앞에는 본능적으로 불안을 느낍니다. "태초에 두려움이 있었고 그 두려움이 법을 만들었다"는 말이 있습니다. 법은 다양함에 저항합니다. 인간은 어떤 공동체의 지도적 역할을 맡으면 획일성을 선호하는 경향을 지녔습니다. 통치하겠다는 사람에게 다양함은 불안한 것입니다. 유다 종교 지도자들이 완벽한 율법 준수를 사람들에게 강요하면서 추구한 것은 바로 이 획일성이었습니다. 그들이 율법을 만들고 그 율법의 획일성을 잣대로 사람들을 죄인으로 만들었습니다. 예나 오늘이나 종교 지도자들은 하느님의 이름으로 자기의 좁은 견해를 사람들에게 강요하면서 획일성을 추구하는 경향이 있습니다. 그 점을 말해 주는 것이 바벨탑의 이야기입니다. "온 세상이 한 가지 말을 쓰고 … 꼭대기가 하늘에 닿게 탑을 쌓아 … 사방으로 흩어지지 않게 하자"(창세 11.1-4). 모두가 같은 말을 하면서 하늘을 향하여 뭉쳐서 살자는 말입니다. 하느님은 이런 인간 사회를 원하시지 않습니다. 하느님은 "사람들이 쓰는 말을 뒤섞어 놓아 서로 알아듣지 못하게 하고 … 야훼께서는 사람들을 거기에서 온 땅으로 흩으셨다"(11.7-8)는 것이 바벨탑의 이야기입니다.

다양함을 만드시는 성령

각자 자기의 말을 하고 각자 자기의 실천을 해야 합니다. "불 같은 혀들이 갈라지며 나타나 각자에게 내려앉았다"(사도

2,3), 또 사도들의 말을 "저마다 자기네 고장 말로 … 들었다"(2,6)라는 말씀은 성령이 하시는 일은 획일적인 것이 아니라는 말씀입니다. 하느님은 각자 안에 다양한 모습을 만드십니다. 사실 가장 인간다운 사회는 각자의 다양함이 풍요로움으로 보이는 사회입니다. 신앙인의 모습과 언어와 실천은 달라도 성령 안에서 같은 기초를 발견합니다.

6. 부활하신 분에 대한 호칭들

메시아

부활하신 예수는 메시아로 일컬어집니다. 이스라엘이 고대하던 왕으로서의 메시아가 아닙니다. 그 메시아는 이스라엘의 욕구를 충족시켜 주는 해결사인 메시아입니다. 그 메시아는 "이스라엘을 위해 나라를 재건하여"(사도 1,6) 이스라엘이 "땅 끝에서 땅 끝까지"(시편 2,8) 다스리게 하는 메시아입니다. 예수는 십자가에 죽은 메시아입니다. 자기 스스로를 온전히 "내어주고 쏟은" 메시아입니다. "내어주고 쏟아서" 섬기는 삶을 원리로 한 백성의 왕인 메시아입니다. 부활하신 그리스도는 사람이 혜택을 받기 위해 하느님을 변하게 하는 것이 아니라 하느님을 중심으로 사람이 변하는 나라, 곧 하느님의 나라를 우리에게 주신 메시아입니다.

하느님의 아들

예수는 하느님의 아들이라 일컬어집니다. 예수는 하느님을 "아버지"라 부르고 스스로 아들 됨을 실천한 분입니다. "아버지의 뜻"을 실천하는 아들이었습니다. 하느님을 중심으로 그분이 한 실천들을 회상하면서, 초기교회는 예수를 하느님의 아들이라 부릅니다. 예수를 하느님의 아들이라고 말하는 것은 그를 높이기 위함이 아닙니다. 김정일이 김일성의 아들이라는 말은 김정일의 존재에다 김일성의 후광을 첨부하여 그를 높이는 의미를 지닙니다. 예수를 하느님의 아들이라고 말하는 것은 예수 안에 하느님 자녀 됨의 실천이 있었다는 뜻입니다. 예수는 하느님의 "함께 계심"에 충실했고 자기 생명을 잃기까지 "하느님의 일"(요한 9,3)을 실천한 분이었습니다. 이 사실을 깨달은 제자들이 예수 그리스도를 하느님의 아들이라 부르게 된 것입니다. 이 아들 됨은 예수를 따라 같은 실천을 하는 모든 사람에게도 약속된 것입니다. "당신을 맞아들이는 이들, 당신 이름을 믿는 모든 이에게는 하느님 자녀 되는 권능을 주셨다"고 요한 복음서(1,12)는 말합니다.

아버지가 되려 하지 않는 아들

예수를 하느님의 아들이라고 말할 때 아버지와 아들은 서로 다르다는 것을 전제하고 있습니다. 아버지는 아들 앞에 언제나 아버지이며 아들은 아버지 앞에 언제나 아들입니다. 서로의 자리는 바뀌지 않습니다. 창세기 창조 설화에서 사람이 "선과 악을 알 수 있는 나무 열매"를 먹는 것은 "하느님처럼 선과 악을 알게 될 것"(3,5)을 기대했기 때문입니다. 인간 실천에 있어서 "선과 악의 기준"은 하느님에게 두어야 한다는 것이 "선과 악을 알 수 있는 나무 열매"만은 먹지 말라는 계명의 의미였습니다. 아들 혹은 자녀로 산다는 것은 아버지 혹은 부모의 뜻을 소중히 생각하는 것이지 아버지 혹은 부모의 역할을 탐내는 것이 아닙니다. 아들 혹은 자녀는 또한 아버지 혹은 부모의 생명을 사는 사람입니다. 따라서 아버지 혹은 부모와 유사한 실천을 합니다. 아버지 혹은 부모를 사랑하는 아들 혹은 자녀는 형제 자매를 또한 사랑합니다. 모든 계명 중에 첫째가는 계명을 묻는 율사에게 예수는 "하느님을 사랑하고 이웃을 사랑하라"(마르 12,28-34 참조)고 말씀하십니다.

제자들의 회상 안에 확인되는 아들

초기교회가 예수를 하느님의 아들이라고 믿고 그렇게 고백할 때 예수는 이미 그들을 떠나신 다음입니다. 초기교회 신앙인들은 살아 계셨던 예수를 회상하고 그분의 삶을 실천합니다. 초기교회가 발생시키는 그분에 대한 말씀은 사람들의 실천과 구별되지 않습니다. 그 말씀은 실천과 더불어 발생하였습니다. 그 말씀은 예수 그리스도가 인류 역사 안에 남긴 흔적이라 말할 수 있습니다. 흔적은 확실한 것이지만 자유스런 해석에 내어맡겨진 것입니다. 예수는 인간 위에 군림하면서 순종을 요구하는 하느님의 아들이 아닙니다. 신앙인들의 회상과 그 회상으로 발생하는 실천 안에 살아 계시면서, 사람들의 자유스런 해석에 내어맡겨진 "하느님의 아들"이십니다. 우리에게도 "하느님의 아들" 됨을 자유롭게 실천하라고 초대하는 분입니다.

"아버지와 아들은 실체적實體的으로 동일하다"

기원후 313년에 로마 황제 콘스탄티누스가 그리스도 신앙의 자유를 허락하였습니다. 자유스런 세상이 오자 교회 안에 제일 먼저 발생하는 논쟁이 예수가 하느님의 아들이라는 의미를 밝히기 위함이었습니다. 알렉산드리아의 신부인 아리우스Arius는 하느님은 높으시고 전능하시고 영원하신 분이신 반면, 예수는 역사 안에 살았던 한 인간이기에, 예수가 하느님의 아들인 것은 우리가 하느님의 아들인 것과 유사한 의미를 지닌다고 주장하였습니다. 교회사상 처음으로 소집된 주교회의인 니체아 공의회(325년)는 아리우스를 이단으로 단정하였습니다. 그리스도 신앙은 예수의 실천들 안에 하느님의 일을 본다는 뜻을 천명하였습니다. 공의회는 그 시대의 철학적 용어를 빌려서 "아버지와 아들은 실체적으로 동일하다"고 표현했습니다. 그 시대 "실체"라는 용어는 사물의 보이지 않는 인식 원리입니다. 예수의 삶과 실천들 안에 하느님의 일을 본다는 뜻입니다.

⑧
예수 그리스도를 믿음

1. 하느님 나라를 가르친 예언자인 예수

하느님 나라

예수가 생각하는 하느님은 유다교 전승 안에 살아 계신 하느님이십니다. 사람들과 함께 계시는 하느님이며, "아브라함의 하느님, 이사악의 하느님, 야곱의 하느님"(출애 3,15)이라는 표현이 말하듯이, 이스라엘의 역사 안에 사람들과 함께 계시면서 그들 삶의 변화를 일으키신 분입니다. 예수가 가르친 "하느님 나라"는 하느님의 "함께 계심"입니다. 예수의 가르침에 하느님은 하느님 나라 형태로만 계십니다. "돌보아 주고 가엾이 여기는 선한" 인간의 실천 안에서만 확인되는 하느님이십니다. 예수는 하느님에 대한 새로운 이론을 제공하지 않았습니다. 그분은 유다인 종교 지도자들이 하듯이 하느님에 대해 묘사하지도 않고 정의하지도 않았습니다.

예언자인 예수

예수의 중요 관심사는 이스라엘 예언자들의 것과 비슷합니다. 예수는 그 시대 일부 계층이 하듯이 성서를 세밀히 해석하지도 않았고, 유다교 후기 묵시默示문학적 분파가 하듯이 세상 종말에 대해 상상하지도 않았습니다. 예수는 고대 예언자들과 마찬가지로 백성을 위한 정열에 불타면서 하느님과 인간이 만나는 공간으로 일상생활의 중요성을 강조하였습니다. 하느님이 함께 계시기에 사람들의 삶이 달라져야 하는 것입니다. 진리는 성서의 자구字句에 집착하여 발견할 수 있는 것이 아닙니다. 하느님의 진리가 종말에 있기에 현재를 외면하고 미래만 생각하는 것도 아닙니다. 현재 자기의 삶 안에 하느님이 살아 계시게 해야 합니다. 하느님이 살아 계시고 그 하느님에 준한 삶의 변화가 있는 곳에 진리가 있습니다. 하느님이 의미를 지니고 하느님이라는 이름이 추상적이 아닌 실효성있는 내용을 갖게 하기 위해서는 우리 삶이 변해야 합니다.

2. 요구된 삶의 변화

예수에 관한 이야기 안에 펼쳐진 가능성

우리 역사의 모든 순간과 우리 삶의 모든 형태는 하느님과 관계 안에서 이해될 수 있습니다. 우리 삶의 순간과 형태는 성공일 수도 있고 실패일 수도 있습니다. 하느님과 관계 안에서 성공과 실패를 말할 수 있습니다. 그것이 신앙인입니다. 복음서들은 우리 삶이 변해야 하는 가능성들을 보여줍니다. 예수의 삶은 우리 삶의 변화를 촉구하는 이야기로서 우리 앞에 펼쳐져 있습니다. 그 이야기들 안에서 예수는 우리 안에 다른 것이 될 수 있는 힘이 전혀 계발되지 않고 무시되고 약화되어 있음을 보여줍니다. 예수가 바리사이 지도자 집에 초대받은 이야기에서 "맨 끝자리에 가서 앉으시오", "잔치를 베풀 때는 가난한 이, 불구자, 절름발이, 맹인들을 초대하시오"

(루가 14.7-14)라는 말씀은 우리의 통념을 깨고 우리의 삶이 어떻게 달라져야 하는지를 말합니다. 우리의 통념에는 높은 자리에 앉는 것이 성공이고, 사람을 대접할 때는 대접받은 그만큼 우리를 대접할 수 있는 사람을 택하는 것이 현명합니다.

삶의 변화

하느님이 우리에게 의미를 지니기 위해서는 우리 삶을 점검해야 합니다. 그 안에 어떤 흐름이 있는지를 보아야 합니다. 아무런 변화의 조짐이 없으면 변화가 일어나게 해야 합니다. 이것이 예수가 보고 행동하신 방식입니다. 예수가 삶에 대해 관심을 가지는 것은 그것이 절대적이기 때문이 아닙니다. 예수는 인간이 만든 인과응보 질서의 타성에 젖은 삶을 말하지 않습니다. 그 질서를 경건한 종교적 표현으로 다시 말하지도 않았습니다. 예수는 중요한 문제들 앞에 우리의 통념이 깨어지고 삶이 변해야 한다고 생각했습니다. 예수는 하느님의 이름이 역사적 농도를 가질 수 있도록, 우리의 실천을 보고 하느님의 일을 알아볼 수 있도록 우리의 삶이 변해야 한다고 생각하신 분입니다.

3. 관행대로 행동하지 않는 예수

그 시대의 율법과 달리 행동한 예수

"여러분이 듣고 보는 대로 요한에게 가서 알리시오"(마태 11.4). 세례자 요한이 감옥에서 사람을 보내어 예수의 정체성에 대해 물었을 때, 예수가 한 대답입니다. 예수는 이어서 이사야 예언서를 인용하여 말합니다.

눈먼 이들이 보고, 절름발이들이 걸으며, 나병환자들이 깨끗해지고, 귀먹은 이들이 들으며, 죽은 이들이 일으켜지고, 가난한 이들이 복음을 듣습니다(11,5).

예수가 하는 일은 사람의 삶이 변하게 하는 일입니다. 예수는 병자를 고치고, 건강을 되찾아 주며, 그들이 자기 생활 터전으로 다시 돌아갈 수 있는 미래와 가능성을 열어 줍니다. 그 시대 통념에 병든 이는 죄에 대한 벌을 받은 사람입니다. 하느님이 주신 벌이니까 잘 참아받도록 두는 것이 그 시대의 관행입니다. 예수는 그들을 고쳐주면서 병은 죄의 벌이 아님을 보여주었습니다. 예수는 율사와 제관들이 죄인이라 단정한 사람들과 어울립니다. 예수는 그들과 사귐으로써 사람을 단죄하는 율법을 무시하고 그 시대 일상생활을 이루는 무수한 법과 관례들을 소홀히했습니다. 그 율법과 관행들은 사람을 차별하는 것이었습니다. 예수는 "세리와 창녀들이 여러분보다 먼저 하느님의 나라에 들어갑니다"(마태 21,31)라고 말합니다. 그리고 가난한 과부가 헌금하는 것을 보고 "어느 누구보다도 이 가난한 과부는 더 많이 넣었습니다"(마르 12,43)라고 말합니다. 예수의 이런 말씀들은 사람들에게 문제를 제기하고 폐쇄된 그 사회의 관행을 뒤흔들었습니다.

하느님의 일을 보여주는 예수

남존여비 사상에 철저한 유다인 사회에서 예수는 여성에 대해 자유스러웠습니다. 예수를 따라다닌 일행 중에는 여인들도 있었습니다(루가 8,1-3; 23,49 참조). 그러나 예수의 이런 행위는 사람들의 생활을 바꾸어 놓기에는 충분하지 않았습니다. 예수는 행정가도 혁명가도 아닙니다. 그분의 생각에 사람은 각자의 책임하에 삶의 변화를 찾아야 합니다. 예수는 다른 사람을 대신해서 혁명하고 정치적 자유를 찾아주는 혁명당원도 아니고, 이스라엘 국권을 회복하고 강대국으로 만들어주는, 그 시대 사람들이 고대하던 메시아도 아닙니다. 예수는 하느님의 일을 보여주고 각자 실천할 것을 요구하는 예언자의 노선에 계신 분입니다.

유다인과 이교도의 구별에 구애받지 않는 예수

예수 시대 유다인들은 하느님을 합당하게 예배할 수 있는 장소는 예루살렘이라고 주장했습니다. 그 반면 사마리아인들은 시켐 산이 올바른 예배의 장소라고 주장했습니다. 예배의 장소에 대해 묻는 사마리아 여인에게 예수는 예루살렘의 성전이 절대적이 아님을 말합니다(요한 4.21). 또한 유다인과 사마리아인의 분리와 반목에 대해서도 예수는 구애받지 않습니다. 유다인이면 모두가 강조하는 유다인과 이교도의 구별에 대해서도 예수는 그것이 별것 아니라는 입장입니다. 로마 군인인 백부장이 자기 종을 고쳐 달라고 간청했을 때 예수는 "이스라엘에서는 이만한 믿음을 본 적이 없습니다"(루가 7.9)라고 말씀하시면서 이교도인 그를 칭찬하였습니다. 전통과 성서에 근거를 둔 엄격한 정통주의는 인간 자유와 양심의 중요성을 망각합니다. 예수는 이런 엄격함을 배격하고, 인간을 차별하고 노예로 만들며 인간을 소외시키는 모든 형태의 정통주의를 배격했습니다.

권위와 차별에 얽매이지 않는 예수

권위를 가진 사람들 앞에서도 예수는 놀라울 정도로 자유스럽습니다. 예수는 그 시대 당연하게 보이는 차별에 얽매이지 않습니다. 이것은 위험을 무릅쓴 몸가짐입니다. 유다교의 고위 성직자들, 로마의 점령군들 그리고 팔레스티나 귀족들에 대해서 예수는 비판적이었습니다. 종교적이거나 정치적이거나 모든 형태의 권력은 율법주의 · 관료주의 · 옹졸 · 횡포 등의 유혹에 빠지기 쉽습니다. 예수는 "크게 되고자 하는 사람은 섬기는 사람이 되어야 합니다"(마르 10.43)라는 말씀으로 모든 권력이 순화純化되어야 한다고 말했지만, 권력을 가진 사람들은 전혀 호응하지 않았습니다. 권력은 인간 각자의 더 큰 자유와 질서있는 공동생활을 보장하는 데 그 존재 이유가 있습니다. 그러나 실제로는 권력을 가진 사람이 봉사라는 미명하에 권력 자체를 목적으로 삼아 사람 위에 군림합니다.

4. 예수를 따르는 신앙인의 자유

하느님이 함께 계셔서 누리는 자유

예수는 예루살렘 종교 지도자들이 지닌 경직성硬直性과 소심증小心症을 모릅니다. 예수는 왕이 되기를 거부했습니다(요한 6.15 참조). 그 시대 사람들의 기대에 영합하는 정치적 메시아가 되기를 거부한 것입니다. 이런 예수의 자세는 대중을 실망시켰습니다. 그들의 눈에 예수는 이스라엘 국권을 회복할 인물이 아니었습니다. 예수는 백성의 한 사람이고 그의 관심사는 정치적인 것이 아닙니다. 예수는 사람들이 "돌보아 주고 가엾이 여기는" 자유, 곧 하느님이 함께 계셔서 누리는 자유를 깨닫게 해주려고 노력했습니다.

복음서들 안에 펼쳐진 예수의 삶은 우리의 자유가 어떻게 움직여야 하는지를 보여줍니다. 예수는 사람들이 자유에 대해 더 진지하게 생각하도록 합니다. 신앙인은 하느님의 이름을 부르면서 하느님과 함께 있습니다. 하느님이 함께 계시면, 그분에 준한 실천들이 발생합니다. 재물이나 권력에 사로잡히지 않은 자유스런 마음만이 하느님의 "함께 계심"을 실천할 수 있습니다.

예수 이야기의 상징성

상징은 무엇을 암시하는 사건이나 행위입니다. 상징을 본 사람은 그것이 암시하는 세계에 자유롭게 들어갑니다. 사랑하는 사람이 사랑하는 사람으로부터 꽃 한 송이를 받으면, 꽃 한 송이의 값을 논하지 않고, 그 꽃이 암시하는 사랑을 읽고 그 사랑이 열어주는 세계 안으로 들어갑니다. 복음서들이 전하는 예수에 대한 이야기들도 상징성을 지닙니다. 그 이야기들을 듣거나 읽은 사람은 그것들이 암시하는 세계로 들어가서 그 세계가 지닌 질서를 실천합니다. 예수는 자기 자신을 긍정하기 위한 실천을 하지 않았습니다. 예수는 천국에 대한 꿈을 주어서 사람들이 현재 삶의 고통스러움을 잊게 하는 아편과 같은 일을 실천하지도 않았습니다. 예수는 하루아침에 변화된 실존을 주어서, 인간 역사 안에 내포된 노고·위험·어리석음 등을 마술적으로 해결하지도 않았습니다.

예수는 기적을 행하였습니다. 예수는 소수의 사람들을 위해서 그들의 삶을 기적적으로 바꾸어 놓았습니다. 성서는 기적의 혜택을 받은 사람이 어떻게 되었는지를 전혀 말해 주지 않습니다. 이 침묵은 의미하는 바가 있습니다. 예수가 행한 기적 이야기들은 사실 보도이기보다는 상징적 성격을 지닙니다. 우리의 삶 안에 숨겨진 하느님의 일을 잠시 극적으로 보여주는 기적 이야기입니다. 그 이야기가 암시하는 바를 실천하라는 초대의 말씀입니다. 인간이 지닌 가능성이 무엇인지 암시하는 일입니다. 예언자의 역할은 그것으로 끝납니다. 예수에 대한 이야기들은 인간 안에 내재하는 가능성이 솟아나게 하고, 그 가능성 앞에 사람들을 각성시키는 역할을 합니다. 각성된 힘을 실천하는 것은 인간 각자가 자유롭게 할 일입니다.

예수에 대한 이야기들이 그 상징성을 발휘하여 인간 실천이 달라지면, 지금까지의 관행이 정지되고 가치관의 변화가 일어납니다. 그 실천을 이해하지 못하는 사람의 눈에는 불편하고 비합리적인 것으로 보입니다. 예수의 삶에도 있었던 일입니다. 예수는 그 시대의 상식과 관행대로 행동하지 않았습니다. 예수는 그 시대 유다교가 강요하던 질서와 관행을 무시했습니다. 예수가 사물을 보는 방식은 전혀 달랐습니다. "복되다, 가난한 사람들! 복되다, 지금 굶주리는 사람들! 복되다, 지금 우는 사람들!"(루가 6,20-21). 우리의 가치관에는 재물을 가진 사람이 행복하고, 배부른 사람이 행복하며, 웃는 사람이 행복합니다. 예수의 이 행복 선언은 축복의 말씀입니다. 그분이 가진 가치관이 우리의 것과 얼마나 다른지를 보여줍니다.

예수의 그런 자세가 오해와 격렬한 반대를 만나는 것은 당연했습니다. 예수가 실천한 것은 그 시대 기득권층의 통념이나 관행이 아니었습니다. 이것 때문에 예수는 재판받았습니다. 예수는 우리의 정통사상과 타협주의가 통하는 우리의 나라에 준해서 행동하지 않고 하느님의 나라에 준해서 행동했습니다. 예수는 참으로 예언자였습니다. 예수는 오해받고 바보 취급 당하고 소외되어 결국 제외되었습니다. 이스라엘의 모든 예언자는 죽임을 당했습니다.

신앙은 자유로운 실천

예수는 만나는 사람들의 상황과 경험에 따라 다른 실천을 했습니다. 하느님 나라는 준비된 기술로 쟁취하는 것이 아닙니다. 신앙인들이 흔히 착각하는 점입니다. 신앙은 하느님을 조작하여 자기가 원하는 것을 얻어내는 기술이 아닙니다. 그것은 인간의 이기적 생각이고 인간 나라의 질서입니다. 하느님 나라는 하느님과 함께하는 삶이지 법이나 계명으로 해결되는 것이 아닙니다. 음악 연주에는 지켜야 하는 법이 있지만 그 법이 연주를 발생시키지 않습니다. 각자가 매일 자유스럽게 반복하여 실천함으로써 음악이 지닌 풍요로움을 생산할 수 있습니다. 하느님의 나라도 자유롭게 반복 실천함으로써 함께 계시는 하느님의 풍요로움을 생산할 수 있습니다.

하느님의 나라는 모든 사람을 위한 것입니다. 따라서 신앙은 다른 사람을 위해 열려 있어야 하고, 인간이면 누구나 체험해 볼 수 있는 보편적 실천을 증언합니다. 그러나 시대·문화·사회 및 인품에 따라서 신앙 실천의 모습은 다릅니다.

⑨ 그리스도인의 하느님

하느님이 계시지 않은 듯이 사는 현대인

하느님을 필요로 하지 않는 현대인입니다. 모두가 하느님이 계시지 않은 듯이 삽니다. 하느님이라는 단어는 사람들에게 흔히 도움·의지·위안 등을 연상하게 합니다. 현대인은 자율적입니다. 자기 힘으로 살고 자기 힘으로 미래를 개척합니다. 과거 사람들은 하느님 혹은 천지신명의 도움으로 전쟁에 이기고 재해에서 구출된다고 믿었습니다. 인간의 사회적 모든 차별도 하느님의 뜻이라 생각했습니다. 높은 자와 낮은 자, 부자와 가난한 자가 있는 것도 하느님이 하신 일이라 믿었습니다. 하느님의 뜻으로 신분과 역할의 차이가 있다고 생각한 것입니다. 이런 생각은 인간 사회가 지닌 모든 불가사의와 부조리가 하느님을 그 원인으로 한다는 믿음에서 기인합니다. 과거에는 하느님의 일이라 상상하던 것이 오늘은 하느님과 무관하다는 사실이 밝혀진 것입니다. 사람의 생각을 하느님으로 정당화하고 하느님으로 포장한 그만큼, 오늘 하느님은 사람들에게 불필요한 존재가 되었습니다.

예수에게 하느님

예수에게 하느님은 불필요한 분이 전혀 아니었습니다. 하느님은 사람들에게 가까이 계시고 그들의 삶 안에 살아 계시는 분이었습니다. 하느님의 일은 생명의 영역 안에 있습니다. 하느님은 병을 고치고, 죄인을 용서하며, 율법과 제도가 삶을 짓누르는 곳에 해방으로 나타나십니다. 루가 복음서는 이 사실을 다음과 같은 예수의 말씀으로 요약합니다. "그분은 죽은 이들의 하느님이 아니라 살아 있는 이들의 하느님이십니다. 사실 모두 하느님으로 말미암아 삽니다"(루가 20,38). 예수가 하느님의 일이라고 말씀하실 때는 사람을 고치고 살리는 일을 의미합니다(요한 5,17; 9,3 참조).

생명을 위한 예수의 행위들은 하느님이 어떤 분인지를 나타내는 예언자적인 것이었습니다. 이 행위들은 때에 따라 상대하는 사람에 따라 그 형태가 달리 나타났습니다. 병 고침, 마귀 쫓음, 죄의 용서 등으로 나타났습니다. 형태는 달라도 모두가 인간 생명을 긍정하는 일입니다. 예수는 생명을 위한 인간의 실천이 있는 곳에 하느님의 일을 보았습니다. 예수는 하느님이 인간 자유를 움직여서 생명을 위한 하느님의 일을 실천하게 하신다고 믿었습니다.

1. 그리스도 신앙 언어의 하느님

인간 실천 안에 확인되는 하느님

인류 역사 안에는 하느님에 대한 언어들이 있습니다. 문화권에 따라 다양하게 발생한 언어들입니다. 하느님에 대한 언어가 인간 삶에 받아들여지면, 어떤 변화가 일어납니다. 그리고 그 변화는 다른 사건들과 공명共鳴합니다. 그때까지 아무 문제가 없는 것으로 생각하던 일들을 새로운 시선으로 보게 된다는 말입니다. 예수는 이 공명이 어떤 것인지를 구체적으로 보여주기 위해 모든 형태의 삶을 살지 않았습니다. 예수는 하나의 인생을 산 분입니다. 그러나 그분이 실천하신 치유, 기득권층과의 대립과 충돌, 안식일과 율법에 대한 그분의 자세 등은 우리 삶에 일어나야 하는 공명이 어떤 것인지를 보여줍니다. 초대교회가 복음서를 통해서 우리에게 전하는 예수에 대한 이야기들은 하느님을 그 삶의 장에 충만히 받아들인 한 인간의 역사를 펼쳐보이는 것입니다. 그 역사에 대한 자각은 우리 삶 안에 공명을 일으켜서, 새로운 역사가 발생하게 합니다. 우리의 자유가 움직여서 새로운 실천이 발생한다는 뜻입니다. 그것을 우리는 하느님이 우리 안에 일하신다고 말합니다.

인간은 "먹고 마시고 입는 일"(루가 12.22-30 참조), 즉 재물의 축적과 권력의 획득을 인생 최대의 보람으로 생각할 수 있습니다. 그것을 위해 수단과 방법을 가리지 않는 속물이 될 수도 있습니다. 그러나 그런 자세는 세상과 인생에 대한 어떤 착각 내지 미성숙함이 빚어내는 결과일 것입니다. 하느님이 인간 안에 일하시면 인간의 수익성이 높아지거나 입신양명立身揚名이 성취되지 않습니다. 하느님이 인간 안에 일하시면, 인간은 자기 자신만 바라보던 미성숙함에서 벗어나 주변을 보고 주변의 생명을 위해 헌신하는 성숙한 모습으로 변합니다.

베푸심으로 채색된 실천

인간 생명은 어떤 무상無償성을 전제로 하고 있습니다. 어떤 무상의 베푸심으로 말미암아 인간이 태어나고 생존합니다. 유교가 삼강오륜三綱五倫의 기본으로 삼는 효孝는 이 무상성에 대한 자각을 표현한 것입니다. 인간 생명은 이 세상에 태어나면서부터 부모를 비롯한 많은 이들이 베풂으로 감싸주어서 자라고 삽니다. 우리의 생명은 무상으로 주어졌으며, 무상성의 요람에서 발육하고 성장합니다. 그러나 실제 우리의 생활에서 이 무상성은 삶의 여백餘白으로 밀려나 있습니다. 이 무상성은 우리 일상 생활 안에서는 실천의 동기가 되지 못하고 있다는 말입니다. 하느님을 자기의 삶 안에 받아들인 사람은 이 무상성을 자기 실천의 동기로 살려냅니다. 베풂으로 채색된 삶의 실천이 발생한다는 말입니다.

성찬聖餐이 말하는 하느님

예수의 죽음과 부활 이후 발생하는 그리스도 신앙 공동체입니다. 이 공동체는 하느님에 대해 예수가 생각한 대로 생각하려 합니다. 그들은 모여서 예수가 죽기 전에 유언과 같이 남기신 성찬을 거행합니다. 그러면서 그것을 "감사" Eucharistia라 부릅니다. 예수가 가르친 하느님이 무상으로 베푸시는 분이었고, 예수의 죽음이 또한 스스로를 "내어주고 쏟는" 하느님의 베푸심을 실천한 일이었습니다. 이것은 초기 교회 신앙인들이 도달한 해석입니다. 그리스도인이 성찬에 참여하여 "내어주는 몸"인 빵과 "쏟는 피"인 포도주를 먹고 마시는 것은 하느님이 베푸심이라는 사실에 감사하면서 자기도 그 베푸심의 흐름에 합류하여 그 베푸심을 자기 생명으로 살겠다는 말입니다.

세례가 말하는 하느님

초대교회가 실천하는 세례는 예수로 말미암아 발생한 이 베푸심의 흐름에 우리도 흘러들겠다는 약속이 담긴 통과通過 의례입니다. 그것을 초대교회는 새로운 삶을 사는 것이라 표현하였습니다.

> 우리는 그분의 죽음에 참여하는 세례를 통해 그분과 함께 묻혔고, 그것은 그리스도께서 아버지의 영광을 통해 죽은 이 가운데서 부활하신 것처럼 우리도 새로운 삶을 살아가기 위해서입니다(로마 6,4).

자기 자신만을 위해 살던 사람이 예수를 따라 베풂의 새로운 삶을 사는 사람이 된다는 뜻입니다. 초기교회 공동체는 때때로 재산을 공동소유로 하기도 하였습니다. 신앙인들이 식사를 함께 나누고, 공동으로 기도하고, 가난한 이들을 거두고, 형제 자매들을 돌본 것은 그들이 율법을 따라 한 것이 아니라 예수를 따라 감사와 기쁨으로 새 생명을 사는 일이었습니다(사도 2,42-47; 4,32-37 참조). 신앙인들은 신앙의 창시자인 예수의 확신을 실천하면서 열정에 불탔고, 예수께서 하신 실천을 역사 안에 연장하기를 원했습니다.

2. 모든 사람의 하느님

이스라엘과 이방인

이스라엘은 다른 민족에 대해 대단히 배타적이었습니다. 이집트를 탈출하여 시나이 반도 사막을 40년 동안 헤매다 폭력으로 팔레스티나에 정착한 그들입니다. 이스라엘은 잠시 왕국으로 있었지만, 곧 남북으로 분단되었습니다. 기원전 8세기 말부터 북이스라엘이 아시리아의 통치를 받으면서, 아시리아인들이 대거 이주해 와서 북이스라엘 사람들과 혼혈되어, 신약성서가 사마리아인이라 부르는 종족이 되었습니다. 그들은 남쪽 유다와는 불목하는 사이가 되었습니다. 기원전 6세기 남이스라엘인 유다는 바빌로니아의 정복을 받아 그 지배하에 들어갑니다. 이때부터 시작하여 팔레스티나는 페르시아, 그리스 그리고 로마의 식민지로 전전했습니다. 이런 정치적 상황을 생각하면 타민족에 대한 이스라엘 사람들의 배타성도 이해할 수 있습니다.

예수와 이방인

예수는 당신의 사명이 이스라엘을 위한 것이라 생각했던 분입니다. 예수의 다음과 같은 말씀에서 그 사실을 엿볼 수 있습니다. "나는 오직 이스라엘 가문의 잃은 양들에게 보냄 받았습니다"(마태 15,24). 예수의 활동 무대도 갈릴래아와 예루살렘 근방이었습니다. 그러나 예수는 유다인들이 경멸하던 사마리아인에게도 호의적이었으며(루가 10,29-37; 17,18; 요한 4,4-38 참조), 이방인들에게도 편견 없이 자유스러웠습니다. 복음서는 예수가 이방인인 백부장의 청을 들어 그 종을 치유한 이야기를 전합니다(마태 8,5-13). 예수는 그 군인의 청을 들어주었을 뿐 아니라, 그 사람의 믿음을 칭찬했습니다. "진실히 말하거니와 이스라엘에서는 누구한테도 이만한 믿음을 본 적이 없습니다." 또한 이방인인 시로페니키아 출신 헬라 여인의 간청을 듣고 그 딸을 낫게 해준 이야기도 있습니다(마르 7,24-30).

하느님과 이방인

그리스도 신앙이 팔레스티나를 넘어 전파되면서 비유다인, 곧 이방인의 문제가 등장하였습니다. 이것은 초기 그리스도 신앙인들이 하느님에 대해 다시 생각하는 계기가 되었습니다. 그리스도 신앙은 유다인들만을 위한 것인지, 아니면 모든 이방인들에게도 선교해야 하는지가 문제였습니다. 기원후 49년경 예루살렘에서 사도회의가 열리고, 이방인들에게는 먼저 유다교의 율법을 지키게 할 필요가 없다는 데 합의했습니다(갈라 2,1-10; 사도 15,1-31 참조). 이 결정은 하느님에 대한 신앙인들의 생각과 교회의 진로에 큰 영향을 주었습니다. 이 결정은 예수가 사마리아인과 이방인에 대해서 전혀 배타적이 아니었고 오히려 호의적이었다는, 초기교회의 회상이 발효醱酵하여 다다른 결론입니다.

이 결정은 유다인으로 구성된 초기교회를 위해서는 대단히 어려운 결단이었습니다. 이제부터 그리스도인에게 타인은, 예수의 경우와 같이 유다인만이 아닙니다. 하느님에 대해서 성서적 개념을 전혀 갖지 못한 이방인들도 선교의 대상입니다. 유다인들인 예수의 제자들만이 하느님을 찾는 것이 아닙니다. 이제부터 예수의 제자들은 유다인 및 이방인들과 함께 하느님을 찾습니다. 초기교회는 예수가 유다교와 율법에 대해서 말한 것을, 율법을 모르고 다른 제한을 받고 있는 이방인들을 위해 전이轉移시켜 이해합니다. 이방인들도 하느님의 무상성에 불려진 것입니다.

유다교적 한계를 넘어서는 하느님에 대한 언어

이 전이는 순탄하게 이루어지지 않았습니다. 팔레스티나 주변 다른 종교들의 신은 성서의 하느님과 전혀 달랐습니다. 다신론이고 신화적인 신이었습니다. 사도행전의 기록(14.8-18)에 의하면 48년경 바울로와 바르나바가 리스트라에서 선교할 때, 바울로가 앉은뱅이 한 사람을 고친 일이 있었습니다. 그 광경을 본 군중은 "신들이 사람 모양을 하고 우리에게 내려왔다"고 말하면서 그들에게 제사를 바치려고 하였습니다. 60년 가을 바울로가 죄수의 몸으로 로마로 압송되는 중에 배가 파선하여 멜리데 섬에 상륙하였습니다. 독사 한 마리가 바울로의 팔에 달라붙었고, 바울로가 그 독사를 손으로 털어 버리자 사람들은 "그를 신이라고 생각하게"(사도 28.6) 되었습니다. 이런 신화적 현실 앞에 그리스도인들은 타협하지 않았습니다.

그리스도인들은 신에 대한 신화적 언어를 배척하고 철학자들이 존재의 근본이라 말하는 절대자에 대한 언어를 채용했습니다. 바울로가 아테네 시민에게 한 연설의 한 구절입니다.

> 세상과 그 안에 있는 모든 것을 만드신 하느님은 하늘과 땅의 주인으로서 사람 손으로 지은 신전에 사시지 않습니다. 또 무엇인가 아쉬워서 사람 손에 섬김을 받으시지도 않습니다. 오히려 그분이 모든 이에게 생명과 호흡과 모든 것을 주십니다. 하느님은 … 일정한 절기와 살 지역을 정해 주셨으며 당신을 더듬어 찾으면 발견하도록 하셨습니다. 그분은 우리 각자에게서 멀리 떨어져 계시지 않습니다(사도 17.24-27).

복음서에서 읽을 수 있는 아버지이신 하느님과 하느님 나라에 대한 예수의 말씀과는 분위기가 많이 다른 언어입니다. 이렇게 초기교회는 이방인들을 영접하면서 그 시대 철학의 언어를 수용하였고, 이것으로써 이스라엘 고유의 신앙 언어에다 모든 문화권이 수용할 수 있는 보편적 언어를 추가하였습니다.

3. 예수도 하느님?

예수의 제자들은 예수를 설교합니다. 그들은 예수가 가르친 하느님의 나라, 곧 하느님의 "함께 계심"은 예수 안에 구체적으로 또 충만히 나타났다고 생각하였습니다. 따라서 그들에게 하느님을 찾는 것은 실제로는 예수를 찾는 일이었습니다. 예수는 죽고 부활하여 하느님과 함께 계십니다. 그리스도 신앙인들에게 예수는 하느님에서 분리하여 생각할 수 없는 분이었습니다. 바울로 사도는 "그리스도는 만물 위에 계시는 하느님"(로마 9,5)이라고 표현했습니다. 그리스도인들은 예수 안에 하느님의 일이 있었다는 사실을 알리기 위해 이렇게 하느님과 예수를 하나로 보기까지 하였습니다.

예수와 하느님을 하나로 보는 것은 그리스도 신앙의 중요한 결정이었습니다. 예수의 신성神性을 긍정하는 것은 유다인이나 이방인과의 대화를 용이하게 해주는 일이 결코 아니었습니다. 이 결정은 그리스도 신앙 공동체가 이방인들을 교회 안에 본격적으로 합류시키기 전에 이미 취해졌습니다. 초기 그리스도인들은 예수 안에 신성의 충만함이 있었다고 생각하였습니다. 이것은 죽음 후 부활하여 살아 계신 분에 대한 공동체적 체험에서 비롯된 것입니다. 그리고 공동체가 예수의 삶을 회상해 보았을 때, 예수를 단순히 한 인간이라 말할 수는 없었습니다. 하느님만이 죄를 용서할 수 있는데, 예수는 죄를 용서하였습니다. 하느님이 주신 유다교의 율법에 대해 예수는 권위있게 새로운 해석을 하였습니다(마태 5.21-48 참조). 예수는 하느님을 대단히 친근한 분으로 생각하고, "아빠"라는 친숙한 호칭으로 불렀습니다. 하느님만이 하느님에 대해서 올바로 말할 수 있을 것입니다. 예수는 그렇게 행동한 분이었습니다. 신약성서 공동체는 이런 점을 고려하여 예수를 하느님이라 부르게 된 것입니다. 그러나 초기교회는 예수를 결코 하느님 아버지라 말하지는 않았습니다. 그들은 예수를 아버지의 생명을 나타내는 아들이며, 하느님의 뜻을 표현하는 말씀이라 불렀습니다.

4. 인간 자유의 원천이신 하느님

베푸시는 자유

예수는 인간의 타협주의, 특권 의식, 의롭지 못함 등을 예언자적 행위로 비판하였습니다. 이 비판은 인간의 참다운 자유를 찾게 해주는 것이었습니다. 인간은 베풂의 진리를 배워야 자유로워집니다. 예수는 유다인들의 메시아 사상에 동조하지 않았습니다. 그 사상을 거부한 것은 그것이 사람들의 자유를 외면하고 메시아가 모든 것을 이루어준다는 가상假想적 베푸심의 논리로 사람을 몰고가기 때문이었습니다. 인간의 성취와 구원은 인간의 자유와 무관하게 이루어질 수 없습니다. 인간이 메시아가 갖다주는 혜택만 기다리는 것은 이기적이고 유아기적 인간의 모습입니다. 인간 구원은 미성숙함이 아닙니다.

용서하시는 자유

하느님은 신뢰하고 용서하고 미래를 열어 주시는 분입니다. 하느님은 가능성의 하느님이십니다. 인간 안에 감추어져 있는 가능성을 계발하여 자유를 실천할 수 있는 새로운 미래를 열어 주시는 분입니다. 사람은 사람의 감추어진 가능성을 외면하고 그의 미래를 닫습니다. 죄인이라고 동네에 소문난 여인에 대해서 사람들은 "사실 죄인이지!"(루가 7,39)라고 말합니다. 이것이 사람이 사람에게 하는 말의 전부입니다. 사람은 이 말로써 다른 사람의 새로운 가능성을 부인해 버립니다. 같은 여인에게 예수가 하시는 말씀은 다릅니다. "그대는 죄를 용서받았습니다"(루가 7,48). 그 사람의 과거 한 순간에 시선을 빼앗기지 않고, 그 사람이 지닌 자유의 새로운 가능성을 보면서 하신 말씀입니다. 예수는 이 말씀으로 우리가 자유롭다는 것이 무엇인지를 보여주십니다. 자유로운 인간은 다른 생명의 자유가 지닌 가능성을 긍정합니다.

살리시는 자유

하느님은 우리의 관례와 고정관념에서 우리를 해방하시는 분입니다. 하느님은 우리 위에 군림하는 우상들을 상대화시킵니다. 시대와 문화권에 따라 인간 위에 군림하는 우상은 다르지만, 재물과 권력은 역사 안에 항존하는 우상이었습니다. 하느님은 인간이 갇혀 있는 인과응보의 폐쇄회로에서 벗어나 베푸심의 자유를 알게 하시는 분입니다. 하느님은 우리가 소유할 수도 조종할 수도 없는 분입니다. 베푸심의 결과인 최소最小가 베푸심의 원천이신 최대最大를 소유할 수도 움직일 수도 없기 때문입니다. 하느님은 무상으로 베푸시는, 가난하고 겸손하신 분입니다. 우리 인간은 많이 갖고 높아져서 자족하려 하지만, 그분은 양 한 마리를 찾아 나선 목자와 같고, 집을 떠난 아들이 돌아오기를 기다리는 아버지같이 사람과 함께 있기를 원하십니다. 찾고 기다리는 것은 가난하고 겸손한 사람이 하는 일입니다. 우리는 우리 마음대로 그분에 대해 상상하고 단정하며 그분 앞에 공로를 쌓아서 과시하려 하지만, 하느님은 우리 인과응보의 원리로써 해결되지 않는, 전혀 다른 무상성이십니다. 하느님은 이 세상에서도 살리고 살과 피의 경계를 넘어서도 살리시는 부활의 하느님이십니다. 인간의 원리와 사고를 연장하여 하느님을 포착할 수 없습니다. 인간적인 것이 그분에 대한 척도尺가 될 수 없습니다.

5. 거룩하신 하느님

우리와 다르신 하느님

예수가 가르친 기도문에 "아버지의 이름이 거룩히 빛나시며"라는 구절이 있습니다. 성서에 하느님이 거룩하시다는 말은 우리와 전혀 다르다는 것을 의미합니다. 하느님을 안다는 것은 그분이 우리와 전혀 다른 분이라는 사실을 인정하는 것입니다. 하느님과 우리의 차이는 베푸심에 있습니다. 그분과 우리의 관계는 베푸심을 기초로 합니다. 하느님이 베푸심이라는 사실을 잊어버리고 하느님에 대해 생각하면, 하느님과 인간의 관계는 여러 형태의 가상假想적 밀착을 낳습니다. 인간 사회의 모든 차별을 하느님으로 정당화하는 가상적 밀착입니다. 성공과 실패, 건강과 병고, 신분의 차이, 가진 자와 갖지 못한 자의 차이 등 모든 차이를 하느님과 밀착시켜 하느님이 만드신 차별이라 말할 수 있습니다. 그러면 하느님은 인간을 지배하고, 인간 위에 군림하며, 자의로 횡포하는 분으로 보일 것입니다. 베푸심만이 하느님과 인간의 참다운 관계를 가능하게 해줍니다. 하느님이 베푸셨음을 인정하면서, 그 베푸심을 우리의 베풂 안에 살아 있게 할 때 하느님과 인간은 올바른 관계 안에 있는 것입니다.

기쁜 소식이신 하느님

하느님이 우리와 다르다는 말을 윤리적 영역에 국한시켜 이해하지 말아야 합니다. 하느님은 거룩하시고 우리는 죄인이라고 생각하면, 죄가 하느님을 체험하는 유일한 장소가 될 것입니다. 하느님과 우리 사이의 차이는 기쁜 소식입니다. 하느님의 베푸심은 우리의 기쁨이고, 우리가 주변에 발생시키는 기쁨의 원천입니다. 하느님은 우리 모든 사람의 하느님이십니다. 하느님을 우리가 속하는 집단과 밀착시켜서, 우리의 교회 안에만 계시다고 착각하지 말아야 합니다. 하느님을 하나의 종교 언어와 밀착시키지도 말아야 합니다. 하느님을 한 시대, 한 문화의 표현과 밀착시켜 그분의 주거를 제한하지 말아야 합니다. 하느님을 우리의 것과 혼동하지 말아야 합니다. 하느님은 하느님이십니다. 그래서 하느님은 유일한 분이라는 신앙 고백이 있습니다.

6. 아버지이신 하느님

유아기乳兒期적 욕구의 호칭?

예수께서 하느님을 아버지라 부른 것과 같은 뜻으로 그리스도인들은 하느님을 아버지라 부릅니다. 정신분석학자들은 이 아버지라는 호칭에 인간의 유아기적 욕구가 감춰져 있다고 비난합니다. 어린이에게 아버지는 모든 것을 해줄 수 있는 전능한 존재로 보입니다. 실제로 어린이는 아버지의 보호와 도움으로 모든 것을 할 수 있습니다. 그리스도인들이 하느님을 전능하신 아버지라 부르면서 기도하는 것은, 그들이 성인이 되어서도 아버지의 보호와 도움에 대한 욕구가 그들의 잠재의식 속에 살아 있는 증거라는 것입니다. 따라서 그리스도인들은 심리적 발육이 부진한 지진아遲進兒들이라는 그들의 결론입니다.

그러나 예수가 하느님에게 아버지라는 호칭을 사용할 때, 아버지의 도움으로 모든 것이 되고 싶은 욕구, 인간의 한계를 넘어서려는 욕구를 투사投射한 것은 아니었습니다. 하느님을 아버지라고 부르는 것은 내 존재를 그분에게서 받았다는 것을 인정하는 것이고, 하느님의 뜻을 존중하면서 다른 사람들과 함께 살겠다는 것을 의미합니다. 하느님을 아버지로 생각하는 사람은 다른 사람들과 형제 자매 됨을 삽니다. 부모의 사랑을 공유할 줄 아는 것이 자녀입니다. 따라서 인간은 다른 사람들과 함께 사는 동료 인간임을 받아들이면서 하느님을 아버지로 부를 수 있습니다. 하느님을 아버지로 인정하는 것은 타인을 형제로 받아들이고 타인의 연약함과 결핍을 "돌보아 주고 가

없이 여기는" 실천으로 보완하는 행위를 포함합니다. 하느님을 아버지로 부르기에 하느님을 사랑하는 것과 이웃을 사랑하는 것은 "비슷한" 일입니다(마태 22.37-39 참조).

형제 자매를 살리는 하느님의 자녀

예수가 아버지를 부르고 기도할 때, 그분은 형제들을 자유롭게 만들고 당신 스스로는 죽음으로 나갔습니다. 죽음을 앞두고 예수는 게쎄마니에서 아버지를 부르면서 기도하셨습니다. 유다 종교 지도자들이 보낸 사람들이 그를 체포하러 왔을 때 예수는 말씀하십니다. "이 사람들은 보내주시오"(요한 18.8). 예수는 하느님 아버지를 부르면서 아버지의 보호로 자기가 죽음의 궁지에서 해방되기를 청하지 않았습니다. 예수는 아버지를 부르면서 형제들을 살리는 분이었습니다.

예수는 죽음을 앞두고 아버지로부터 버려졌다는 체험을 하였습니다. 그는 아버지를 불렀지만 아버지는 인간 조건이 지닌 법을 깨고 아들을 보호하지 않았습니다. 예수는 많은 사람들 가운데 하나 됨을 받아들였습니다. 이것으로 예수는 많은 형제 자매들 가운데 첫째가 되었습니다. 그리스도인은 하느님을 아버지라 부를 때, 하느님을 자기 욕구충족의 수단으로 생각하지 않습니다. 십자가를 앞두고 예수가 아버지를 부르면서 보여주신 모습을 우리의 시야에서 잃지 말아야 합니다.

아버지의 선하심을 실천하는 자녀

우리가 하느님을 아버지라 부를 때, 하느님은 이 세상의 악惡과 무관하다는 사실을 고백합니다. "어느 아비가 아들이 생선을 달라는데 뱀을 대신 주겠습니까? 달걀을 달라는데 전갈을 주겠습니까?"(루가 11.11-12). 예수의 말씀입니다. 아버지는 자녀가 자라는 데 돕습니다. 아버지의 베푸심으로 존재하는 자녀들은 자기도 나가서 베풀어서 스스로를 성취합니다. 따라서 아버지와 함께 있는 것은 아버지의 베푸심을 살고 실천하는 것입니다. 루가 복음서는 "잃었던 아들의 비유"에서 돌아온 아들을 맞이하는 아버지가 "나의 이 아들은 죽었다가 다시 살아났다"(루가 15.24)고 말하게 하였습니다. 아버지와 함께 있는 것, 곧 아버지의 일을 실천하는 것이 살아 있는 것입니다. 하느님의 베푸심, 곧 선하심을 실천함으로써 하느님 앞에 살아 있는 하느님의 자녀가 된다는 말입니다. 이것이 하느님을 아버지라 부르는 그리스도인의 생명입니다.

7. 성 령

예수가 말씀하신 하느님은 또한 영靈이십니다. 요한 복음서는 다음과 같이 말합니다. "바람은 불고 싶은 곳으로 붑니다. 그리고 당신은 그 소리는 듣지만 어디서 와서 어디로 가는지를 모릅니다. 영으로 난 이는 모두 이와 같습니다"(요한 3.8). 히브리어는 바람 · 숨결 · 영을 말하기 위해 같은 단어를 사용합니다. 따라서 바람 · 숨결 · 영은 하느님의 일하심을 나타내는 구체적 형상形象입니다. 예수는 하느님의 일하심에 인간이 스스로를 개방하는 것을 성령이 하시는 일이라고 말합니다.

새로운 시작이신 성령

성서에 성령은 하느님의 힘입니다(사도 1,8 참조). 모든 시작은 성령이 하시는 일입니다. 성령은 혼돈의 무력함을 깨고 모든 것을 존재하게 하셨습니다(창세 1,2 참조). 성령은 예수의 출현부터 교회의 발족에 이르기까지, 모든 일을 시작하신 분이십니다. 예수의 잉태(루가 1,35 참조), 예수의 설교(루가 4,14 참조), 예수의 부활(1디모 3,16; 로마 1,4 참조), 교회의 시작(사도 2,32 참조) 등이 모두 성령이 하신 일입니다. 성령은 모든 시작의 원천이십니다. 우리의 희망도 성령이 주시는 것입니다(갈라 5,5 참조). 성령은 새로운 미래를 베푸시는 힘입니다.

기원起源을 떠나가서 일하게 하시는 성령

모든 시작에는 결별과 버림이 있고, 아직 없는 것을 향한 도약이 있습니다. 창조하시는 성령은 먼저 분리하는 일을 하십니다. "빛과 어둠을 나누고"(창세 1,4), "창공 아래 있는 물과 창공 위에 있는 물을 갈라놓으며"(1,7), "하늘 아래 있는 물과 … 마른 땅을 분리"(1,9)하십니다. 기원의 혼돈에서 분리하는 일이 창조의 시작입니다. 사람도 새로운 도약을 위해서는 먼저 기원과의 갈라섬이 있어야 합니다. 인간이 자기의 출생·졸업장·자격증·임명장·세례·서품식 등 기원에 있었던 일에 집착하여 그것과 결별하지 못하고 그 사람의 정체성이 기원에 주어진 것과 혼동되면, 자기 스스로를 실현하지 못합니다. 자기가 받은 자격증만 자랑하고 앉아 있으면, 아무 일도 하지 못한다는 말입니다. 기원은 우리 정체성을 확인하는 장소가 아닙니다. 기원에 주어진 것과 결별하고 멀어지면서 인간은 자기가 할 일을 발견하고 자신을 실현합니다.

인간 자유의 원천이신 성령

사람은 부모를 떠나야 자기 배우자와 자유롭게 한 몸이 될 수 있습니다(창세 2.24 참조). 아브라함은 기원의 온상을 버리고 떠나서 약속의 땅을 볼 수 있었습니다(창세 12.1-4 참조). 인류의 원조가 살던 낙원은 그룹들과 불칼로 막혔습니다(창세 3.24 참조). 인간은 기원의 온상인 낙원으로 돌아가지 못합니다. 우리의 기원은 우리가 머물 곳이 아닙니다. 성령은 기원의 자기 중심적 온상에서 우리를 나오게 하여, 미래의 길로 들어서게 하시는 하느님의 힘 혹은 은총입니다. 인간에게 주어진 약속은 인간의 원초적 욕구, 곧 "목숨을 위해 무엇을 먹을까, 또 몸을 위해 무엇을 입을까"(루가 12.22)를 위한 것이 아닙니다. 성령은 자유의 원천이십니다. 성령은 하느님의 베푸심을 자기 생존의 근본으로 의식한 사람이 그 베푸심을 바탕으로 새로운 일을 하게 하시는 창조적 숨결이십니다.

예수를 상기시키는 성령

성령은 기억이십니다. "아버지께서 내 이름으로 보내실 협조자 성령께서 모든 것을 가르쳐 주시고 내가 말한 모든 것을 생각나게 해주실 것입니다"(요한 14.26). 성령은 예수의 역사적 삶의 모습을 사람들에게 생각나게 하십니다. 예수에 대한 기억을 외면하고 하느님을 아버지로 부를 수는 없습니다. 예수는 자기 자신의 뜻과 다른 하느님의 뜻을 받아들이고, 자기의 욕구가 지닌 논리를 그분에게 강요하지 않았습니다.

예수는 자기의 한계와 죽음을 받아들인 분입니다. 예수를 상기시키는 성령은 신앙인이 예수와 같이 하느님 아버지의 뜻과 인간으로서의 한계와 죽음을 받아들여서 그 자녀 됨을 살도록 하십니다.

하느님 나라의 숨결이신 성령

성령은 하느님 나라의 숨결이고 생명입니다. 신앙인이 하느님을 부르고 하느님의 "함께 계심"인 하느님 나라의 실재를 산다는 것은 형제 자매들을 인정하고 베푸시는 하느님의 양식으로 행동하는 것입니다. 자기 자신만을 바라보고 자기를 중심으로 행복하기를 원하는 것과는 전혀 다른 행복의 약속을 사는 것입니다. 성령은 인간을 참으로 자유롭게 하십니다. 자유로운 사람은 타인을 있는 그대로 보고 있는 그대로 인정합니다. 성령은 우리가 속하는 사회를 위해 우리가 기여하게 만드십니다. 성령은 사람이 법을 절대화하는 것을 막아주십니다. 모든 형태의 율법주의는 인간의 옹졸함이 만드는 결과입니다. 이웃과 사회를 외면하면서 자기 자신만 법을 잘 지켜 구원받겠다는 옹졸함입니다. 성령은 이웃과 함께 사는 법이 되게 하십니다. 성령은 하느님을 아버지로 인정하는 것과 같은 행위로, 다른 사람을 형제 자매로 볼 수 있게 해주십니다. 사실 법은 사람들이 형제 자매가 되도록 설정하는 언어입니다. 성령은 이 설정의 언어가 우리의 삶 안에 실현되어 사람들이 실제 형제 자매가 되게 하십니다. 예수는 부활 후 성령의 베푸심을 선포하셨습니다. 예수의 부활로 열리는, 베푸심의 장에 성령이 일하십니다.

8. 하느님의 위격성

그리스도 신앙은 하느님을 위격位格적 존재라고 말합니다. 대부분의 그리스도인들에게는 아무런 문제가 없는 말입니다. 그러나 일부 타종교 문화 전통은 하느님을 "어떤 원리", "어떤 힘", "최고의 어떤 것", "전체", "공"空 등으로 표현합니다.

이스라엘 사람들은 하느님을 어떤 분이라 이해했습니다. 사람들과 함께 계시고 "돌보아 주고 가엾이 여기는" 분으로 체험했습니다. 예수는 유다인의 신앙 체험을 이어받은 분입니다. 예수가 하느님을 아버지라 부른 것은 하느님을 어떤 분, 베풀고 돌보아 주시는 어떤 분으로 믿었기 때문입니다. 예수는 성령에 대해 말씀하지만 성령에게 기도하지는 않았습니다. 그러나 예수는 하느님을 아버지라 부르고 그분의 뜻이 이루어질 것을 빌었습니다. 예수에게 하느님은 우리와 함께 계시는 아버지이시고, 우리를 사랑하시는 분이었습니다. 예수는 하느님에 대해 위격적 관계를 넘어서는 어떤 다른 관계를 암시하지 않았습니다. 그리스도 신앙은 아버지이신 하느님과의 관계이며 대화입니다.

하느님을 위격이라 말하는 것은 그분이 "어떤 원리"나 "어떤 전체"가 아니라는 말입니다. 그러나 하느님을 위격이라 말할 때, 그것은 어디까지나 하나의 유비analogia라는 사실을 잊지 말아야 합니다. 우리가 아는 위격성은 인간의 것입니다. 그것을 하느님에게 연장 적용한 것입니다. 인간 언어를 빌려 쓴다고 그것을 지나치게 확대하여 하느님을 사람과 같은 위격성으로 상상하지는 말아야 할 것입니다.

자유로운 주체이신 하느님

우리가 하느님을 위격이라고 말할 때, 하느님은 자유를 지닌 어떤 정신적 주체라는 뜻입니다. 우리가 정의定義하거나 우리의 언어 안에 유폐시킬 수 없는 하느님이십니다. 우리가 인식하고 언어로 표현할 수 있는 것은 이 세상이고 인간입니다. 하느님은 세상과 인간에 대한 우리의 지식에서 연역演繹하여 만들 수 있는 관념이 아닙니다. 하느님은 인간이 절대적인 것으로 상상하여 만든 모든 우상과 동일하지 않으시며, 이 세상의 것을 절대화하여 우리가 생각해낼 수 있는 어떤 언표言表와도 일치하지 않으십니다.

위격이신 하느님에 대한 성서의 신앙은 인간이 만든 모든 우상, 모든 절대화, 모든 이념을 비판합니다. 하느님은 자유로운 분이십니다. 인간이 자유로울 수 있는 것은 이 세상의 어느 무엇도 하느님일 수 없다는 바로 이 비판이 있기 때문입니다. 하느님을 위격이라고 말하는 것은 그분을 하나의 기능으로 전락시킬 수 없다는 말이기도 합니다. 위격이신 하느님은 모든 것을 자유롭게 결정하는 분이고, 실체實體로서보다는 관계나 사랑으로 접근해야 하는 분임을 의미합니다. 자유스런 위격인 인간 존재를 다른 인간이 소유하지 못합니다. 오직 사랑과 헌신으로 접근해서 함께 있을 때만 인식되는 존재입니다. 예수가 하느님께 기도하면서 그분을 위격적 존재로 대할 때, 하느님이 베푸시는 분이라는 사실을 나타냅니다. 하느님을 어떤 분이라고 말하는 것은 역사 안에 하느님이 베푸시는 분으로 살아 계시다는 사실을 긍정합니다. 하느님은 사랑하시는 분입니다.

예수 안에 살아 계셨던 하느님

우리가 생각하는 하느님은 예수가 믿었던 하느님입니다. 예언자인 예수는 하느님의 서열에 속하는 분이십니다. 예수의 존재 양식과 말씀은 하느님의 것이었습니다. 예수는 하느님에 대해 해석한 다른 예언자의 수준을 넘어선 분이었습니다. 예수의 삶, 말씀, 죽음 등에는 그 무게에 있어서나 그 양식에 있어서, 다른 예언자들의 것을 완전히 초과하는 인간적 사실이 있습니다. 예수는 하느님을 가장 잘 표현한 인간입니다. 예수는 하느님의 생명이 어떤 것인지를 볼 수 있는 장소라는 뜻입니다. 예수는 하느님의 "함께 계심"을 중심으로 펼쳐진 인생을 가장 깊이있게 보여준 구상具象입니다. 따라서 우리가 하느님에 대해서 말할 때나, 어떤 일을 하느님의 것이라고 받아들일 때, 항상 예수의 삶을 기본으로 생각해야 합니다. 예수 안에서 확인되지 않는 것은 하느님의 것이 아닙니다. 예수는 사람이지만 사람이라는 말로 충분하지 않은 분입니다. 우리는 예수 안에서 하느님이 어떤 분인지를 생각해야 합니다.

하느님을 위한 세 개의 이름

초대교회는 예수가 그들에게 알려 준 하느님에 대한 두 개의 이름, 곧 아버지와 성령에다 예수의 이름을 합해서 하느님의 이름으로 보존하였습니다. 그들은 하느님을 세 개의 이름으로 부릅니다. 아버지 · 아들 · 성령입니다. "주 예수 그리스도의 은총과 하느님의 사랑과 성령의 친교가 여러분 모두와 함께하시기를 빕니다"(2고린 13,13)라는 바울로 사도의 말씀이 있고, "아버지와 아들과 성령의 이름으로 세례를 베푸시오"(마태 28,19)라는 마태오 복음 공동체의 말씀이 있습니다. 예수 안에 하느님의 일을 발견한 초대교회가 예수와 하느님을 겹쳐서 보는 데서 발생한 언어입니다.

9. 해석과 흔적 안에 살아 계신 하느님

실천적 해석

그리스도 신앙의 기원에는 예수라는 역사적 인물이 있었습니다. 그 역사적 인물은 죽음과 부활 후 하느님 안에 살아 계시고 또한 그리스도 신앙인들의 실천 안에 살아 계시는 그리스도입니다. 신약성서는 예수가 죽음과 부활로 하느님 안에 살아 계심을 믿는 이들이 예수의 삶을 회상하면서 그 시대 언어로 해석하고 증언한 문서입니다. 신약성서가 그 시대 사람들을 위해 예수의 일을 해석하고 증언하였듯이, 우리도 신약성서의 언어를 우리 사회와 문화 안에서 해석하면서 증언합니다.

신앙의 해석은 삶의 실천과 구별되지 않습니다. 신앙은 과거에 발생한 언어를 알아듣고, 새로운 말씀과 새로운 실천을 발생시킵니다. 과거의 신앙 문서들 안에서 읽은 것을 그대로 반복하는 데 우리의 사명이 있지 않습니다. 신앙은 과거 언어가 담고 있는 체험을 우리 시대를 위해 창조적으로 재현시킵니다. 신앙인은 과거의 증언들을 참고하되 시대와 장소가 다른 역사적 현장을 위해 신앙 체험의 새로운 역사적 모습을 만듭니다. 진리는 기원에 충만하게 있었던 것이 아닙니다.

또한 어느 한 시기, 어느 한 지역의 역사적 모습을 진리라고 착각하지도 말아야 합니다. 진리는 역사 안에 도래하는 인간 삶의 구체적 모습들 안에 있습니다. 진리는 육화肉化된 실천 안에 있습니다. 계시는 인간의 언어나 문자와 일치하지 않습니다. 계시는 몇 개의 지식이나 변치 않는 명제들도 아닙니다. 계시된 진리는 증언이라는 구체적 인간 삶의 모습들 안에 있습니다.

진리의 흔적을 지닌 세상

하느님을 생각하는 것은 하느님이 함께 계시는 세상을 생각하는 것입니다. 사람은 세상을 외면하고 하느님에게 가는 것이 아닙니다. 그래서 "세상 밖에 구원 없다"는 격언이 있습니다. 세상에는 역사가 있고 인간이 만든 전통들이 있습니다. 하느님의 "함께 계심"도 세상 안에 역사와 전통을 발생시켰습니다. 이 역사와 전통은 하느님을 상기시키고 하느님으로 말미암아 발생한 인간 모습들을 보여줍니다. 하느님은 역사 안에 다양하게 일하셨고, 그 하느님 앞에 응답하는 인간의 모습도 다양했습니다. 신앙인의 모습도 다양하고 각 종교들이 만드는 인간 모습도 다양합니다. 모두가 어떤 성취의 모습들입니다.

세상은 우리가 마음대로 이용하고 버리고 떠나면 되는 것이 아닙니다. 세상은 하느님의 흔적들을 지니고 있습니다. 그 흔적들은 하나의 기원이 있었음을 알려 주고 지향하는 목적이 있음을 또한 말해 줍니다. 이 흔적들은 하느님의 현존이 있다는 사실과 하느님의 말씀이 있었다는 것, 그리고 인간이 지녀야 하는 시선과 이루어야 하는 성취가 무엇인지를 말해 줍니다. 흔적은 확실하지만 우리의 해석을 요구합니다. 마루 위에 생긴 발자국은 확실하지만 그 발자국이 의미하는 바는 해석에 열려 있습니다. 이런 세상에 던져진 우리들입니다. 세상은 하느님의 "함께 계심"을 살아서 "하느님 나라"의 실재를 수용할 수 있는 현장입니다.

⑩
절대자 하느님과 예수의 하느님

절대자이신 하느님

그리스도 신앙이 초기에 자리잡은 곳은 그리스 문화권이었습니다. 2세기에 들어서면서 그리스 철학을 그 사고의 기본으로 하는 지식인들이 신앙에 입문합니다. 그리고 그들은 그들의 언어로 신앙을 표현합니다. 호교론護敎論적 동기와 교리 교육적 필요에서 그들은 활발한 저술 활동을 하고 신앙의 주제들에 대한 토론도 합니다. 이런 과정을 거치면서 그리스도 신앙 언어는 그리스 철학적 개념들을 사용하게 되었습니다.

그리스 철학 언어는 신을 모든 존재의 절대적 기초라고 말합니다. 인간과 세상 만물은 우연의 질서 안에 있습니다. 반드시 존재해야 하는 이유를 갖지 못한 것인데 존재한다는 의미입니다. 그 반면 신은 그 존재가 필연의 질서 안에 있습니다. 그 신은 모든 존재의 근본으로서 존재 서열의 정점에 자리잡고 있습니다. 최고유最高有라고 부릅니다. 초기교회 신학자들은 이 최고유 개념을 수용하여 하느님 아버지를 지칭하는 개념으로 삼았습니다. 그것은 그 시대 지성인들에게 예수가 가르친 하느님 아버지를 설명하는 데에 필요했던 일이고 또한 기발한 발전이었습니다. 그리스도 신앙의 하느님은 창조하신 하느님이기에 만물의 근본이라고 말할 수 있습니다.

그리스도 신앙 언어로서 부족한 절대자

 절대자, 필연유 혹은 최고유, 만물의 근본인 창조주 등의 개념으로 표현된 신은 예수 그리스도 안에 볼 수 있는 하느님과는 거리가 있었습니다. 이 철학적 개념이 말하는 신은 세상 위에 황제와 같이 군림하는 절대자입니다. 이 전능한 신은 자기 뜻을 섭리로 강요하고 한정된 능력의 소유자인 인간은 그것을 실행해야 합니다. 그리스 철학에서 빌려온 신 개념입니다. 오늘 현대인은 필연이며 최고유인 절대자를 중심으로 조직된 우주를 생각하지 않습니다. 따라서 그 절대자 개념으로 예수 그리스도의 하느님을 표현하면 하느님이 지닌 의미가 전달되지 않습니다.

 오늘날 이런 신 개념이 거부당하는 또 하나의 이유가 있습니다. 이 신 개념은 과거 제국주의 혹은 군주주의가 만든 차별을 정당화하는 데에 이용되었습니다. 사회적 서열마저도 절대자의 섭리로 생각한 것입니다. 지위가 높으면 높을수록 필연적이고 전능한 절대자에게 가까이 있는 존재로 인식되었습니다. 따라서 이 신 개념은 그 사회의 절대 군주와 기득권층을 정당화하는 데에 이용되었습니다. 황제나 왕이 대관식을 성당에서 종교 의례로 거행한 것은 바로 이 절대자로부터 자기 권력의 정당성을 보장받는 수단이었습니다. 이 신 개념은 현재도 교계敎階 제도로서의 교회를 정당화하고 성역화하는 데 도움을 주고 있습니다. 절대자이면서 최고유인 하느님을 정점으로 존재의 서열, 곧 신분과 권력의 서열이 있다고 생각하는 것입니다.

 그러나 그리스도 신앙은 어떤 형태의 패권霸權주의도 정당화하지 않습니다. 하느님은 자비로우신 아버지이십니다(루가

6,36), 섬김(마르 10,43), 위해줌(마르 14,24), 비움(필립 2,7), 발씻김 (요한 13,1-17)의 실천이 요구되는 신앙입니다. 하느님으로 말미암아 사람이 높아지는 길이 아닙니다.

신앙 언어의 문화적 성격

신학의 언어는 시대와 문화에 종속됩니다. 과거 제국주의·군주주의 사회에서는 기득권층을 긍정하는 것이 곧 그 백성을 긍정하는 일로 생각되었습니다. 그러나 예수는 그 시대의 유다교 기득권층을 정당화하는 데 기여하지 않았습니다. 신에 대한 과거 언어들은 오랜 세월 동안 사회적 불평등을 정당화하고 불의함을 당하는 사람들에게 내세적 보상의 환상을 주는 데 이용되었습니다. 현대인은 각자 자기 미래를 위한 결단을 하면서 삽니다. 현대인은 높은 사람에게 순종하면서 살지도 않고, 초자연 세계가 미래에 줄 행복을 위한 막연한 희망으로 살지도 않습니다. 천재지변과 질병은 초자연의 조화가 아닙니다. 인간은 이제 스스로 고통과 악을 극복해야 한다는 사실을 압니다. 따라서 사회적 불평등을 정당화하고 옹호하는 과거 철학의 절대자는 하느님에 대한 오늘의 신앙 언어로서는 부적합합니다.

원시 교회가 직면한 신 문제

예수가 부활하셨다는 사실을 알면서 사도들과 원시 교회는 하느님이 예수를 죽음에서 살리셨다고 믿었습니다. 하느님이 예수 편에 계시다는 사실을 보여주었다고 믿었습니다. 따라서 원시 교회는 유다인 율법이 하느님에게만 사용하던 "주님"과 "메시아" 호칭을 예수에 대해서 사용합니다. 이때부터 하느님에게 가는 길은 두 개가 있는 것으로 보입니다. 구약성서의 길과 예수의 길입니다. 원시 교회는 유다교 신앙과 결별하지 않고 구약성서를 자기들 것으로 수용하였습니다. 교회는 이 신앙에 입각하여 유일하신 하느님을 인정하고 그 시대 철학 혹은 종교들과 대화도 하고 논쟁도 합니다. 원시 교회는 유다교 신앙을 거슬러 싸운 예수의 길도 동시에 수용합니다. 구약성서 안에 보이는 심판하시는 하느님과 예수가 가르친 자비로운 아버지이신 하느님은 차이가 있는 것으로 보였습니다. 거기에다 초기교회가 수용한 그리스 철학의 절대자 개념이 가세하여 하느님에 대한 사고는 복잡한 것이 되었습니다.

1. 구약성서 유산에서 발생한 그리스도 신앙 언어

절대자 하느님과 인류를 화해시킨 예수

절대자에 대한 그리스 철학적 긍정들이 쉽게 수용된 것은 구약성서의 유산이 있었기 때문입니다. 초기교회는 한편으로는 구약성서가 말하는 하느님을 전제로 예수가 한 일을 이해하고, 또 한편으로는 구약성서의 하느님과 철학자들의 하느님에서 예수를 분리하지 않았습니다. 구약성서의 하느님을 전제로 한 해석에 의하면 인간이 창조하신 하느님을 거스르는 죄를 지어 지엄하신 하느님의 영광과 명예를 더럽혔습니다. 예수는 이 사실을 사람들이 깨닫도록 한 인물이었습니다. 예수는 얼굴을 돌려버리신 하느님과 인류가 화해하여 원초의 건전한 관계를 회복하도록 가르쳤습니다. 예수는 결국 자기 생명을 대속물代贖物로 삼아 이 화해를 이룩하였습니다.*
따라서 사람들은 예수로 말미암아 구약성서의 하느님에게 다시 접근할 수 있게 된 것입니다.

이 해석은 구약성서 안에 하느님에 대해 완성된 가르침이 있다는 것을 전제로 예수의 일을 해석한 것입니다. 하느님과 예수의 역할은 정해져 있습니다. 하느님은 복수하시는 의로우신 분, 예수는 그 분노를 풀기 위하여 대가를 치르는 인물입니다. 이것이 속죄하여 구원한다는 과거의 구속救贖 교리입니다. 이 교리는 하느님에 대한 구약성서의 교리에다 예수의 행위를 조화시키는 것입니다. 이 교리가 지닌 약점은 예수의 생애와 죽음을 조화시켜 이해하지 못한 데에 있습니다. 예수가 생명을 바쳐 실천한 일들이 전혀 평가되지 않고, 예수의 죽음에만 구원적 가치를 부여한 것입니다. 예수의 죽음은 그분의 삶과 무관하게 해석되었습니다.

예수 그리스도도 절대자

과거 신앙 언어가 하느님의 의로우심과 벌에 대해 지속적으로 가르친 이유가 여기에 있습니다. 구약성서 안에 하느님에 대한 가르침이 완성되어 있다면 예수는 하느님에 대해 새로운 것을 전혀 주지 못한 것입니다. 그리스도 신앙 언어는 그리스도를 "하느님의 오른편에 앉으신 분"이라 말합니다. 이렇게 그리스도를 하느님과 동일시하는 것은 구약성서가 말하는 하느님의 의로우심과 벌주는 행위를 그리스도에게 옮겨

---

* "많은 사람들을 대신해서 속전으로 자기 목숨을 내주러 왔습니다"(마르 10,45; 참조: 로마 5,8-12; 콜로 1,20).

다 놓는 결과를 초래하였습니다. 이 해석의 여파로 마리아는 자비의 화신이 됩니다.*

절대자의 정의로운 요구를 채우는 예수

이 해석에서 신의 모습은 구약성서가 정해 주었습니다. 예수의 새로움은 없습니다. 예수가 이 세상에 오신 것은 이스라엘이 죄를 지어 무위로 만든 계약을 재확립하기 위함이었습니다. 예수가 한 일은 원초에 하느님이 엄하게 요구하신 바가 존중되도록 하는 것이었습니다. 율법을 거스른 인류의 잘못을 보상하고 새로운 시대를 여는 것이었습니다. 하느님은 자존自存하는 분이며, 예언자들이 이미 여러 번 말한 분입니다. 그분의 요구는 우리가 이미 다 알고 있는 것입니다. 그러나 그분의 요구에 응답할 능력을 잃은 인류입니다.

하느님은 당신의 계획을 이루시는 분입니다.** 하느님은 당신의 의로우심을 포기하지 않습니다. 예수는 하느님의 정의로운 요구를 채우면서 그 계획이 실천되게 한 분입니다. 이 해석에서 하느님에 대한 구약성서의 교리는 변하지 않았습니다. 그

---

* 로마 시스티나 성당의 정면 벽화에 보이는 최후심판 장면에 예수는 심판자이고 마리아는 자비의 화신으로 나타난다. 루르드와 파티마의 마리아 발현 메시지가 심판자이신 하느님과 예수 앞에 인류를 옹호하고 배려하는 자비하신 마리아의 모습을 보여준다.

** "하느님이 전에는 여러 번 여러 모양으로 예언자들을 통해 조상들에게 말씀하셨으나 이 마지막 날들에는 아드님을 통해 우리에게 말씀하셨습니다. … 하느님 영광의 광채요 하느님 본체의 표상이며 힘있는 말씀으로 만물을 보존하시는 이 아드님은 죄를 모두 정화하신 다음 지극히 높은 곳에 계신 엄위하신 분 오른 편에 앉으셨습니다. 그분은 천사들보다 뛰어난 이름을 물려받음으로써 그만큼 그들보다 위대하게 되셨습니다"(히브 1,1-4).

러나 예수는 이 교리에 적응하기 위해 신약성서, 특히 복음서들이 보도하는 예수의 모습에 생소한 의미를 강요당하고 있습니다. 이런 해석은 예수의 새로움과 고유함을 부각하지 못합니다. 예수에서 시작하여 구약성서를 새롭게 읽지 않고, 그 문화권 안에 통용되던 신에 대한 사상으로 구약성서를 읽고, 그 사상을 정당화하여 교리를 만들고, 그 교리에 입각하여 예수에 대한 신약성서의 언어를 취사선택하여 해석한 결과입니다.*

유다교 종교 유산 안에서 시도된 예수 이해

예수의 사건은 예언자적이고 메시아적이라는 면에서 구약성서 언어 안에서 이해될 수 있었습니다.** 그러나 예수의 행동이 유다교 공권력으로부터 신성 모독적인 것으로 판단되

---

* 인류 역사 안에 내재하는 신 개념으로 그리스도 신앙 언어를 발생시키는 경우를 많이 볼 수 있다. 기복적·인과응보적·상선벌악적 신앙 언어가 예수 그리스도의 의미를 왜곡하는 언어이다. 사적私的 계시를 말하는 사람들이나 기적을 행한다면서 신앙인들을 현혹시키는 사이비 그리스도교 집단의 지도자들은 그런 왜곡의 극단적 예들이다.

"기독교는 대부분의 고대 종교로부터 보상과 처벌, 즉 천국과 지옥으로 양분된 저승 구도를 물려받았다. 아울러 기독교는 무한히 선하면서도 공정하고 자비로우면서도 엄격한 판관이며, 인간에게 어느 정도의 자유 의지를 부여하되 인간이 그것을 그릇되게 사용했을 경우 벌을 내리고, 악의 화신인 사탄에게 맡겨 버리는 신을 물려받았다. 천국 혹은 지옥으로의 방향 설정은 원죄로 더럽혀진 인간에게 있어서 속죄의 장소이자 시험의 장소인 이승에서 저지른 죄에 따라 결정된다"(J. le Goff〔김정희 역〕『돈과 구원』〔이학사 1998〕103).

** "사람들이 나를 누구라고 합디까?"라는 예수의 물음에 제자들은 "세례자 요한이라고들 하는데, 더러는 엘리야라고도 하고 더러는 예언자 가운데 한 분이라고도 합니다"(마르 8.27-28). 이때 베드로가 하는 신앙고백은 예수를 "그리스도"라고 말한다. 예수가 당신 생애 마지막으로 예루살렘에 입성하실 때도 군중은 "갈릴래아 나자렛 출신 예언자 예수"(마태 21.10)라고 환호하였다.

고 이스라엘 백성이 그를 버렸을 때, 예수 사건은 장래가 보장되지 않는 것이었습니다. 예수가 시작한 신앙 운동은 하느님이 돕지 않는 것으로 보였습니다. 부활 사건은 하느님이 예수와 함께 계시다는 사실을 제자들이 확신하게 만들었습니다. 그러나 예수의 삶과 수난을 그 시대 모든 사람이 공감하는 언어로써 해석하지 않으면, 부활 사건 자체를 사람들이 알아들을 수도, 다른 사람에게 말할 수도 없었습니다. 그리스도 신앙 공동체가 유다교와 결별한 것은 하루아침에 된 일이 아니었습니다. 예수가 부활하신 후에도 사도들은 유다교 성전에 다녔습니다(사도 5,42 참조). 그리고 사도들은 이교도들을 자기들과 같은 권리로 교회 공동체에 받아들이는 데 저항하였습니다(사도 15장 및 갈라 2장 참조). 원시 교회는 이렇게 유다교 종교 유산 안에 있었습니다.

이해하기 어려웠던 예수의 죽음

구약성서 언어 안에서 이해할 수 없는 것은 예수의 죽음이었습니다. 이 문제에 대해 신약성서는 하나의 통일된 이해를 갖고 있지 않습니다. 원시 교회는 이 죽음을 다양하게 해석합니다. 이 과정에 두 가지 특징을 볼 수 있습니다. 그 하나는 예언자는 전통적으로 반대에 부딪치고 순교로 죽는다는 당연한 사실에 대한 망각입니다. 둘째는 예수 수난에다 필연성을 부여한 일입니다. 이 필연성은 후에 속죄와 보상을 위한 제물 봉헌이라는 제사적 언어로 표현됩니다.

원시 교회는 예언자의 죽음만으로 예수의 죽음을 설명하기에 부족하다고 생각하였습니다. 예언자의 불행한 운명은 예수 부활 사건이라는 놀랍고 온전한 해방을 설명하기에 부족한 것으로 보였습니다. 그들은 이해되지 않는 예수의 죽음과, 부활이 의미하는 새로운 세상의 도래를 더 잘 설명할 수 있는 자료를 구약성서에서 찾아야만 했습니다. 원시 교회는 이 죽음의 의미를 가장 잘 설명하는 것으로 이사야 예언서가 전하는 「야훼의 종 노래」, 특히 그 넷째 노래(52,13-53,12)를 찾아냈습니다. 이 노래는 그들의 눈에 예수의 운명을 미리 내다본 것 같았고, 그분의 비극적 최후를 설명하는 것같이 보였습니다(마르 15,5∥이사 53,7; 마르 15,18∥이사 50,6; 마태 27,38∥이사 53,12).

제사로 해석된 예수의 죽음

예수 수난에 필연성을 부여하기 위해 원시 교회는 예수의 죽음을 제사로 해석하였습니다. 정의로우신 하느님에게 "많은 사람"을 위해 당신 목숨을 "대속물"로 바친 것입니다(마르 10,45; 마태 20,28; 루가 22,37). 이것으로 하느님이 하시는 일의 일관성은 유지되었습니다. 그러나 예수의 설교와 행동이 지닌 역사적 특수성은 약화되고 말았습니다. 원시 교회가 가진 언어, 곧 구약성서는 다른 선택의 여지를 주지 않았습니다. 예수의 행동들은 예언자들의 것과 같았기에 구약성서를 버릴 수 있는 동기를 예수의 행동 안에서 찾을 수가 없었습니다.

구약성서 전승 안에 머문 초기교회

원시 교회가 제일 먼저 직면한 것은 자기의 모태인 구약성서 전통입니다. 이 전통 안에는 하느님에 대한 가르침이 있었습니다. 구약성서 전통과 결별해야 한다는 주장도 있었지만,* 원시 공동체는 그것을 하지 않았습니다. 그리스도인들은 그들 조상이 고백해 온 하느님을 나쁜 하느님으로 낙인찍어 버릴 수는 없었습니다. 구약성서와 결별하지 않는 것은 그 논리를 받아들이는 것이었습니다. 그 논리를 받아들이는 것은 전능·전지하시고 창조하시는 하느님으로 예수 사건을 설명하는 일이었습니다. 이런 여건에서 철학이 말하는 절대자와의 만남도 이루어졌습니다. 이렇게 구약의 심판하시는 하느님, 철학의 최고유인 절대자 하느님에 대한 언어를 신학이 받아들이면서 교리 언어 안에 예수의 역사는 퇴색하였습니다.

2. 예수에 대한 체험에서 발생한 신앙 언어

함께 계시는 하느님

역사적 예수에 대한 체험을 존중하는 신앙 언어는 하느님에 대한 교리가 구약성서에는 없다고 해석합니다. 이 언어는 구약성서는 하느님이 계약 대상으로 택하신 백성을 위해 하느님이 하신 일을 말하는 것뿐이라고 주장합니다. 이 하느님은 당신 백성과 "함께 계시는" 분이십니다.** 그 백성이 부르고 대화하는 대상이며 그 백성의 실천적 삶 안에 살아 계시는 분입니다. 하느님은 "돌보아 주고 가엾이 여김"을 실천하는 선한 인간의 모습 안에서 확인됩니다(출애 33,12-23 참조).

---

* 마르키온Marcion(†160)이 대표하는 의견이다.

** "나는 너와 함께 있다"(출애 3,12)는 말씀이다. 공동번역 구약성서에는 "내가 네 힘이 되어 주겠다"라고 의역되었다.

하느님의 이름 야훼도 그분이 은혜롭게 사람들과 "함께 계시다"는 뜻 외에 하느님의 속성을 말해 주지 않습니다.* 이것을 위해 이스라엘은 하느님을 의인화擬人化하여 말합니다. 하느님은 전투하시는 분(출애 15,3), 아버지와 같이(호세 11,1) 혹은 어머니와 같이(이사 49,15) 사랑하시는 분입니다. 하느님은 무엇과도 비교할 수 없는 전혀 다른 분(이사 40,25)이라는 표현도 사용합니다. 아무도 하느님을 볼 수는 없습니다. 그분은 자유로운 분이십니다. 하느님은 모세에게 친구와 같이(출애 33,11 참조) 말씀하십니다. 후에 초대교회는 예수가 제자들을 친구로 대했다고 말할 것입니다(요한 15,15 참조). 예수는 하느님의 일하심을 표현한 가장 구체적이고 가장 인간적인 모상입니다.

구약성서에는 하느님과 이스라엘이 시대적 상황에 따라 어떻게 처신했는가를 말해 주는 사화史話들이 있을 뿐입니다. 모세와의 계약은 하느님이 당신 백성과 "함께 계시다"는 사실에 입각하여 살아야 한다는 것이었습니다. 하느님은 함께 계시는 공간을 열어 주고, 백성은 그 함께 계심을 실천하면서 살아야 합니다. 그 실천을 요약한 헌장憲章이 십계명입니다. 후에 율법 조항이 많아지는 것은 하느님의 "함께 계심"을 정치·사회·경제·보건 등 인간 삶의 모든 차원에서 철저하게 실천하겠다는 의도가 작용한 것입니다. 아브라함과 다윗은 하느님의 "함께 계심"을 성공적으로 실천한 인물로

---

* 출애 3,12-15. 공동번역본에는 "나는 곧 나다"라고 번역되었다. "나는 있을 나다"라고 번역해야 할 것이다. 히브리어에는 현재형과 미래형이 동일하다. 과거에도 선조들과 함께 계셨고 장차도 사람들과 함께 계시는 하느님을 의미한다. 히브리어의 "내가 있다"는 일인칭 단수형을 삼인칭으로 말하면 "야훼"가 된다.

평가되었습니다. 하느님의 "함께 계심"이 퇴색했을 때 예언자들이 나타나 하느님의 "함께 계심"에 입각하여 살 것을 촉구하였습니다.

선택하고 계약 맺으시는 하느님

이 언어에서는 하느님에 대한 교리가 중요하지 않습니다. 하느님을 전능하신 분, 불멸하시는 분이라고 말할 수 있습니다. 이런 말은 당신 백성을 위한 하느님의 실효성과 충실함을 말하는 것에 불과합니다. 하느님은 당신이 선택하고 계약 맺었다는 사실을 잊지 않으신다는 것과 이해와 사랑을 항구하게 지니신 분이라는 것을 말합니다.

해방하시는 하느님

백성은 불안정하고 고집스럽고 변덕이 심하며 쉽게 잊어버려서 약속을 향한 투쟁에 항구하지 못합니다. 이스라엘이 하느님에 대해 아는 것은 아브라함을 하느님의 약속에 전적으로 투신하도록 만든 힘, 동족을 착취하는 데 분개한 모세가 일상생활을 버리고 결정적 미래를 향해 해방의 일에 착수하도록 만든 힘, 공통된 적을 가진 사람들이 같은 하느님과 같은 예배로 뭉치게 하는 다윗의 노력, 하느님에 대한 기원의 체험으로 이스라엘을 돌아오게 하려는 예언자들의 부르짖음, 정치적 독립을 잃고 암담하던 시절에 이스라엘의 시선을 미래로 향하게 하는 묵시문학가들의 꿈, 이런 것들입니다. 하느님에 대해서 이스라엘이 아는 것은 하느님은 ·당신 백성을 모든 형태의 노예 생활에서 해방시킨다는 것입니다. 하느님은 자유스런 분, 인간의 자유를 존중하면서 인간과 "함께 계시는" 분입니다. "아브라함의 하느님, 이사악의 하느님, 야곱의 하느님"(출애 3,15)이십니다.

3. 그리스도인의 하느님 인식

예수에 준해서 하느님을 생각하는 그리스도인

예수는 하느님을 모독한 자로서 살해된 예언자입니다. 예수가 하신 일에 입각하여 예수 이전의 모든 것을 재평가해야 합니다. 부활은 예수의 길이 하느님의 길이었음을 입증한 사건입니다. 이제부터 하느님이 하신 일에 대한 과거의 이야기들은 예수가 제공한 축軸을 중심으로 이해해야 합니다. 하느님이 예수 안에 하신 일을 중심으로 모든 가치와 의미를 평가하는 사람이 그리스도 신앙인입니다. 예수에서 시작하여 구약성서를 다시 읽어야 한다는 말입니다. 구약성서는 완성된 책이 아닙니다. 예수의 부활은 하느님과 함께 있는 새로운 미래를 열었습니다. 예수 안에 일하신 하느님은 오늘도 일하십니다. 참다운 자유의 나라에 합당하게 세상이 무르익을 때까지 하느님은 지속적으로 일하십니다. 자유의 나라는 성령의 일하심으로 이루어지는 나라입니다.

인간 실천의 흐름을 증언하는 성서

구약성서와 신약성서는 서로 상반되지 않습니다. 두 성서가 모두 그 기원도 끝도 알 수 없는 인간 실천의 흐름을 증언합니다. 우리가 접근할 수 있는 것은 그 흐름의 인간적 모습인 예수라는 분입니다. 구약성서에 대한 교회 전통의 두 가지 상반된 해석은 하느님과 예수의 관계를 설명하는 데 어떤 망설임이 있었다는 것을 의미합니다.* 이런 망설임을 안고 인류는 역사 안에서 하느님을 체험하고 그것을 언어화합니다.

구약성서 안에 하느님 존재에 대한 교리가 있었다고 전제하면 예수의 활동과 죽음은 구약성서의 복수하시는 하느님에 대한 논리 안에서 설명되어야 합니다. 원시 교회는 예수의 죽음에 필연성을 부여하기 위해 제사 언어로 가야만 했습니다. 그러나 이 이론은 예수의 가르침과 행적에서 정당화되지 않습니다. 예수는 인간이 하느님에게 먼저 어떤 보상을 해야 한다고 가르치지 않았습니다. 예수의 죽음은 예수의 삶 안에서 그 원인 혹은 필연성을 찾아야 합니다. 그리고 이 필연성에 입각하여 구약성서를 새롭게 해석해야 합니다.

하느님 아버지와 "실체적"으로 동일한 예수

원시 교회는 구약성서의 교리 언어를 중요시한 나머지 예수의 사건을 절대자에 대한 보상으로 재포장하는 선례를 남겼습니다. 예수의 삶과 죽음에 비추어서 하느님에 대해 사람들이 가진 공통된 관념을 비판했어야 했습니다. 그러나 교회 전통은 후에 아리우스로 말미암은 위기가 닥쳤을 때 "실체實體적 동일함"이라는 표현을 도입하여 하느님에 대한 우리 인식에

---

* 구약성서에는 두려움의 표현들이 많다. "야훼께서 찾아오시어 모세를 죽이려 하셨다"(출애 4.24)는 이야기, 야훼께서 파라오를 고집스럽게 만든 일(출애 10.20), 이사악을 제물로 바치도록 아브라함에게 요구한 이야기(창세 22장) 등이 모두 두려움의 표현들이다. 이것은 하느님 앞에 선 인간의 망설임을 나타낸다. 신앙 언어에는 망설임이 있다. 이것이 없는 종교 언어는 인간 횡포의 언어일 것이다. 사적私的 계시를 주장하는 언어와 기복祈福적 신앙 언어에는 망설임이 없다.

예수의 존재가 절대적이라는 사실을 확정했습니다(325년 니체아 공의회의 결정). 하느님에 대한 사람들의 공통된 관념이 중요한 것이 아니라, 예수의 역사적 모습과 죽음 안에 함께 계신 하느님에게로 시선을 돌려야 한다는 결정입니다. 하느님은 예수 그리스도 안에 보이는 것과 다를 수 없다는 말입니다. 예수를 "본 사람은 이미 아버지를 본 것"(요한 14,9)입니다.

스스로를 비우시는 하느님

오늘날 현대인은 그리스 철학적 개념으로 사고하지 않습니다. 따라서 신에 대한 과거 언어들이 그 설자리를 잃었습니다. "신은 죽었다"는 니체의 말이 암시하는 바입니다. 절대자에 대한 철학적 언어가 위기를 겪으면서 하느님에 대한 신학의 언어는 예수가 보여준 하느님을 더 진지하게 고려합니다. 그리스 철학적 신학이 아니라 예수 그리스도적 신학을 해야 합니다. 창조에서부터 하느님은 당신 자신을 비우시는 분입니다. "자신을 비우시고, 자신을 낮추시어 죽음에까지"(필립 2,7-8 참조) 가셨다는 강생을 창조와 분리하지 말아야 합니다. 하느님은 창조로써 당신 스스로를 비우고, 베푸신 분입니다.

예수 그리스도의 하느님

신앙인이 할 질문은 "예수 그리스도 안에서 하느님을 인식할 수 있나?"라는 것이 아닙니다. 이 질문은 우리가 이미 하느님을 알고 있다는 것을 전제합니다. 우리가 제기하는 물음은 "예수 그리스도 안에 어떤 하느님을 알 수 있는가?"라는 것입니다. 하느님이라는 단어조차도 우리는 예수의 삶과 죽음 안에서 알아들어야 합니다. 예수의 하느님은 이스라엘의 하느님이십니다. 예수는 죽고 부활하신 특수한 인간이기에 그가 아버지라 부르는 이스라엘의 하느님과 특권적 관계를 가졌습니다. 예수가 이스라엘의 하느님과 가지는 인간적 관계를 봄으로써 우리는 하느님 자녀 됨이 어떤 것인지를 발견할 수 있고, 하느님 앞에 참된 우리의 모습과 자리를 찾을 수 있습니다. 예수는 아들이십니다. 하느님의 생명을 살고 실천한 인물이라는 뜻입니다.

하느님의 흔적 앞에 선 인간

신앙인은 과거에 사용해 온 표현만 반복하지 않습니다. 어느 시대에나 하느님은 사람의 마음속에 기쁜 소식으로 와 닿아야 합니다. 하느님은 우리가 부르지 않으면 우리 가운데 계시지 않습니다. 과거의 언어 양식을 고집하고 그것에 집착하는 모든 형태의 정통주의와 교조敎條주의는 하느님과의 문화적 거리를 존중하지 않기에 그분의 현존을 견디기 어려운 것으로 만듭니다. 하느님은 "전혀 다른 분", "부재자"不在者, "흔적"을 남기신 분 등으로도 인식되어야 합니다. 이 사실은 그리스도인을 겸손하게 만들고 신앙인과 비신앙인 사이에 어떤 형제애를 느끼게 합니다. 하느님이 전혀 다른 분, 부재자, 흔적을 남기신 분으로 체험되면 신앙인과 비신앙인은 같은 체험의 장에 서 있는 것입니다.

기쁜 소식이신 하느님

성서가 말하는 하느님은 인간을 그 거짓 운명에서 해방시키는 기쁜 소식입니다. 하느님을 부르고 기다리는 것은 하느님이 역사를 그 거짓 숙명宿命에서 해방시키기 때문입니다.

인류는 재물과 권력이 최대의 보람이라 생각하고 살기도 하고 증오심에 불타서 복수하며 살기도 합니다. 모두가 인간이 가상假想하는 거짓 숙명입니다. 하느님을 잃어버린 인간이 갇혀서 사는 거짓 운명입니다. 하느님은 인간이 이렇게 가상하는 숙명을 인간 자유의 힘으로 거부하게 하십니다. 하느님의 섭리는 이미 만들어진 각본의 강요가 아닙니다. 예수의 하느님은 인간과 경쟁 관계에서 섭리하거나 역사를 주재하지 않으십니다. 하느님이 하신 일은 사람이 한 것이 아니고, 사람이 한 것은 하느님이 하신 일이 아니라는 식으로 생각하지 말아야 합니다. 창조는 완성되지 않았습니다. 하느님과 인간이 함께 창조하는 인류 역사입니다. 우리는 하느님 없는 세상을 말할 수 있고 살 수 있습니다. 그러나 그리스도인은 세상 없는 하느님을 생각할 수도, 말할 수도 없습니다. 하느님이 계시지 않은 듯이 살아야 하는 세상이지만, 그리스도인은 하느님을 부르면서 사는 사람입니다.

⑪
삼위일체이신 하느님

삼위일체 신학의 발생

 교회 초기부터 그리스도인들은 하느님을 아버지라 부른 예수의 모범을 따라 하느님을 아버지라고 불렀습니다. 313년 로마 황제로부터 신앙의 자유를 얻은 교회는 즉시 그리스도론적 논쟁에 휘말립니다. 하느님 아버지와 예수 그리스도의 관계에 대한 논쟁입니다. 예수 안에 하느님을 제대로 인식할 수 있느냐는 논쟁이었습니다. 여기에 답하기 위해, 우리가 오늘 교부教父라 부르는, 그 시대 신학자들은 성서 외의 언어를 빌려서 표현해야만 했습니다. 그것은 그 시대에 통용되던 철학의 언어였습니다.

 교부들은 하느님과 예수의 관계를 "실체적 동일함"*이라는 표현을 사용해서 이해하였습니다. 하느님과 성령의 관계는 성령도 "주님이시며 … 성부와 성자에게서 발하시고 성부와 성자와 더불어 영광과 흠숭을 받으신다"**는 전례적인 표현을 사용하여 이해했습니다. 이런 과정에 아버지, 아들, 성령이라는 삼위의 형상形象들이 지닌 단순함은 사라지고 그 시대 철학적 개념을 빌려서 이론화한 신학이 발생했습니다.

---

* 325년 니체아 공의회의 표현.
** 381년 제1차 콘스탄티노플 공의회의 표현.

삼위에 대한 철학적 개념의 사용

시대가 흐르면서 계속되는 논쟁에 대처하고 깊이있는 신앙의 인식을 위해 하느님의 삼위적 형상에 대한 표현들은 점점 더 추상화되고 결국 전문가들만을 위한 지식이 되고 말았습니다. 세 분에 대한 언어가 추상화되면서 삼위에 대한 사고는 하느님의 내재內在적 생명에 대한 추리로 발전하였습니다. 하느님의 존재 자체에 대해 인간이 추리로써 접근할 수 있고 표현할 수 있다고 생각했다는 말입니다. 하느님에 대한 신학은 아버지·아들·성령이라는 단순한 성서 언어 대신 산출·출생·진출·관계·실체·개념·순서 등 인간의 신앙 실천과 관련없는 언어로 건너가 버렸습니다.* 하느님에 대한 개념들의 추상화는 그 시대 잘못된 이론들 앞에는 필요한 것이었지만, 오늘의 신앙인을 위해서는 전혀 다른 의미를 지니게 만듭니다. 따라서 과거 철학에 익숙하지 못한 현대인들에게, 삼위일체에 대해 교부 시대부터 신학이 사용해 온 전통적 언어라는 구실로, 그 언어를 강요하지는 말아야 합니다. 오늘의 사고방식으로 이해할 수 있는 언어를 사용해야 한다는 말입니다.

형상들의 상징성

그리스도인은 아버지·아들·성령이라는 세 개의 형상을 사용하여 하느님을 고백합니다. 이 형상들은 상징성을 지닙니다. 상징은 그것이 통용되는 하나의 세계를 열어 줍니다.

---

* 『가톨릭 교회 교리서』〔한국천주교중앙협의회 1994〕제1편 94-105; 윤형중 『상해 천주교 요리』 상 〔가톨릭출판사 1990〕 80-94 참조.

하느님을 아버지라고 말할 때 하나의 세계가 열립니다. 인간 생명의 기원이신 하느님, 무상으로 우리의 생명을 주신 하느님, 자녀의 행복을 원하시는 하느님의 세계가 열린다는 말입니다. 우리는 그 안에 하느님의 자녀 됨을 실천합니다. 성령의 형상은 하느님의 숨결이 우리 안에 일하시는 세계를 우리 앞에 열어 줍니다. 우리는 그 안에서 성령의 일하심으로 하느님의 일을 실천합니다. 예수를 아들이라고 말할 때 예수의 실천들 안에 하느님 자녀의 실천을 보고 우리도 그것을 배우고 실천하여 하느님 자녀가 되는 세계를 열어 줍니다.

1. 삼위적 상징성

예수에 대한 이야기 안에 나타나는 아버지와 아들

그리스도 신앙은 그 발생 초기부터 예수가 가르친 "아버지이신 하느님"과 "성령의 일하심"을 믿었습니다. 원시 교회는 성령의 일하심 아래에 있다는 의식을 강하게 갖고 있었습니다. 삼위에 대한 신학은 예수 그리스도로부터 발생한 신앙 언어에 부가附加된 것이 아닙니다. 그리스도 신앙이 말하는 계시는 아버지이신 하느님이 아들이신 예수의 인간적 모습 안에 당신 스스로를 보여주셨고, 그를 믿는 사람들 안에 성령을 베푸셔서(루가 11.13 참조) 당신의 자녀로 살게 하셨다는 말로 요약할 수 있습니다. 삼위의 형상을 추상적 분석의 대상으로 삼으면 그 상징적 의미가 사라집니다.

예수는 하느님을 아버지라고 부르면서 아들로 살았고 그 아버지의 생명을 실천하였습니다. 복음서는 말합니다. "예수께서 성령으로 말미암아 신명이 나서 말씀하셨다. … '아버지말고는 아무도 아들이 누구인지, 또 아들과 아들이 계시해 주려는 사람말고는 아무도 아버지께서 누구이신지 알지 못합니다'"(루가 10.21-22). 성령은 예수 안에 일하셨습니다. 아버지와의 관계, 성령과의 관계를 외면하고 우리는 예수의 삶을 이해할 수 없습니다.

철학적 이설異說과 철학적 언어의 확립

아버지·아들·성령이라는 형상들은 우리와 하느님의 관계에 계속 작용합니다. 4세기 신학 논쟁에서 그리스적 사고가 원인인 이견異見* 앞에 교부들은 같은 철학적 언어로 답하여야만 했습니다.** 그러나 그 철학적 언어가 신학의 유일한 언어로 통용되면서 하느님의 실재實在를 인간 이성적 사고 앞에 합리화하는 결과를 낳았습니다. 이것으로 삼위적 형상들이 지닌 모호함은 사라졌지만, 그 형상들의 성서적 기반과

---

* 그리스 철학은 관념과 물질의 이분二分법적 사고방식이다. 중기 그리스 철학은 순수 정신인 제일자第一者에서 모든 사물이 유출流出된 것으로 생각했다. 이 유출은 격하이기에 서열이 낮은 사물 안에서 서열이 높은 사물이 확인되지 않는다는 이론이다. 이 이론대로 생각하면 하느님을 제일자로 생각할 때 하느님에서 유출된 아들인 예수는 하느님을 반영하지 못하는 것이다. 따라서 아버지 다르고 아들 다르다는 아리우스의 이설異說이 나온 것이다. 결과적으로 이 이론에서는 예수 안에 하느님 아버지를 인식할 수 없다는 말이 된다.

** 니체아 공의회(325년)의 결정이 그런 성격을 지닌다. 아들이신 예수 안에 하느님 아버지를 볼 수 없다는 아리우스파의 주장 앞에 공의회는 "아버지와 아들은 실체實體적으로 동일하다"는 말로써 예수 안에 하느님 아버지를 인식할 수 있다는 사실을 긍정한 것이다. 여기서 실체는 우연偶然에 대립되는 인식의 원리이다.

그것이 내포한 상징적 세계가 동시에 사라졌습니다.

"로고스"라는 개념이 "아들"이라는 형상을 추방했습니다. 신학자들은 이 개념으로 하느님에 대한 이론을 구축할 수 있다고 생각하였지만, 아들이라는 형상이 지닌 상징성을 외면하여, 아들이라는 형상의 의미를 약화시켜 버렸습니다. 이 철학적 이론화는 삼위일체 신학을 인간 삶을 움직이지 못하는 창백한 이론으로 만들었습니다. 우리가 삼위일체에 대한 과거 전통적 신학 언어를 사용하지 않으려는 것은 삼위일체의 가치를 부인하려는 것이 아닙니다. 오늘 현대 문화 안에서 그 형상들이 지닌 상징성, 곧 인간 삶에 새로운 세계를 열어 주고 그것을 움직이는 의미를 살리려는 것입니다.

2. 아버지와 아들

"아버지" 형상이 지닌 문제점

삼위일체를 말할 때 제일 먼저 만나는 것은 "아버지와 아들"의 형상입니다. 이 형상이 지닌 정서적 기능을 평가하지 않으면 환상으로 빠질 위험이 다분히 있습니다. 현대 정신분석학은 "아버지와 아들"이라는 형상을 심히 비판하였습니다. 인간 욕구 충족을 위한 투사投射로서의 "아버지와 아들" 형상이라는 것입니다. 하느님을 아버지로 부르는 것은 자녀가 어렸을 때 받았던 아버지의 보호에 대한 욕구가 잠재의식 안에 작용한 결과라는 것입니다. 그러나 삼위일체에서 언급되는 "아버지"는 인간 욕구를 투사한 것이라 말하기는 어렵습니다. 그리스도 신앙이 하느님을 아버지라고 말할 때는 아들의 부족·연약함·죽음 등 아들 앞에 닥친 장애와 한계를 극복하게 해주는 환상적 존재를 의미하지 않습니다.

아버지의 베푸심을 실천하는 아들

인간은 자기 욕구를 충족시켜서 완성되지 않습니다. 인간은 자기 앞에 주어진 어려움을 극복하는 각고刻苦의 과정을 거치면서 스스로를 성취합니다. 그 각고는 죽음과 같이 느껴지기도 합니다. 인간이 어느 수준의 자율성에 도달하는 것은 결별과 상처로써 이루는 일입니다. 어머니의 품속과 결별하고, 부모의 사랑을 다른 형제자매들과 공유하는 상처를 입고, 포기의 과정을 체험하고, 아버지 혹은 어머니의 전능함에 대한 환상을 버리면서 인간은 어느 수준의 자율성에 도달합니다. 타인은 지나친 나의 욕구를 버리도록 강요하는 존재입니다. 따라서 타인은 상처로 다가옵니다.

자기 생명을 잃을 것에 동의하는 사람이 사랑하는 사람이고, 다른 사람과 함께 사는 생명을 얻는 사람입니다. 십자가에 임하는 예수의 자세에서 우리를 위한 하느님 아버지의 의미를 알아들어야 합니다. 하느님이 아버지이신 것은 우리 욕구 충족에 필요한 미봉책이기 때문이 아닙니다. 자녀는 아버지가 준 생명을 삽니다. 아버지는 베푸시는 분입니다. 그렇다면 자녀도 형제들에게 베풀고 나누면서 아버지의 생명을 제대로 산다고 말할 수 있습니다. 아들이 아들일 수 있는 것은 아버지의 생명을 살기 때문입니다. 복음서의 달란트 비유(마태 25,14-30)가 시사하는 바입니다. 다섯 달란트와 두 달란트를 받은 사람은 각각 그것을 베풀어서 활용했습니다. 자기 자신만을 위해 간직하지 않았습니다. 그러나 한 달란트를 받은 사람은 자기의 미래를 위해 안전하게 보존하려고 땅을 파고 그것을 묻었습니다. 그것은 베푸신 분의 생명을 사는 길이 아니었습니다.

3. 성 령

아버지의 생명을 확산시키는 성령

성령은 아버지와 아들 사이에 있는 회로回路를 숨결 또는 영靈이라는 형상으로 부셔서 아버지와 아들의 생명을 확산합니다. 성서가 사용하는 영이라는 단어는 바람 혹은 숨결을 의미합니다. 신약성서는 하느님의 뜻에 인간 욕구를 개방하는 것을 성령이 하시는 일이라 말합니다. 인간이 자기 중심의 가상假想적 구조와 결별하고 하느님의 베푸심을 실천하는 상징적 구조로 이동할 때 성령의 일하심이 있다는 뜻입니다. "그대들이 악해도 자녀에게 좋은 선물을 줄 줄 알진대, 하물며 하늘에 계신 아버지께서야 청하는 이에게 성령을 주시지 않겠습니까!"(루가 11,13). 신약성서는 성령을 힘, 자유, 사랑 혹은 친교라고 말합니다.

차이를 만들어 친교를 이루는 성령

바울로는 이상한 언어에 심취한 사람들에게 만일 그 모임에 그 말을 해석하거나 통역할 사람이 없으면 이상한 언어로 말하지 말라고 충고합니다(1고린 14,1-20). 성령을 기원으로 한 말은 친교를 이룹니다. 성령은 인간이 자기 안에 폐쇄되고 배타적이 되게 하지 않습니다. 인간은 서로 다릅니다. 그래서 인간 상호간에는 의사소통의 풍요로움이 있습니다. 서로의 차이가 없으면 의사소통이 필요하지 않을 것입니다. 인간이 모두 같은 키를 가졌다고 상상해 보십시오. "키가 크다" 혹은 "키가 작다"는 메시지는 발생하지 않습니다. 성령은 의사소통의 근거가 되는 차이들을 만들면서 사랑으로 계십니다.

실재를 보게 하시는 성령

성령은 또한 기쁨의 원천이십니다. 아버지에 대해 가상적 인식에 머무는 사람은 자기 자신만이 소중하기에 세상과 이웃을 있는 그대로 받아들이지 못합니다. 이런 사람에게 세상과 이웃은 두려움으로 나타납니다. 이렇게 가상적 욕구를 벗어나지 못하고 그 안에 머무는 사람은 계속 낙담하면서 삽니다. 성령은 타인과 세상을 있는 그대로 설정해 주기에 기쁨의 원천입니다. 성령은 세상과 타인을 그 차이와 아름다움 안에, 그 한계와 불행 안에, 자유롭게 있도록 하십니다. 성령은 우리로 하여금 실재를 보게 하십니다.

자녀의 자세를 갖게 하는 성령

예수는 예언자적 사명을 받아들여 투쟁했으며 죽음에 이르기까지 반대를 당하면서 산 아들이었습니다. 예수는 이런 현실을 거부하지도 않았고, 자기가 선택한 것의 결과를 피하기 위해 기적으로 구해달라고 아버지께 요구하지도 않았습니다. 바울로가 채집한 초대교회의 노래는 예수가 하느님과의 관계를 하나의 노획물로 삼지 않았다고 말했습니다(필립 2,6). 예수는 자기 자신과 다른 아버지를 받아들였습니다. 예수는 자기의 욕구가 지닌 논리를 아버지에게 강요하지 않고, 자기 존재가 내포한 연약함과 죽음까지도 수용했습니다(마르 14,36 참조). 예수께서 "말씀하신 모든 것을 생각나게 해주실"(요한 14,26) 성령은 사람으로 하여금 이런 자녀 된 자세를 갖게 하십니다.

4. 삼위적 상징성과 하느님의 실재

초기교회 신학자들은 아버지·아들·성령이라는 삼위적 형상 때문에 제기되는 문제들을 많이 생각했습니다. 그들은 이 세 형상들이 기도를 주도한다는 사실에 대해 공감하였습니다. 그러나 그 형상들에 대한 비판과 여러 가지 해석이 발생하자 신학자들은 분열하기 시작하였습니다. 어떤 이들에게는 하느님에 대한 삼위적 형상들이 유다 종교와 공통된 신앙을 파괴하는 것으로 보였습니다. 또 어떤 이들에게는 삼위적 형상들이 철학적 유일신 사상과 상반된다고 생각하였습니다. 고대 신학자들은 성서와 그리스 철학이라는 전혀 다른 두 개의 지평에서 문화적 압력을 받고 있었습니다. 이런 상황에서 그리스도 신앙 공동체는 기도와 전례의 고유함을 지키기 위해 새로운 해석으로 방어해야만 했습니다. 그 시대에 발생하여 오늘에 이르기까지 그리스도 신앙 해석에 영향을 주는 두 가지 극단적 해석을 생각해 보겠습니다.

두 극단적 해석

첫째는 양식론樣式論(Modalismus)입니다. 복잡한 이론들이 있지만 그 직관은 단순합니다. 하느님에 대한 삼위적 형상은 우리를 위해서 주어진 양식에 지나지 않는다는 것입니다. 우리의 인간적이고 종교적인 구조가 하느님을 그렇게 부르도록 했고, 아버지·아들·영의 세 형상이 발생한 것은 우리 인간의 심리와 역사 때문이라는 것입니다. 그 형상들은 하느님을 지칭하는 것이 아니고 우리가 하느님과 가지는 관계를 지칭한다고 그들은 말합니다. 이 해석에 의하면, 하느님에게는 아들이 없지만, 하느님의 아들이 강생했다고 말하는 것은 하나의 은유隱喩입니다. 예수가 하느님을 아버지로 불렀다면, 하느님 안에 아들이 있다는 것을 말하는 것이 아니라, 인간이 되신 하느님인 예수가 절대자에 대해 아들의 자세를 보였다는 사실을 말하는 것에 불과하다는 주장입니다. 삼위적 형상들이 만드는 삼위의 차이들은 우리의 심리나 우리의 역사 안에 있는 것이지, 하느님의 내적 생명 자체에 대해 무엇을 말하려는 것이 아니라고 이 이론은 주장합니다. 하느님에 대해 삼위적 형상을 사용하는 것은 그 형상들이 의미하는 대로 하느님이 살고 계시다는 것을 말하려는 것이 아니고, 다만 우리가 하느님과 가지는 관계가 이 삼위적 상징성을 통해서 이루어진다는 것을 말하려는 것뿐이라는 말입니다. 이 양식론은 그리스도 신앙이 역사 안에서 반복해서 만나는 여러 형태의 해석들 안에 잠재해 있습니다.

둘째 해석은 종속론從屬論(Subordinatianismus)입니다. 여기서도 복잡한 이론들이 있지만 이 이론들이 지닌 직관은 단순합니다. 아버지·아들·영의 형상들은 하느님과 가지는 우리의 관계를 말하는 것이 아니라, 세 개의 실재를 말합니다. 이 형상들은 같은 질서 안에 있지 않습니다. 이 형상들은 어떤 유출流出이나 창출創出이 있었다는 것을 의미합니다. 세 개의 형상은 평등하지 않습니다. 거기에는 엄연한 서열이 있습니다. "아버지" 형상이 지칭하는 실재는 "아들"과 "영"이 그에게서 나왔기에 세 분 중 비교가 되지 않을 만큼 우월합니다.

극단적 해석에 대한 거부

그리스도 신앙 공동체는 이런 해석들을 강력히 거부했습니다. 공동체가 양식론을 거부한 것은 공동체의 전례가 순전히 역사적 혹은 인간적 필요성에서 나온 것임을 인정할 수 없었기 때문입니다. 그리고 공동체가 종속론을 거부한 것은 종속론 안에는 하느님의 하나 됨을 손상시키는 다신론이 숨겨져 있음을 보았기 때문입니다. 유다교 성서 유산인 유일신 사상을 조금도 손상시키지 않고, 삼위적 형상과 하느님 실재 사이에 실제적 관계가 있음을 그리스도 신앙 공동체는 긍정하였습니다.

과거 신학의 한계

오늘날 우리는 과거의 인식 모형을 이용하지 않습니다. 그러나 삼위일체에 대한 과거의 설명들이 공동체로 하여금 삼위적 형상들이 지닌 상징성을 상실하지 않게 하는 데 기여했음을 인정해야 합니다. 그리스도인은 아버지와 예수 그리스도로 된 이원적 축軸을 중심으로 살아 왔습니다. 과거의 설명들은 대단히 추상적이고, 신앙인들의 삶에 영향을 주기에 너무 어려웠던 것도 사실입니다. 그 결과 삼위일체에 대한 설명은 난해한 교리로만 남았고 사람들은 삼위적 형상을 통한 하느님의 신비를 이해하려는 노력을 하지 않았습니다. 우리의 삶과는 무관한 교리가 되었다는 말입니다.

5. 삼위적 상징성과 우리의 삶

완전함과 상이함

하느님을 삼위적 상징성 안에서 이해한다는 것은 인간 삶과 세상을 새롭게 보고 새롭게 생각하게 합니다. 중기 플라톤 철학을 원용한 과거의 이해에서는 상이함이란 격하·한계·결핍 등을 나타냅니다. 남녀의 상이함이 있다는 것은 그 중 하나의 성이 인류를 실현하지 못한다는 것을 말합니다. 인종의 차이가 있다는 것은 한 인종이 인류를 말하지 않는다는 것을 말합니다. 따라서 남성 혹은 여성은 인류보다 결핍된 개념이고 인종은 인류보다 격하된 개념입니다. 이런 이유 때문에 완전함이란 상이함이 없는 데 있는 것으로 생각하였습니다. 상이함이 없을 때만 결핍이 없다는 것입니다. 따라서 절대자이신 하느님 안에는 아무런 상이함이 없어야 한다고 생각했습니다.

자족自足하시는 하느님?

이런 경우 절대자이신 하느님은 아무런 변화가 없는 항상 동일한 분이라야 합니다. 이렇게 되면 하느님은 자족하시는 분입니다. 하느님은 다른 것을 전혀 필요로 하지 않는 완전한 분입니다. 하느님은 자족함이고, 자기 자신과 동일함이며, 자기 스스로를 관상하는 존재일 것입니다. 하느님을 이렇게 생각하면 모든 차이들은 풍요로움이 되지 못할 뿐 아니라 경멸해야 하는 대상입니다. 하느님에 대한 이런 인식은 획일성의 추구를 정당화하게 했고, 위계질서와 불평등을 조장했습니다. 인간 사회 안에서 평등은 상이함을 인정할 때만 가능합니다. 획일성을 지향하는 이념이 불평등을 낳습니다. 백인종이 백인종 안에서 획일성을 지향하면 다른 유색 인종은 부당한 대접을 받습니다. 이런 경우 여러 인종이라는 풍요로움은 외면됩니다. 다양함을 감수하지 못하고, 상이함을 수용하지 않는 경직된 사고입니다. 하느님의 삼위적 형상들이 지닌 논리를 존중한다면, 하느님은 획일성과 일치의 횡포를 정당화하지 않는다는 사실을 알 것입니다.

친교이신 하느님

삼위적 상징성은 완전함이 자기도취적 관상에 있지 않음을 말할 뿐 아니라, 자족적 성격의 관계도 거부합니다. 삼위적 상징성은 획일성을 지향하지 않고 다른 것이 되고도 스스로 열려 있는 생명의 풍요로움, 곧 친교를 말합니다. 그리스도 신앙 전통은 성령의 창조적·역동적 역할을 긍정하였습니다. 성령은 하느님이 아닌 것과 하느님이 친교하실 수 있게 하는 분입니다. 하느님이 당신 스스로에서 나와서 다른 것 안에 계시는 양식입니다. 성령은 사랑이라고 불립니다. 성령은 하느님이 당신 피조물인 타他를 향해 하는 탈아脫我(extasis)입니다. 예수가 성령으로 잉태되고(루가 1.35) 세례에서 성령을 받으시고(3.22) 성령으로 가득 차서 공생활을 시작하는 것(4.1)은 예수 안에 하느님이 충만히 현존하셨음을 말합니다.

삼위적 상징 구조는 하느님이 개방이고, 의사전달이며, 생명과 나눔의 원천이라는 것을 말합니다. 하느님은 무엇이 부족해서가 아니라, 당신 스스로 친교이기에 상이함들을 발생시키는 분입니다. 따라서 창조·강생·성령강림 등 하느님이 우리 역사 안에 하신 일들은 하느님이 당신 내면과는 아무 관계 없이 순수 외적으로만 하신 일로 생각할 수 없습니다.

하느님의 완전함을 표현하는 과거 형이상학적 개념들, 곧 변하지 않음과 고통이 없음을 하느님의 속성으로 말하는 것은 현명하지 못합니다. 이런 속성은 자기 스스로를 관상하고 행복하게 자족하는 우리 상상의 완전함입니다. 하느님은 친교 안에서 다른 것이 되었고 끊임없이 되는 생명입니다. 성령은 당신의 창조적 행위로 상이함들을 발생시키고, 그 안에 내재하셔서 친교를 이루십니다. 하느님은 이렇게 상이함들 안에 당신 스스로 개입하고 영향을 받으시는 분입니다.

⑫ 인간 체험과 계시

그리스도 신앙은 하느님이 계시하신다고 말합니다. 신앙인들은 흔히 신앙을 하느님의 계시에 순종하는 것이라 생각합니다. 따라서 신앙과 인간 체험 사이에는 아무 관계가 없다고 생각합니다. 절대자이신 하느님이 베푸신 초자연적 신비에 참여하는 것이므로 신앙은 하느님에 대한 승복이고 맹종이라 주장합니다. 이 주장에 따르면 계시는 하느님이 당신의 초자연적 세계에서 인간이 사는 자연적 세계에 수직적으로 내려주신 절대적인 말씀입니다. 그러나 이 주장에는 해결되지 않는 의문들이 따릅니다. 인간이 하느님의 초자연적 언어를 어떻게 알아들었느냐? 인간이 과연 자기 체험과는 무관하게 무엇을 인식할 수 있는가? 인간이 자기가 감지한 것을 어떤 근거로 계시라고 말할 수 있는가? 이런 의문들이 해답을 얻을 수 없습니다. 과연 계시는 인간 체험과는 무관하게 일어나고, 인간 삶의 현장과도 무관한 초자연적 지식인지를 점검해 보아야 하겠습니다.

1. 인간과 체험

새로운 체험과 경험의 전통

인간은 이해하고 인식하기 전에 먼저 체험합니다. 자연·역사·인간관계 등이 인간 체험의 대상입니다. 인간은 새롭게 체험한 것을 이미 자기가 가진 지식 및 축적된 경험과 연결하여 해석하면서 이해합니다. 인간에게는 과거에 이미 습득하여 축적한 지식과 경험이 있습니다. 인간 안에 있는 이 지식과 경험은 새로운 체험을 해석하는 전통 혹은 골격과 같습니다. 여기에는 어떤 상호 작용이 있습니다. 이 골격은 새로운 체험을 해석하여 인간이 인식하게 하지만, 동시에 이 골격은 새로운 체험으로부터 도전과 비판을 받습니다. 이 비판으로 과거의 경험이 만든 해석의 전통은 보완되고 수정됩니다. 어떤 경우에는 새로운 체험이 기존하는 골격을 전적으로 부정하여, 해석의 골격을 근본적으로 쇄신하기도 합니다. 이 경우 새로운 체험은 과거에 이미 습득하고 축적한 경험들로 된 해석 체계를 완전히 바꾸어서 새로운 해석의 전통을 만듭니다. 새롭게 체험한 것의 의미를 인식하는 것은 이런 과정을 거치면서 되는 일입니다.

경험 전통의 긍정적 작용과 부정적 작용

인간이 지닌 해석의 골격 혹은 전통은 이미 습득한 지식과 경험이 만들어 놓은 것입니다. 이 골격은 새로운 체험을 조명하고 의미를 부여하여 자기가 해온 해석의 전통 안에서 그것이 이해되도록 작용하지만, 새것을 이해하는 데 부정적으로 작용하기도 합니다. 곧, 새로운 체험이 나타나면 이 전통이 그것을 자신의 규격으로 가위질하여 새로운 이해를 불가능하게 하는 부정적 작용입니다. 이 두 가지, 곧 전통의 긍정적 작용과 부정적 작용은 인간 인식 조건이 지닌 한계일 것입니다. 그것이 긍정적으로 작용하면 합리적이고 발전적인 이해가 발생하여, 그 사람의 경험은 더 풍요로워지고 시야는 더 넓어지며 실천은 개선됩니다. 그러나 그것이 부정적으로 작용하면 보수적이고 배타적인 이해가 발생하여 사람은 과거의 시야와 과거의 실천에 완고하게 집착할 것입니다.

체험과 언어

인간이 체험한 것을 해석하여 인식하는 것은 이미 축적된 것이 전혀 없는 백지 상태에서 일어나는 일이 아닙니다. 인간은 과거의 경험 전통이 제공한 심리적·사회적·역사적 골격을 지니고 세상과 접촉합니다. 하나의 새로운 체험을 언어로 표현하는 것은 이 골격이 작용하여 해석하면서 일어납니다. 인간은 무엇을 체험하면 그것을 해석하면서 언어로 표현합니다. 예를 들면 "따뜻한 우정", "믿음직한 사람" 등의 표현은 모두 해석된 언어입니다. 모든 언어는 문화적 성격을 지닙니다. 언어 안에는 세상과 인간에 대한 문화권의 해석이 숨겨져 있습니다. 문화권은 민족적인 것일 수도 있고, 사회 계층적인 것일 수도 있으며, 종교적인 것일 수도 있습니다. 문화권이 다르면 언어도 다릅니다. 인간은 문화적 성격을 지닌 언어 안에서 태어나 성장하고 생활합니다. 인간이 하는 이해에는 언어가 반영하는 해석의 전통도 작용합니다. 같은 언어를 사용하는 사람들의 의사소통이 쉬운 것은 동일한 해석의 전통을 지녔기 때문입니다.

보완 수정되어야 하는 경험 전통

인간은 자기가 사는 언어 전통 안에서 체험을 해석하고 언어화하여 다른 사람과 의사소통합니다. 하나의 체험이 권위를 지니고 의사소통에 있어서 호소력을 갖기 위해서는 그 체험이 합리적 바탕에서 해석되고 언어화되어야 합니다. 체험은 느낌이 아닙니다. 체험이 시작하는 지점에는 이성이 관여하지 않지만, 체험이 올바른 인식이 되기 위해서는 이성이 개입하여 경험의 전통에 비추어 그것을 합리적으로 해석해 주어야 합니다. 이때 인간의 경험 전통은 삶의 새로운 체험으로 계속 보완되고 수정됩니다. 보완과 수정을 하지 못하고 부정적 역할만 하는 경험 전통은 생명력을 상실하고 인간 삶에서 고립됩니다. 이렇게 이미 생명력을 잃은 경험 전통은 새로운 체험을 해석하여 수용하지 못하고, 그것을 부정하고 제거하면서 경직된 자기의 전통만을 고집하는 완고함을 보일 것입니다. 삶에 대한 새로운 체험으로 보완되고 수정되지 않았기에 자기의 과거에만 집착한 모습입니다.

살아 있는 전통의 언어

새로운 체험으로 발생한 이해와 그것을 표현하는 언어가 권위를 갖기 위해서는 과거의 경험들 안에 충분한 기반을 가져야 합니다. 그렇지 않으면 역사 현장의 지속성을 벗어나, 아무것이나 새로운 것이면 다 좇아가는 경솔함이 나타납니다. 새로운 체험은 과거의 언어와 지속성을 유지해야 하지만, 또한 그 시대 사람들이 자기들의 삶 안에 수긍할 수 있는 보편성을 지닌 언어로 표현되어야 합니다. 그 시대 사람이 이해하지 못하는 언어는 의사소통이라는 언어 본래의 성격을 잃은 것입니다. 그와 동시에 이 언어는 장차 있을 새로운 체험을 위해서도 개방되어 있어야 합니다. 새로운 체험으로 보완 수정되어 살아 있는 전통을 이루는 언어가 되어야 한다는 말입니다. 인간은 역사 안에 살아갑니다. 인간의 어떤 언어도 시간을 초월하여 절대성을 주장하지 못합니다.

체험과 자유

인간 체험은 자유스런 분위기를 필요로 합니다. 제도적 억압이나 획일성의 강요는 새로운 것을 체험할 수 있는 인간의 비판 능력을 저하시킵니다. 따라서 새로운 체험을 한 사람이 그것을 올바로 평가하고 비판하여 해석하는 데는 자유스런 분위기가 필수적입니다. 이 평가와 비판적 해석이 활발할 때만 체험의 정당성과 그 권위가 보장됩니다. 자발성을 잃은 것은 인간 체험으로 정당성을 잃은 것입니다. 많은 사람이 자유롭게 수긍하는 체험이 권위를 지닙니다.

체험과 이야기와 삶의 발생

개인이나 집단이 세상과 인간을 새롭게 이해하는 근본적 체험을 하면, 그 개인과 집단은 그 사실의 증인이 됩니다. 모세, 예수, 고타마 싯다르타 등 종교의 창시자와 그 창시자를 중심으로 모인 신앙인 집단이 모두 증인입니다. 그 개인 혹은 집단은 자기에게 일어난 일을 이야기합니다. 그 이야기를 듣고 충분히 사고하여 그것을 자기 삶 안에 자유롭게 수용한 사람은 삶의 새로운 가능성을 발견합니다. 이때 그 이야기는 삶의 운동을 발생시킵니다. 이야기가 운동을 발생시키는 것은 그것이 인간과 세상에 대한 근본적 체험을 전달하기 때문입니다. 이 체험은 인간 삶을 새롭게 합니다. 구약과 신약성서 안에서 우리가 만나는 것은 이 근본적 체험을 전하는, 여러 문학유형文學類型으로 된 이야기들입니다. 문학유형은 시대적·문화적 여건입니다. 시대와 문화에 따라 이야기의 표현 양식이 다릅니다. 이 이야기들은 인류 역사의 어느 한 시점에 발생한 체험을 그 시대의 양식으로 전합니다. 이 이야기들은 역사 안에 새로운 증인들을 출현하게 했고, 이 증인들은 삶의 여러 가지 모습들을 자유롭게 남겼습니다.

2. 계시와 인간 삶

깨달음

우리는 우리의 일상 생활 안에서 "깨달음"이라는 표현을 사용합니다. 그러나 모든 체험이 우리로 하여금 그 단어를 사용하게 하지는 않습니다. 대부분의 체험은 평범하고 일상적인 것이라서 우리의 의식 안에 아무런 흔적도 남기지 않습니다. 그 반면 일상적 체험들 중에는 어느 한 순간에 우리로 하여금 사물이나 사실을 새롭게 보도록 만드는 것이 있습니다. 하나의 체험이 놀라운 것으로 나타난 것입니다. 우리 자신의 깊은 곳을 건드리는 새로움으로 나타난 것입니다. 여기서 새로움이란 지금까지 친숙했던 것이라도 어느 순간 온전히 새롭게 보게 되는 것을 의미합니다. 이 새로운 체험은 우리가 지금까지 사용하지 않았던 단어를 사용하여 해석됩니다. 이 새로움을 우리는 "깨달았다"는 말로 표현됩니다. 우리가 지금까지는 생각해 보지도 않았던 일이 우리에게 베풀어지듯이 다가온 체험입니다.

깨달음과 계시 체험

이런 체험에는 새로운 가능성이 나타납니다. 사람은 자기 자신과 주변을 새롭게 보고 새롭게 실천합니다. 계시 체험은 이런 깨달음에서 발생합니다. 이 깨달음으로 그때까지 가졌던 자기 자신에 대한 이해가 새로워집니다. 자기 주변에 대한 시선도 달라집니다. 새롭고 기쁘고 구원적인 새 해석이 나타납니다. 우리는 계시의 체험이 있을 때마다 지금까지 아무 문제가 없다고 생각하던 것들을 버리고 새로운 것을 향해 나가게 됩니다. 이 깨달음의 체험에는 회개, 생활의 개선, 미래를 위한 방향의 설정 등이 따라옵니다.

계시와 인간 언어

인류를 위해 하느님이 하신 일을 표현하기 위해 우리는 인간 언어를 사용합니다. 그리스도 신앙이 하느님이 하신 일이라고 말할 때는 그 본령本領을 이루는 두 개의 언어가 있습니다. 이스라엘 백성을 위해 하느님이 하신 일에 대한 언어와 예수의 삶 안에 하느님이 이루신 일에 대한 언어입니다. 모세와 더불어 시작된 체험은 하느님이 사람들과 함께 계시다는 경험의 전통을 발생시켰습니다. 이스라엘 사람들은 이 전통을 중심으로 역사 안에 살아가면서 이 전통에 준한 다른 체험들을 하였습니다. 구약성서의 각종 문서들은 그들이 이 역사적 체험들을 다양한 문학유형으로 언어화하여 기록한 것입니다. 그 안에는 설화說話 · 사화史話 · 예언 · 시 · 지혜문서 · 묵시문서 등이 있습니다. 시대와 문화에 따라 발생한 문학유형입니다.

초기 그리스도인들은 예수의 죽음과 부활 후, 예수의 삶 안에 하느님이 하신 일이 있었다는 사실을 깨달았습니다. 그들이 예수의 삶을 회상하면서 역사서의 문학유형으로 예수에 대한 이야기를 남긴 것은 그들 깨달음의 체험을 사람들에게 전하기 위함이었습니다. 그것이 네 권의 복음서입니다. 예수 안에 하느님의 일하심이 어떤 것이었으며 그들 안에도 하느님이 어떻게 일하시는지를 말하는 문서입니다.

하나의 이야기

복음서들이 전하는 "예수의 영광스런 변모"(마르 9.2-10) 이야기를 예로 들어 봅시다. 역사의 양식을 빌린 신앙 이야기입니다. 그 이야기는 "높은 산", "모습이 변함", "새하얗게 번쩍이는 것" 등 구약성서가 하느님이 나타나셨다는 사실을 말하기 위해 사용한 표현들을 쓰고 있습니다. 모세와 엘리야가 나타난 것은 모세와 엘리야의 노선에서 예수 안에 나타나신 하느님을 알아보았다는 뜻입니다. 모세는 하느님이 사람들과 함께 계시며, 그 함께 계심은 "돌보아 주고 가엾이 여기는" 사람들의 실천에서 확인된다고 가르쳤습니다. 엘리야는 이스라엘의 원초적 하느님 체험이 왜곡되었을 때 개혁을 부르짖은 예언자들을 대표하는 인물입니다. 예언자들은 하느님을 말하고 죽임을 당한 사람들입니다. "예수의 영광스런 변모" 이야기는 예수가 "죽은 이 가운데서 다시 살아날 때까지는 그들이 본 바를 말하지 말라는 예수의 엄명"으로 끝납니다. 초대교회는 모세와 예언자들의 노선에서 예수를 이해했지만, 그분의 죽음과 부활 후에 그 이해를 확신하게 되었다는 말입니다. 이 이야기는 하나의 사실 보도가 아니라 예수에 대한 초기교회의 체험과 해석을 구약성서 언어 전통 안에서 언어화한 것입니다.

하느님으로 말미암은 깊이

우리가 이스라엘 백성 안에 또 예수 그리스도 안에 하느님의 계시가 있었다고 말할 때, 구약성서와 신약성서의 언어가 지닌 인간적 언어 양식을 충분히 존중하면서, 그 언어를 하느님의 일하심이라는 종교적 차원으로 옮겨놓고, 그것이 하느님으로 말미암은 깊이를 갖게 하는 데에 그 목적이 있습니다.

체험을 해석하여 발생하는 신앙 언어

신앙 체험도 인간이 하는 다른 체험과 같은 해석 구조를 통해서 표현됩니다. 신앙 체험은 백지 상태에서 일어나지 않습니다. 신앙 체험도 경험 전통의 비판을 받고 해석되면서 의식되고 해석되어 언어화됩니다. 신앙 체험이라고 해서 별도의 언어 체계를 갖지 않습니다. 자기가 몸담고 있는 특정 문화 혹은 신앙 전통이 형성해 준 해석적 골격이 작용하여 새로운 체험을 수용할 수도 있고, 그것을 거부할 수도 있습니다. 한편으로는 각자가 이미 가진 전통이라는 해석적 골격이 있고, 다른 한편으로는 그 사람 앞에 제시된 신앙 공동체의 언어가 있습니다. 이 둘이 작용하여 새로운 체험과 타협하여 새로운 신앙 언어가 발생합니다.

제시된 신앙 공동체의 언어

여기서 제시된 언어는 구약성서와 신약성서 언어를 바탕으로 교회가 하는 선포와 가르침일 수도 있고, 신앙인들의 복음적 실천일 수도 있습니다. 현대인에게 신앙 언어로서 더 호소력을 갖는 것은 실천입니다. 인도의 데레사 수녀, 프랑스의 아베 피에르, 남미의 로메로 대주교와 같은 이들의 실천이 세계 언론 매체 안에서 갖는 의미를 생각해 보아야 합니다. 사람들은 현재 자기가 하는 인간적 체험들 안에서 어떤 깨달음을 얻고 지금까지 자기가 지녀온 경험 전통에 변화를 일으키면서 새로운 정체성을 위한 결단을 합니다. 계시는 이런 인간적 이해 양식 안에서 발생합니다.

제시된 언어에 공감하는 신앙

신앙 체험은 이렇게 역사와 자연 안에서 사람들과 더불어 살아가는 인간이 하는 체험 안에서 발생합니다. 그러나 이 신앙 체험은 그리스도 신앙 전통이 제공하는 신앙 언어의 빛을 받아서 발생합니다. 신앙에 대해서 들은 바가 전혀 없으면 체험이 발생해도 새롭게 해석되지 못할 것입니다. 이 점을 지적하여 성서는 "믿음은 들음에서 비롯한다"(로마 10,17)고 말합니다. 신앙인에게 발생하는 깨달음의 진원지는 그 사람이 지닌 경험의 전통이 아니라는 뜻입니다. 예수 그리스도에 기원이 있는 믿음의 전승이 있고, 그 전승이 발생시킨 언어가 교회 안에 전해지고 실천됩니다. 오늘 사람들은 그들이 지닌 현재의 인간적 경험들을 가지고 신앙 체험을 합니다. 그들은 예수 그리스도로 말미암은 언어 혹은 실천에 공감하며 동화될 수도 있고 그것을 거부할 수도 있습니다. 사람은 이 언어 안에서 자기 자신을 새롭게 발견하고 새로운 정체성을 실현할 수 있습니다. 이 경우 그리스도 신앙 체험의 전통과 한 인간이 지닌 경험의 전통 사이에 의기상투(意氣相投) 현상이 일어난 것입니다. 그러나 어떤 사람에게는 이것이 일어나지 않습니다. 따라서 이 후자에 속하는 사람은 그리스도 신앙 전통을 외면합니다.

3. 신앙 언어

신앙 언어와 전례적 예배

전례 혹은 예배는 그리스도 신앙 언어로 하느님을 흠숭하고 하느님께 감사를 드리는 장소입니다. 그것은 동시에 신앙 공동체가 지닌 신앙 전통이 언어로 기억되는 장소이기도 합니다. 그러나 신앙 전통의 언어화를 말씀의 설교와 전례적 예배라는 좁은 장소로 국한시키지는 말아야 합니다. 그리스도 신앙 체험은 하느님의 "실제적 현존"을 올바로 체험하는 데에 있습니다. 이 현존은 교회나 성당 건물 안에 국한된 것이 아닙니다. 인간 삶의 모든 현장에서 발견되어야 하는 하느님의 현존입니다. 자기가 사는 사회와 세상에 대한 일상적 경험들 안에서 하느님의 일을 전혀 발견하지 못하는 사람이 교회의 전례적 예배 안에서 갑자기 하느님을 체험할 수는 없습니다. 그리스도 신앙 언어에 의하면, 하느님은 불쌍히 여기시는 분, 생명을 소중히 생각하시는 분, 가난한 이와 소외당한 이들을 아끼시는 분, 사랑이 있는 곳에 계시는 분입니다. 일상의 삶 안에서 우리의 이런 노력은 하느님의 현존을 반영하고 실천하는 일입니다. 우연히 참석한 교회의 전례에서 경이로운 체험을 하고 사회와 세계를 새롭게 보게 된 사람들의 이야기가 있습니다. 예외적인 경우라고 말할 수도 있습니다. 그러나 그 주인공들이 일상적 경험들 안에서 어떤 방식으로 하느님의 현존과 관계 있는 삶을 살았다는 사실을 아무도 단정적으로 부인할 수는 없습니다.

신앙 언어와 실천

모세와 더불어 하느님에 대해 체험한 사람들이 그 체험에 대한 언어를 남겼듯이 예수의 제자들이 예수에 대한 언어를 남겼습니다. 그 언어가 표현하고자 하는 것은 그들이 예수와 더불어 겪은 체험입니다. 그들의 신앙은 천상적 말씀을 그 발생 근거로 갖고 있지 않습니다. 신앙의 발생 근거는 지구상에서 일어난 어떤 일입니다. 그들이 예수와 함께 겪은 일입니다. 그리스도 신앙은 하나의 가르침에서 발생하지 않고 어떤 삶의 체험, 곧 실천에서 발생했습니다. 예수의 실천이 있었고, 예수의 제자들이 중심이 된 초기교회 신앙인들의 실천이 있었습니다. 신약성서는 그들이 경험한 것을 회상하면서 그 경험이 원동력이 되어 발생한 그들의 실천과 더불어 그것을 언어화하여 기록한 것입니다. 그들이 성서 안에 남긴 것은 계명이나 이론이 아닙니다. 그들이 남긴 것은 예수에 대한 회상과 예수로 말미암아 시작한 그들의 실천이 담긴 이야기입니다.

예수의 실천

예수 시대 율법학자들은 예수가 율법을 지키지 않는다고 생각했습니다. 그러나 예수는 그가 생전에 하는 해방의 실천에서 아버지와의 관계를 끊지 않았습니다. 그는 하느님을 아버지라고 부릅니다. 그는 하느님에 대한 새로운 교리를 가르치지 않았습니다. 그는 하느님에 대한 유다교의 인식이 그 시대

사회 안에서 가난한 이들과 작은 이들에게 어떤 피해를 주고 있는지를 보여주려 했습니다. 그는 율법 준수와 성전 의례를 강요하면서 인간을 노예로 전락시키는 유다교가 지닌 하느님의 관념을 비난했습니다. 예수가 말씀하신 하느님은 인간에게 자유를 주는 분이었습니다. 그는 자기가 아버지라고 부르는 분과의 관계를 해방적 메시지와 실천으로 표현하였습니다.

예수가 하신 실천의 원천

예수가 하느님을 당신의 아버지라고 말할 때는 당신이 실천한 병 고침, 마귀 쫓음, 이방인과 사마리아인들에 대한 배타성의 지양, 죄인들과 세리들과 어울림 등과 같은 해방적 행위의 근거로 하느님을 말하기 위함입니다. 따라서 예수가 역사적으로 어떤 존재였는지를 이해하려면, 그분이 실천한 해방적 행위 안에 하느님의 일을 보아야 합니다. 마찬가지로 예수로 말미암은 계시가 어떤 것인지를 이해하려면, 예수에 대해 회상하는 초기교회 신앙인들이 어떤 실천을 했는지를 보아야 합니다. 예수의 실천들 안에 그 원천으로 하느님을 보아야 하고, 초대교회 신앙인들의 실천들 안에 그 원천으로 예수를 읽어야 한다는 말입니다.

4. 신앙 언어의 성격

하나의 삶을 모태로 한 언어

그리스도 신앙이 실천되고 전달되는 장소는 신앙 공동체 혹은 교회만이 아닙니다. 그리스도 신앙이 살아서 사람을 움직이는 본래의 장은 이 세상이고 인류 역사입니다. 그리스도 계시의 본질은 인류를 위한 하느님의 일이 예수 안에 탁월하게 나타났다고 주장하는 데에 있습니다. 이 계시 언어는 교회의 전례적 예배 안에서 보존되고 사람들에게 전달되지만, 전례 그 자체가 계시 언어의 목적은 아닙니다. 예수의 제자들은 예수와 접촉하였고, 그 결과 그분의 삶과 메시지, 그분의 활동과 죽음 안에 하느님이 당신 스스로를 결정적으로 계시하셨다고 주장하는 것입니다. 이것은 그들이 율법 준수나 성전 예배와 같은 종교적 실천에서 얻은 결론이 아닙니다. 갈릴래아를 무대로 살고 간 예수라는 한 인간의 삶 안에서 그들이 체험한 결과였습니다. 그리스도인은 예수 안에 하느님이 하신 계시의 최대 농도를 봅니다.

하느님의 일하심을 긍정하는 언어

계시의 과정에 인간의 경험 전통은 대단히 중요합니다. 깨달음의 체험이 인간 경험 전통의 산물이 아니듯이, 계시도 인간 경험 전통의 산물이 아닙니다. 그러나 계시 사건은 특정 인간 집단이 지닌 경험 전통으로 채색되어 표현됩니다. 그 경험 전통이 지닌 고유한 이해방식과 언어방식을 반영하여 표현된다는 말입니다. 복음서들 안에서 예수의 제자들은 먼저 예수라는 인물에 대해서 말하려 합니다. 그들은 예수를 알면서 자기 자신과 삶에 대한 새로운 깨달음을 체험하였습니다. 그들이 말하고자 하는 것은 예수는 하느님의 가장 숭고한 표현이며 그분 안에 구원을 보았다는 사실입니다. 신앙 언어가 긍정하는 바는 계시가 있었느냐 없었느냐가 아닙니다. 하느님의 일하심이 예수 안에 있었고, 예수를 비롯하여 인간이 그것에 응답하는 삶을 살았다는 것입니다. 인간의 응답 그 자체도 계시에 속합니다. 그 응답도 하느님의 현존을 자각하면서 일어난 일이기 때문입니다. 인간이 하느님을 일하게 또는 계시하게 만드는 것이 아닙니다. 하느님이 사람들의 체험 안에서 당신 스스로를 알려 오신 것입니다.

명제命題화된 언어

신앙은 체험으로만 역사 안에 존속하지 않습니다. 신앙은 체험에서 그 충만함에 도달하는 것이 아닙니다. 신앙은 언어로 표현되고, 개념화되고 해석됩니다. 체험은 이런 과정의 시작에 불과합니다. 체험은 합리적으로 해석되고 언어화됩니다. 이것은 모든 인간 체험이 지닌 성격입니다. 이런 방식으로 신앙 체험은 신앙 명제가 됩니다. 이 명제들은 그리스도 신앙 전통이 스스로를 어떤 방식으로 표현하는 선언들입니다. 이 선언들은 신앙고백문의 양식으로 혹은 교의敎義 양식으로 표현됩니다. 신앙 고백문은 초대교회가 즐겨 사용하던 언어 양식입니다(예: 1고린 15,3-5; 로마 1,3-4; 필립 2,6-11; 로마 10,9; 1베드 3,18-22). 문서화하지 않아도 사람들이 쉽게 기억하고 공동체가 함께 고백할 수 있는 간결한 문장 양식입니다. 교의는 교회의 권위가 계시된 진리라고 선포한 명제를 의미합니다.* 이런 개념화를 통해서 신앙 체험은 질서정연한 신앙 언어의 체계 안에 주제로 나타납니다.

---

* 예를 들면 니체아 공의회(325년)가 결의한 "아버지와 아들의 실체적 동일함", 콘스탄티노플 공의회(381년)가 결의한 "성령도 아버지와 아들과 함께 공경해야 하는 분", 에페소 공의회(431년)가 결의한 "예수는 잉태되었을 때부터 하느님의 아들" 등을 들 수 있다.

새롭게 해석되어야 하는 언어

신앙 체험이 이렇게 일단 신앙의 명제로 나타나면, 이 명제들은 원래의 체험과 거리를 가질 수 있습니다. 명제로 만들어진 신앙 언어는 그 시대의 해석입니다. 해석은 시대적 성격을 넘어서지 못합니다. 과거의 명제를 수용하는 사람은 그것이 담고 있는 원초의 체험을 이해하고 그것을 재생시켜서 새롭게 표현하는 노력을 해야 합니다. 그렇지 않으면, 원초 체험과 명제 사이의 거리가 점점 커져서 그 명제를 발생시킨 체험을 전달하지 못하게 됩니다. 신앙 명제가 원초의 체험에서 유리되면, 명제를 발생시킨 과거 한 시대의 해석 언어에 머무는 결과를 초래할 것입니다. 오늘 우리를 위한 해석과 우리를 위한 언어를 제공하지 못하기에 오늘의 삶을 움직이는 살아 있는 신앙 언어가 되지 못할 것입니다.

우발偶發성을 지닌 언어

그리스도인이 계시라고 말할 때는 인간의 언어로써 표현된 것을 의미합니다. 신약성서는 한 시대의 신앙 체험을 그 시대 언어로 해석했습니다. 신앙 언어는 어떤 특정의 시공時空에서 신앙인들이 체험한 바를 언어화한 것입니다. 언어는 시대성을 지닌 의사 소통의 수단입니다. 따라서 언어화된 신앙 명제들은 모든 역사 현상과 같이 절대적일 수 없고 우발성을 지닙니다.

예수는 한 인간으로서 시간적 우발성 안에 살았습니다. 하느님의 백성이며 온 세상에 하느님을 증언할 사명을 지녔다고 생각하는 이스라엘의 전통 안에 살았습니다. 이 역사 안에 살면서 자기의 사명과 책임을 느낀 사람입니다. 신앙 언어가 예수를 메시아, 그리스도, 사람의 아들, 주님, 하느님의 아들 등으로 표현할 때, 예수라는 한 인물의 역사성과 우발성을 잊은 것이 아닙니다. 예수가 한 말이나 행동에 대한 성서적 표현들을 그 시대의 역사적 배경을 도외시하고 절대화하는 것은 금물입니다. 명제들 안에 담겨 있는 예수에 대한 깨달음의 체험을 우리 안에 재생시키도록 노력하는 사람이 신앙인입니다.

5. 우리가 계시라고 말할 때

계시라는 용어는 우리의 개념적 인식을 초월하는 하느님의 현존과 그 현존으로 말미암은 새로움이 있다는 사실을 말하기 위해 우리가 사용하는 단어입니다. 계시는 우리가 언어 안에 담지 못하는 현존이 우리 신앙 체험의 기초로 있다는 것을 의미하는 단어입니다. 우리는 그 현존 앞에서 실천하고 사고하면서 우리가 체험한 바를 언어화합니다. 계시를 신앙 체험의 기초라고 말하는 것은 신앙이 주는 인식 내용이 신앙 체험의 원천이 아니라는 뜻입니다. 거기에는 어떤 현존이 있고, 그 현존에 대한 해석으로서 언어가 있다는 말입니다. 이 현존과 이 언어를 영접하여 수용하는 사람이 신앙인입니다.

그리스도인을 위해서 계시는 예수의 삶 안에 주어졌습니다. 그 삶 안에 하느님의 현존을 깨닫는 사람이 그리스도 신앙인입니다. 그 삶을 기초로 그리스도 신앙 언어가 발생했습니다. 신앙인은 예수와 더불어 자기가 한 체험을, 인간 언어의 개념들을 빌려, 사람들이 이해할 수 있는 보편적 언어로 옮겨 놓습니다. 결국 인간이 자기의 언어로 하느님의 계시를 표현하는 것입니다. 계시라는 단어를 우리가 사용하는 것은 그 현존을 표현하는 우리의 언어가 인간의 염원과 욕구를 담아 연장한 투사投射가 아니라는 것을 말하기 위해서입니다.

⑬ 이스라엘의 계시 체험

1. 하느님의 현존을 말하는 계약

무상無償의 현존

그리스도 신앙은 유다교를 모태로 발생하는 그리스도 신앙의 역사 안에 나타나는 일련의 사건을 통칭하여 계시라 부릅니다. 그 사건들 안에 하느님의 현존을 체험했다는 말입니다. 그리스도 신앙은 하느님이 외적 이유 없이 당신 스스로 원해서 인간과의 관계 안에 들어오셨다고 말합니다. 인간이 하느님으로 하여금 말씀하시게 한 것이 아닙니다. 하느님이 말씀하시면서, 하느님을 부르고 그 하느님에 준해서 살겠다는 공동체가 발생하였습니다. 신앙은 하느님을 고백하는 공동체 안에서 발생합니다. 하느님이 이유 없이 인간과 교섭 관계 안에 들어오신 것을 우리는 하느님의 무상성無償性이라 표현합니다. 이 무상성은 성서 안에서 계약·말씀·베푸심·약속 등으로 표현되었습니다.

계약

우리의 일상생활에서 계약이라고 말하면 계약 당사자들이 앞으로 상호간에 취할 행위를 규정하는 것입니다. 계약이 체결되면 쌍방 계약자들은 그 내용에 따라 행동할 권리와 의무를 가집니다. 계약은 당사자들이 앞으로 행동할 장場을 마련

하는 것이라 생각할 수 있습니다.

성서가 말하는 계약은 다음 네 개의 설화에 나타납니다. 노아의 계약(창세 9,1.9-17), 아브라함의 계약(창세 15,18-19), 모세의 계약(출애 3,7-10; 24,1-8), 새로운 계약(마르 14,24)입니다. 새로운 계약은 예레미야(예레 31,33 이하)와 에제키엘(에제 16,60; 36,22-28)이 예고한 것입니다. 계약은 위의 각 설화에서 비슷한 구조를 지녔습니다. 하느님이 주도권을 가지고 상대를 선택하고 계약 체결을 하며 이 체결은 약속으로 말미암은 어떤 권리를 계약 상대인 인간에게 줍니다. 이 계약은 하느님의 절대적 자유를 생각할 때 선택과 구별되지 않습니다. 이스라엘은 하느님이 계약을 맺으신 것은 베푸심이라고 믿었으며 그렇게 고백합니다(신명 26,1-11 참조).

하느님을 부를 수 있는 장을 제공하는 계약

계약 안에 나타나는 하느님은 이 세상을 설명하는 원리인 하느님이 아닙니다. 이 세상에 대한 사색이 하느님과 계약을 맺고 하느님을 부르게 하지 않았습니다. 계약이 하느님을 부를 수 있게 해줍니다. 하느님이 계약을 맺으셨다는 말은 하느님이 원해서 사람들과 교섭하는 장을 제공하셨다는 뜻입니다. 세상은 절대자라는 하나의 원리가 있어야 설명이 되지만, 계약은 그것에 대해서 긍정도 부정도 하지 않습니다. 계약은 하느님을 부를 수 있는 공간을 제공합니다. 계약이 말하는 것은 이 계약의 관계가 생기기 전에 사람들은 하느님을 알지 못하였다는 것입니다. 인류 역사 안에 하느님을 말하는 길은 두 가지가 있습니다. 하나는 이 세상이 제기하는 문제들을 관찰하고 이 세상을 설명할 원리로서 하느님을 말하는 길(힌두교·불교·유교 등)이고, 또 하나는 예언자의 말씀을 통하여 사람과 교섭하시는 하느님이 제공하는 계약으로 나가는 길(유다교·그리스도교·이슬람교 등)입니다. 첫째 것은 연구와 사색의 길이고, 둘째 것은 어디서 와서 어디로 가는지 모르는 자유스런 하느님과의 관계 안에 들어가는 길입니다. 이 두 가지 길은 서로 달리 인류 역사 안에 두 평행선을 긋습니다.

계약의 구조

계약을 구조짓는 것은 선택·체결·약속입니다. 선택은 계약에 있어서 하느님이 주도권을 가졌다는 사실을 말합니다. 이 점은 하느님이 아브라함을 부르신 이야기(창세 12,1-2: 13,15-17 참조)에서 강하게 나타납니다. 하느님이 모세를 부르셨다는 이야기(출애 3,11-12)에서도 분명합니다. 이렇게 보면 계약은 하느님의 선택과 분리되지 않습니다. 하느님이 선택하시는 데는 이유가 없습니다. 이스라엘이 하느님을 택한 것이 아니고 하느님이 많은 백성들 가운데서 이스라엘을 택하신 것입니다(신명 7,7-8 참조).

계약 체결은 이 선택으로 말미암은 관계를 정립합니다. 함께 사는 공생共生의 관계를 정립합니다. 계약 체결에는 하느님의 법을 지키기로 약속하는 부분이 있습니다(출애 19,7 이하: 24,7). 계약하시는 하느님의 거룩하심은 윤리적 요구로 나타납니다. 십계명은 그 윤리적 요구의 헌장憲章입니다(출애 20,1-17: 신명 5,1-22). 하느님에 대해 올바르게 인식한 사람은 윤리적으로 새롭게 실천한다는 것입니다. 계약 체결에는 불행과 죽음으로 위협하는 말이 있습니다. 하느님과의 공생에는 어떤 조건이 붙어 있다는 사실을 말하는, 그 시대의 표현입니다. 계약의 관계는 인간이 하느님을 마음대로 이용하는 관계가 아니라, 함께 계시는 하느님에 준해서 사람이 움직이는 관계입니다.

약속은 인간 실천의 방향을 제시합니다. 계약에는 미래에 다가올 어떤 결과가 포함되어 있습니다. 하느님은 당신의 말씀에 충실하신 분입니다. 사람은 계약이 요구하는 바를 일상생활 안에서 실현해야 합니다. 이사야 예언자의 설교와 시편의 기도들은 계약으로 말미암은 약속을 종말론적 형태로 표현합니다. 종말론적 형태란 하느님이 주시기로 약속한 미래를 바라보면서 현재의 삶이 어떻게 변해야 하는지를 묘사한 표현 양식입니다(예: 이사 11,1-9; 시편 23).

2. 하느님을 부름

이스라엘의 실천 안에 살아 계신 하느님

이스라엘은 자기의 기원과 특수성에 대해 기록할 때 하느님과의 계약으로 말미암아 주어진 활력을 말하고, 이스라엘의 문화·사회·정치·윤리적 모든 실천이 계약에서 주어진 법에서 기인한다는 사실을 특기합니다. 이런 의식을 배경으로 이스라엘은 하느님을 부릅니다. 하느님을 부르는 것은 함께 계시는 하느님에 준한 실천을 하면서 사는 것입니다. 계약은 세계관도 아니고 추리의 원리도 아닙니다. 하느님은 함께 계시는 분입니다(출애 3,14). 성서는 그 계시는 방식을 "선조들의 하느님"(3,15)이라고 표현했습니다. "아브라함과 이사악과 야곱"에게 은혜롭게 계셨듯이 사람들과 함께 계시다는 것입니다. 계약은 이스라엘 백성이 그 계약 안에 들어 있는 권리를 실천하여 약속이 이루어지게 하는 행동 방식의 설정입니다(모세의 기도: 출애 33,12-23 참조). 하느님은 당신 백성의 실천 안에 살아 계십니다.

두렵고 충실하신 하느님에 대한 체험

이스라엘은 계약을 실천하면서 하느님을 체험합니다. 선택, 권리 부여, 약속 안에 나타나는 하느님의 일방성은 그 백성의 체험에 하느님의 모순된 두 면을 보여줍니다. 두려움의 대상인 하느님이면서 동시에 충실하고 사랑하는 하느님이십니다. 하느님에 대한 이스라엘의 체험에는 이 두 면을 종합하는 노력이 보이지 않습니다.

두려운 하느님

먼저 두려운 하느님입니다. 계약은 하느님과 관계를 열어 주지만 거기에는 아무런 협상이 없습니다. 하느님은 계약 조문을 주시고 백성은 그것을 받아들이고 말씀하신 대로 따를 것을 약속합니다(출애 24,1-11). 하느님에게는 용모가 없습니다. 그분의 소리는 대변자의 것입니다. 계약으로 주어진 그분과의 공생이라는 관계 안에서 그분의 행동은 인간이 예기치 못합니다. 따라서 두려운 대상인 하느님에 대한 체험이 표출되어 텍스트로 정착한 부분이 있습니다. 하느님은 모세에게 백성을 구할 사명을 준 직후, 그를 공격하여 죽이려 합니다(출애 4,24-26). 이와 유사하게 하느님에 대한 두려움의 체험이 발생시킨 문서들이 있습니다. 이사악의 제사 요구(창세 22장), 야곱과의 씨름(창세 32,25-33), 파라오의 고집(출애 10,20), 엘리의 아들들을 죽게 하는 일(1사무 2,25) 등입니다. 두려운 하느님에 대한 유사한 체험은 예언서들에서도 볼 수 있습니다(호세 13,7-8; 에제 21,14-22). 이런 체험은 종교체험의 원시 형태이며 반성과 사색의 부족에서 오는 것입니다. 그러나 하느님에 대한 이스라엘의 체험이 어떤 역설적인 면을 가졌다는 사실도 잊지 말아야 합니다. 이 역설적 체험들이 언어로 정착한 것이 위의 텍스트들입니다.

충실하고 사랑하시는 하느님

또 한편 충실하고 사랑하시는 하느님입니다. 이스라엘이 역사적으로 체험한 다른 일면입니다. 하느님이 당신 백성에게 충실하시고, 자비롭고, 사랑이라는 사실에 대한 체험입니다. 예언자들은 이 면을 강하게 표현하였습니다(호세 11,8; 이사 54,4-8; 에제 16장). 하느님은 계약에 충실하려 하지만 백성은 이웃을 착취하여 계약에 들어 있는 공생의 규정을 계속 어깁니다(아모 8,4-9). 하느님은 이스라엘에 대한 태도에 있어서 "거룩하십니다"(에제 28장), 그러나 백성은 죄인으로 행동합니다. 계약 체결자인 하느님과 인간 사이에 행업의 차이가 크다는 사실을 예언자들은 계속 상기시킵니다.

망설임이 있는 하느님 체험

이스라엘이 자기의 하느님을 부르는 것은 세상의 근본에 대한 반성적·철학적 사고의 결과가 아닙니다. 얼굴 없는 계약 상대와 공생하는 역설적 체험에서 그분의 태도에 대해 이중적 해석이 가능했습니다. 그 시대 사람들은 추리하고 종합하는 능력이 크지 않았습니다. 하느님의 어떤 모상도 만들지 말라는 금명(출애 20,23; 34,17; 신명 5,8)과 함께 하느님은 얼굴 없는 상대이며 인간이 그분의 말씀을 대변할 뿐, 그분의 목소리는 들리지 않습니다. 따라서 그분에 대한 이스라엘의 체험에는 망설임이 있습니다. 예언자들이 사라지고 율법이 가장 중요한 말씀이 되었을 때 하느님에 대한 두려움의 체험은 가중됩니다. 여기에 일반 종교 체험이 편입합니다. 민속民俗적이고 기복祈福적인 종교 체험입니다. 오늘날 사적私的 계시를 주장하는 사람들도 그 아류에 속합니다. "태초에 두려움이 있었고 이 두려움이 하느님이었습니다." 하느님은 예기치 못하는 분이었고 그분의 침묵은 이해할 수 없고 두려운 것이었습니다.

3. 하느님의 이름

계약 체결에는 쌍방의 이름이 있어야 합니다. 이스라엘은 집단적 이름입니다. 그러나 하느님에게는 이름이 없습니다. 출애굽 사건을 기억하여 하느님을 "해방자"라고 부를 수 있고, "선조들의 하느님" 혹은 "아브라함·이사악·야곱의 하느님"(출애 3,6.15)이라고도 부를 수 있습니다. 그러나 이런 이름은 하느님을 하나의 주체로 인정하고 그분께 말씀을 드릴 수 있다는 말이지, 그분의 이름을 아는 것은 아닙니다. 위의 이름들은 모두 그분의 행동과 기능을 말하는 것뿐입니다.

하느님의 고유한 이름 야훼

출애굽기의 텍스트가 가장 중요합니다. 하느님은 모세에게 이스라엘 사람들을 이집트에서 데리고 나올 사명을 주셨습니다. 당신이 준 사명을 보증하기 위해 "내가 너와 함께 있다"(출애 3.12)는 말씀을 하십니다. 그러자 모세는 다음과 같이 말합니다.

> "제가 이스라엘 백성에게 가서 '너희 조상들의 하느님께서 나를 너희에게 보내셨다' 하고 말하면, 그들이 '그 하느님의 이름이 무엇이냐?' 하고 물을 터인데 제가 어떻게 대답해야 하겠습니까?" 하느님께서는 모세에게 "나는 있을 나다" 하고 대답하시고 이어서 말씀하셨다. "너는 나를 너희에게 보내신 분은 '나는 있을 나다'라고 하시는 그분이다 하고 이스라엘 백성에게 일러라"(출애 3.13-14).

여기 이름은 두 가지 형태를 지녔습니다. 하느님이 말씀하시면 일인칭으로 "내가 있다", 곧 히브리어로 "에허이야"가 되고, 모세나 백성이 말하면 삼인칭으로 "그가 있다", 곧 히브리어로 "야훼"가 됩니다. 이렇게 해서 야훼는 하느님의 고유한 이름이 되었습니다. 계약 체결자이며 기도하고, 부르고, 대화하는 상대가 된 분의 이름입니다.

하느님이 알려 주신 이름

이스라엘을 이집트의 종살이에서 해방시킨 하느님이 다른 신들과 구별되기 위해 그 고유한 이름을 이스라엘로부터 받지 않고 하느님이 모세에게 계시하셨다는 것은 신학적으로 의미심장한 데가 있습니다. 이스라엘 백성의 의식 안에는 하느님이 그들을 이집트에서 해방시키면서, 이 이름으로 당신을 알게 해주신 것으로 남았습니다. 출애 3,13-15는 모세가 이 이름을 하느님께로부터 받는다는 사실을 확인합니다. 이스라엘은 이제부터 어느 신도 모르는 이름, 어느 백성도 불러 보지 않은 이 이름으로 하느님을 부르게 된 것입니다. 선조들과의 역사에서는 하느님은 얼굴도 이름도 없는 계약의 상대였습니다. 그러나 모세에게는 이집트에서의 해방이라는 일대 역사를 시작하기 전에 하느님은 당신의 이름을 알려 주셨습니다. 이제 사람들은 하느님을 마치 친구(출애 33,11; 요한 15,15 참조)와같이 알게 되었습니다. 하느님은 여전히 얼굴 없는 분으로 계시지만, 이제 그분은 이름 없는 익명匿名의 존재가 아닙니다. 예언자들을 통한 그분의 말씀은 하나의 이름을 상기시킬 것입니다. 이스라엘은 이제부터 이 이름으로 그분을 불러야 합니다.

표상表象이 불가능한 이름

이 이름은 하느님이 이스라엘의 해방이라는 대사大事를 일으키시는 순간에 주어졌습니다. 이 이름의 계시로 하느님은 그 대사의 보증인같이 행동하십니다. 모세에게 "나는 너와 함께 있다"고 말씀하십니다(출애 3,12). 이 이름은 하나의 동사로 되어 있어 아무런 표상도 형체도 불가능합니다. 하느님이 당신의 이름을 알려 주고 가까이 오시는 순간에도 당신 백성과 하느님 사이에는 어떤 거리가 있습니다. 이 이름은 당신 백성에게 주신 것이지만 백성은 이 이름에서 아무런 형체를 만들어낼 수 없습니다. 이 이름은 하느님이 "너"라는 상대적 관계에 들어오신다는 사실은 알게 해주지만, 하느님의 실재實在와 본질本質은 전혀 상상할 수 없게 합니다.

이 이름은 계시된 것이라고 말합니다. 하느님은 당신이 택하신 백성이 당신을 이름으로 부를 것을 허락하셨습니다. 이 단어의 어원이 무엇이든, 계시된 이름을 부르는 이스라엘의 의식에는 계약의 상대인 하느님이 친구와같이 계시다는 사실만이 분명합니다(출애 33,11-21). 이제 이스라엘은 자기 동반자인 하느님께 무엇을 요구할 권리를 가집니다. 하느님은 당신이 하신 계약을 외면하실 수 없습니다. 이스라엘은 계약의 상대자로 대우받을 권리를 가졌습니다. 욥기는 이 주장의 극치를 보여줍니다. 욥은 하느님의 무관심이 참을 수 없었습니다. 세 친구들은 인과응보를 말하고, 그의 아내는 하느님을 저주하여 복수하도록 권합니다. 그러나 욥은 악이 하느님에게서 오지 않는다고 고집합니다. 욥은 악을 넘어서 하느님을 신뢰합니다.

이 이름에 얼굴을 준 예수

그리스도 신앙은 이 이름이 지닌 표상의 공백을 예수라는 하나의 얼굴로 채우고, 그 얼굴을 하느님의 얼굴로 바라봅니다. 구약의 계약은 하느님이 원하고 택하셔서 맺은 계약인 반면, 그리스도 신앙은 한 인물의 모습 안에 계약을 구체화합니다. 인간 예수 안에 함께 계시는 하느님의 일을 본다는 뜻입니다. 하느님의 이름을 부르는 이스라엘의 신앙 체험에 나타나는 것은 하느님은 지극히 가까이 계시다는 사실과 그분은 인류의 역사에 개입하셨다는 것입니다. 그러나 인간이 그분을 볼 수 없고 그분의 실재에는 접근할 수 없다는 의미에서 그분은 멀리 계셨습니다. 요한 복음서는 "일찍이 아무도 하느님을 보지 못했다. 아버지 품안에 계신 외아드님, 하느님이신 그분이 알려 주셨다"(1,18)고 말합니다.

⑭ 그리스도 신앙의 계시 체험

1. 새로운 계약

계약에 대한 새로운 해석

그리스도인은 하느님에 대해서 말씀하신 예수를 근거로 하느님을 부릅니다. 예수는 하느님에 대한 구약성서의 교리를 보완하거나 수정하지 않았습니다. 예수는 하느님의 새로운 이름을 가르쳐 주지도 않았습니다. 그분은 그 시대 유다교 당국과는 전혀 달리 계약을 해석했습니다. 사랑이 계약의 재해석입니다. 요한은 그의 첫 서간(4,8)에서 "하느님은 사랑이시므로 사랑하지 않는 자는 하느님을 모릅니다"라고 기록하였습니다. 계명 중 첫째 가는 계명을 묻는 율사에게 예수는 하느님을 사랑하고 이웃을 사랑해야 한다고 말합니다(마르 12,28-31 참조). 율사는 율법을 해석하고 가르치는 사람입니다. 하느님을 사랑하고 이웃을 사랑하는 마음으로 율법을 해석하라는 말씀입니다. 유다인들은 선민이라는 배타적 특권을 부각시키기 위해 계약을 해석했습니다. 그와 동시에 율법도 지키는 자와 지키지 않는 자를 차별하는 수단이 되고 말았습니다. 그러나 사랑은 차별이 아닙니다. 사랑은 듣고 스스로를 내어줍니다. 사랑에는 배타성이 없습니다.

예수 안에 보이는 하느님의 얼굴

그리스도인이 예수를 그리스도·주님·아들로 생각한 것은 그분이 부활하신 사실을 믿으면서부터 된 일입니다. 이 신앙과 더불어 예수의 가르침은 새롭게 해석됩니다. 이 해석에 나타나는 새로운 계약 개념입니다. 그리스도는 중개자지만 모세와 전혀 다른 의미의 중개자였습니다. 그리스도인은 그리스도로 선포된 예수 안에 하느님의 얼굴을 봅니다. 마르코 복음서는 예수의 죽음을 지켜본 백부장이 "참으로 이 사람은 하느님의 아드님이셨다"(15,39)고 고백한 것으로 기록했습니다. 요한 복음서는 토마를 등장시켜 "나의 주님, 나의 하느님!"(20,28)이라고 고백하게 했습니다. 그러나 예수의 얼굴은 한 인간의 것입니다. 이 세상 안에 하느님이 현존하심을 말해 주는 얼굴입니다. 그 얼굴은 자기의 역사를 죽음으로 끌고간 얼굴이며 십자가에 죽고 부활한 얼굴입니다. 이 인간의 운명이 하느님의 운명을 말해 줍니다. 예수의 운명 안에 하느님의 현세적 운명을 보는 사람이 하느님의 얼굴을 아는 사람입니다. 하느님의 얼굴은 예수의 실천, 곧 놀이* 안에 보입니다. 사람을 죽이는 권력 앞에 "노기를 띤"(마르 3,5) 얼굴이고 당신이 죽을 위험을 무릅쓰고 사람을 살리는 얼굴입니다. 요한 복음서(11장)는 예수가 라자로를 살리고 자기는 죽임을 당했다는 사실을 부각합니다.

---

* 위의 27-8쪽 참조.

예수와 더불어 새로워진 계약

예수가 가신 길이 그리스도인이 가야 하는 길입니다. 예수의 길에서 자취를 감추는 것은 야훼에 대한 두려움의 체험입니다. 야훼는 얼굴 없는 하느님이었습니다. 예수와 더불어 두 가지 요소가 달라집니다. 첫째로, 하느님은 예수 안에 얼굴을 갖게 되었습니다. 예수는 하느님을 말하는 예언자만도 아니고 그분의 대변자만도 아닙니다. 그분은 하느님의 협조자 혹은 대리자입니다(요한 14,16 참조). 예수의 길에서 하느님이 사람과 가지는 관계는 모세를 통한 계약의 관계와는 다릅니다. 하느님이 당신 스스로를 한 인간 안에서 표현하신 것입니다.

둘째로, 계약이 인간에게 준 권리와 하느님 행위 사이의 거리가 사라집니다. 예수는 하느님이 보낸 사람, 하느님의 대리자로서, 계약이 열어 놓은 하느님의 "함께 계심"에 대한 권리에는 인간이면 아무도 제외되지 않는다는 사실을 보여주었습니다. 예수는 하느님을 양 한 마리도 버리지 않는 목자와, 은전 한 닢도 잃지 않는 부인에 비유하여 가르쳤습니다(루가 15,3-10). 하느님은 그 "함께 계심"에서 아무도 버리지 않으시는 분이십니다. 예수는 또한 죄인에 대한 용서를 선포하고(루가 7,36-50; 요한 8,1-11 참조), 죄인이라 낙인찍힌 사람들과 어울렸습니다(마태 11,19 참조). 예수는 사람들의 병을 고쳐서 하느님이 용서하신다는 사실을 행동으로 보여주었습니다(마르 2,5-10 참조). 유다교 지도자들은 병과 불행을 하느님이 주신 벌이라고 가르쳤습니다.

예수와 더불어 새로 발생한 거리감

예수가 가신 길이 신앙인에게는 하느님의 길입니다. 그 길은 십자가로 가는 길입니다. 따라서 그리스도인이 하느님을 부를 때 십자가는 중요한 자리를 차지합니다. 십자가는 스스로를 극도로 챙기지 않은 인생이 있었다는 사실을 말합니다. 구약성서의 얼굴 없는 계약 상대자는 두려운 분이었지만, 이제는 하느님이 극단적 연약함 안에 계시는 분으로 체험됩니다. 그분은 당신의 대리자를 통해서 세상에 들어오셨으나 세상은 그 대리자를 죽이면서 그분을 거부하였습니다.

구약에서 하느님의 얼굴을 보지 못하여 갖게 된 두려움은 하느님과 인간의 거리를 말하는 것이었습니다. 신약에서는 하느님이 예수 안에 얼굴을 가지게 되어 그 거리는 없어진 것 같습니다. 그러나 전능하신 하느님이 이 세상에서 한 인간 안에 스스로 연약한 자가 되었다는 사실이 우리에게 새로운 거리를 느끼게 만듭니다. 이것은 인간이 전혀 상상하지 못한 일이었습니다. 하느님의 자유가 하신 일입니다. 이 거리는 그분의 두한한 힘 혹은 초월성으로 말미암은 것이 아닙니다. 인간이라는 계약 상대를 지극히 존중한 나머지 하느님이 스스로 약자가 되어 버린 데서 기인하는 거리입니다. 사랑하는 사람은 자기가 사랑하는 사람 앞에 강자로 군림하지 않습니다. 자기 스스로 약자가 되어 상대를 받아들이고 용서하면서 사랑하는 관계를 성립시키고 지속합니다. 이제 하느님과 인간 사이의 거리는 하느님이 인간을 받아들이고 용서하시기 때문에 발생합니다. 우리가 인간 예수 안에 새롭게 발견하는 거리입니다. 그것은 우리가 극복하기 어려운 거리입니다.

2. 말씀이신 예수

예언자 예수

예수는 당신의 설교 벽두에 "때가 차서 하느님의 나라가 다가왔습니다. 회개하고 복음을 믿으시오"(마르 1,15)라고 선포하셨습니다. 청중은 그 시대 문화적 여건과 믿음을 배경으로 예수의 말씀을 듣습니다. 예수가 선포한 것은 그 시대 모든 사람이 기다리던 심판자의 말이 아니고 세례자 요한의 외침과도 달랐습니다. 예수는 죄인들, 버려진 사람들, 희망 없는 사람들과 가까이 지냈습니다(마태 9,10-11; 루가 7,37.39; 15,1-2; 19,1-10 참조). 후에 요한 복음서는 이 사실을 "하느님이 당신 아들을 세상에 보내신 것은 세상을 심판하기 위해서가 아니라 그 아들로 말미암아 세상이 구원받기 위해서입니다"(3,17)라고 요약하게 됩니다.

예수는 하느님 나라의 가까움을 선포하면서 그 가까움을 실천으로 보여주었습니다. 그 시대 통용되는 규범으로 예수의 말씀과 행위는 하느님과 무관한 것으로 보일 수도 있었습니다. 실제로 많은 사람이 그렇게 생각했습니다. 그들은 예수가 마귀의 휘하에 있다고도 말했습니다(마르 3,22 참조). 그러나 또 일부 사람들은 그분 안에 하느님의 말씀과 행위를 보고 그의 권위를 인정하면서 "예언자"(마태 21,46)라고 평했습니다. 예언자라는 말은 예수의 말씀과 행동 안에 하느님의 일을 본다는 고백입니다.

하느님의 일을 보는 근거

하느님이 그렇게 행동하신다는 것은 다른 데서 근거를 찾아 정당화해야 하는 것이 아닙니다. 볼 눈을 가진 자는 보는 것입니다. 예수의 말씀과 행위는 다른 지평에 갖다놓고 이해할 수도 있었습니다. 유다 종교 지도자들이 하였듯이, 예수가 하느님을 모독하고 유다교 질서를 문란하게 한 것으로 이해할 수도 있었다는 말입니다. 인간 세상에 모호함은 항상 있습니다. 하느님은 인간이 관찰할 수도 확인할 수도 없는 분입니다. 그리스도 신앙은 예수의 말씀과 행동 안에 하느님이 살아 계셨다고 믿으면서 예수 안에 하느님의 계시를 보았습니다. "계시"는 하느님이 현존하셨다는 사실을 표현하는 추상적 단어입니다.

하느님의 말씀이신 예수

예수를 하느님의 말씀이라고 말할 때 예수의 지상 생애를 배제하지 않습니다. 예수 그리스도를 하느님의 말씀이라고 말하면서 예수의 지상 생활을 외면하면, 하느님에 대한 우리의 이해는 전혀 달라집니다. 우리는 인간 예수를 통해서 하느님 아버지를 압니다. 예수를 하느님의 말씀이라고 할 때 그분에 관한 이야기들은 인류 역사 안에 계속해서 하느님으로 말미암은 실천들을 발생시킨다는 뜻입니다. 성서는 예언자들과 예수에 관한 이야기들을 전해 주면서 그 실천들을 발생시킵니다. 따라서 성서는 신앙을 위해 특권적 자리를 차지합니다. 성서는 한 시대에 일어난 역사적 사건들을 이야기하고, 공동체는 그 이야기를 전혀 다른 역사적·문화적 여건에서 읽고 실천합니다. 우리는 이것을 말씀의 보편성이라 부릅니다.

해석해야 하는 문서

예수 그리스도를 하느님의 말씀이라고 말하는 것은 그분이 하느님에 대한 모든 해석의 규범이라는 뜻입니다. 그러나 예수는 역사의 현장에서 영원히 사라진 인물입니다. 우리가 그분에 대해 아는 것은 그분을 알고 그분의 일을 실천한 사람들이 남긴 문서가 있기 때문입니다. 그러나 그 문서는 문화적 거리를 지니고 있습니다. 기록될 당시의 언어로 된 문서입니다.

성서의 표현 그대로를 하느님의 말씀이라고 고집하는 사람을 우리는 근본주의자根本主義者라고 부릅니다. 성서는 한 시대의 표현이 담긴 문서입니다. 초기 신앙인들이 예수에 대해 회상하면서 그분 안에 하느님이 하신 일을 읽고 그것을 스스로 실천하면서 기록한 문서입니다. 그 시대의 사람들을 위해 그 시대의 언어와 양식으로 기록한 것입니다. 역사적·문화적 여건이 다르면 해석과 실천이 달라져야 합니다. 그것이 성서가 지닌 보편성입니다. 하느님은 모든 역사와 모든 문화의 하느님이라야 합니다. 모든 시대에 통용되는 인간의 언어는 없습니다. 따라서 오늘의 실천을 위한 새로운 해석을 기다리는 성서입니다.

3. 성서 언어의 형성과 공동체

신앙 공동체의 수정과 첨가

성서는 초대교회가 만든 신앙의 문서입니다. 예수의 삶과 이 문서의 출현 사이에는 시간적 거리가 있습니다. 예수가 살아 계실 때의 청중과 성서가 대상으로 하는 청중 사이에는 이해理解의 여건이 벌써 달랐습니다. 공동체는 그들이 지닌 예수에 대한 회상을 이야기로 전하면서 새 청중의 이해를 돕기 위해 그 기억을 수정하기도 하고 새로운 이야기를 첨가하기도 하였습니다. 그들은 예수가 실제로 하지 않은 말이나 표현을 예수가 한 것처럼 만들기도 했습니다.

예를 들면 각 복음서는 예수가 당신의 죽음과 부활을 세 번 예언한 것으로 전합니다. 복음서 저자들은 예수를 실제로 만나고 그분의 삶을 겪어 보지 않은 청중은 예수가 유다교 지도자들에게 잡혀서, 여느 사형수와 다르지 않게 강제로 죽임을 당한 것으로 오해할 수 있다고 생각했습니다. 초기교회는 예수의 죽음이 스스로를 내어주고 쏟은 결과라고 이미 해석하였습니다. 복음서 저자들은 이 해석을 사람들이 이해하도록 하기 위해, 예수가 죽음을 세 번이나 예고하는 부분을 첨가하였습니다. 초기 그리스도 공동체는 예수에 대한 사실보도에만 충실했던 것이 아니라, 그들이 해석하여 믿는 바를 새로운 청중에게 전달하기 위해 노력하였습니다.

성령으로 말미암은 실천의 부산물인 성서

초기교회는 예수가 승천으로 떠나셨지만 성령으로 그들 안에 살아 계시다고 믿었습니다. 요한 복음서는 이 믿음을 예수께서 하신 말씀으로 이렇게 전합니다. "내가 아버지로부터 보낼 협조자, 곧 진리의 영이 오시면 그분이 나에 관해 증언하실 것입니다"(15.26). 예수의 일을 실천하는 것이 진리이고 그것은 성령이 하시는 일이라는 뜻입니다. 이 실천의 부산물이 신약성서입니다. 예수가 살아 계실 때 하신 말씀과 행위들이 신앙인들의 회상과 실천 안에 되살아나면서 그분에 대한 이야기가 발생하고 문서로 정착했습니다. 공동체 안에 살아 계신 성령과 신앙인들의 실천 안에 살아 계신 예수께서 하신 일이라 그들은 믿었습니다. 성서는 정확한 사실의 재생 보도가 아니라 그들이 믿고 실천하는 바를 전하는 문서입니다.

오늘 신앙 공동체의 한계

초기교회는 신약성서 형성에 중요한 역할을 하였습니다. 그러나 그 사실을 근거로 오늘 교회에도 예수의 말씀과 행위를 자유롭게 취사선택할 권리가 있다고 생각하지 말아야 합니다. 오늘의 교회는 복음 텍스트를 생성하지 않습니다. 예수 그리스도에 대한 초기교회의 성서 증언은 특권적인 것이어서 역사 안에 반복되지 않습니다. 이 입장은 교회사 안에 계속 인정되어 온 믿음입니다. 교회는 죽고 부활하신 예수에 대한 마지막 증인의 죽음과 더불어 계시는 끝났다고 표현했습니다. 따라서 오늘의 교회는 말씀의 올바른 이해를 위해 그들의 기억에 첨가하고 수정한 초대교회 공동체와 동일한 역할을 주장할 수 없습니다. 오늘의 교회는 성서의 테두리 안에서 말씀을 이해하고 해석해야 합니다. 초기교회가 남긴 예수에 대한 기억이 오늘의 이해와 해석에 기준이 되어야 하기 때문입니다. "아무도 이미 놓인 기초이신 예수 그리스도 말고 다른 기초를 놓을 수는 없습니다"(1고린 3,11).

경전經典인 성서

성서를 경전이라 부르는 것은 그것이 고전古典보다 더 강한 힘을 가진 특수 문서라는 뜻입니다. 고전은 역사 안에 발생하는 사고에 영향을 주는 힘을 지녔습니다. 고전은 역사의 여러 상황에서 발생하는 비판들을 견디어내면서 인간의 반성에 규범規範적 역할을 한 문서입니다. 고전은 과거의 문서이지만 현재를 새롭게 체험하고 해석하도록 도와줍니다. 우리가 성서를 경전이라 부르는 것은 오늘의 신앙 생활에 고전보다 더 강한 규범적 역할을 하기 때문입니다.

오늘 신앙 공동체의 역할

과거의 예수와 오늘 그리스도인들 사이에는 역사적으로 대단한 거리가 있습니다. 이 거리가 있기에 오늘의 신앙 공동체가 수행해야 할 일이 있습니다. 오늘의 교회는 새로운 실천으로 과거 예수께서 하신 일이 오늘을 위한 그리스도 실천이 되게 합니다. 오늘의 문화적 여건은 예수가 활동하던 과거 팔레스티나의 것과는 전혀 다릅니다. 교회는 역사의 다양한 상황에서 다양한 실천으로 예수를 상기시키면서, 사람들이 예수를 새롭게 이해하도록 합니다. 빈부 격차가 극심한 남미 대륙의 현실 앞에 발생한 해방신학, 타종교들에 대한 인식과 더불어 직면한 종교 다원 현실 앞에 그리스도적 사고인 종교신학, 남녀가 명실공히 평등한 현실 앞에 발생한 여성신학, 산업화 이후 심각하게 자연을 훼손하는 현실 앞에 발생한 환경신학 등을 그 예로 들 수 있습니다. 과거에 없었으나 오늘 우리가 심각하게 직면한 문제들 앞에 그리스도적 실천을 모색하는 사고들입니다. 오늘의 문화권이 제공하는 문제들 앞에 그리스도적 사고를 새롭게 하는 공동체의 노력들입니다.

공동체 역할의 필수성

성서는 현재 우리가 처한 상황이 예수 그리스도와 어떤 관계 안에 있는지를 말해 주지 않습니다. 그것은 교회 공동체를 이루는 우리 자신이 할 일입니다. 서로 다른 책임을 진

남녀 신자들이 교회 안에 모여서 복음을 읽고 그들 안에 살아 계시는 예수 그리스도를 고백하기 위해서는 그들 삶의 상황과 예수 그리스도의 사건이 제기한 문제를 관련지어 생각할 줄 알아야 합니다. 이 작업을 위해서 대화적 강론, 성서 독후감 나누기, 체험 나누기 등이 있습니다. 이 작업은 힘드는 일입니다. 우리가 처한 상황도 투명하지 않고, 그것을 예수 그리스도와 연결하는 일도 자명한 작업이 아닙니다. 그러나 이런 과정을 거치면서 우리의 삶 안에 예수 그리스도는 살아 계십니다. 오늘 우리의 실천 안에 예수 그리스도가 살아 계시게 하는 일입니다.

공동체 역할의 우발성

교회의 역할은 필수적이지만 우발성을 넘어서지 못합니다. 예수 그리스도와 현재 우리의 상황을 연결하는 일은 항상 과도기적 성격을 지닙니다. 한 시대가 필요로 했던 해석과 표현을 절대화하여 모든 시대를 위해 강요하지 말아야 합니다. 하느님은 교회 공동체 위에 군주와 같이 군림하시지 않습니다. 교회는 하느님의 무기력한 도구가 아닙니다. 불변하는 진리를 탑재搭載한 초역사적 수레도 아닙니다. 교회 공동체는 복음서들이 전해 주는 예수 그리스도에 대한 이야기들 안에서 우리를 위한 하느님의 이야기를 듣습니다. 한 시대의 교회는 그 시대의 입장에서 그 이야기들을 읽고, 질문하고 해석합니다. 교회는 시대적 거리를 유지하면서 이해하고 해석할 책임을 지녔습니다. 그리고 그 시대의 이해와 해석을 다른 시대를 위해 강요하지 않습니다.

4. 성령과 계시

성령과 해석

말씀이라는 말은 듣고 실천할 것이 있다는 것을 의미합니다. 말씀은 성령과 함께 주어집니다. 성령은 옛날 예언자들에게 영감을 주어 그들이 하느님을 말하게 하였습니다. 오늘 성령은 모든 신앙인 안에 살아 계십니다. 하느님이 일하셔서 새로운 실천이 발생하는 곳에 성령은 그 새로움의 힘으로 살아 계십니다. 예수에 관한 이야기가 인간 삶의 실천으로 나타나는 곳에 성령은 하느님의 숨결, 곧 진리의 영으로 살아 계십니다. "진리의 영, 그분이 오시면 그대들을 모든 진리 안에 인도하실 것입니다"(요한 16.13)라는 말씀입니다. 예수의 삶이 그리스도인의 진리입니다.

해석의 결과인 진리

성서 이야기 하나를 읽고 해석하는 것은 어떤 실천을 하는 일입니다. 그 이야기가 출생한 시대와 장소는 아니지만, 우리를 위해 의미하는 바가 있다고 그것을 자기 삶 안에 받아들이는 행위입니다. 이 행위가 해석입니다. 해석은 창조와 같습니다. 연주자가 곡 하나를 연주하는 것은 그 곡을 해석하는 행위입니다. 해석은 악보를 기계적으로 재생시키는 것이 아니라 창조하는 행위입니다. 그 악보가 지닌 음악의 진리는 연주할 때에 존재합니다. 악보는 이 해석적 창조 행위를 가능하게 해주는 조건입니다. 악보가 없으면 그 곡은 연주될 수 없습니다. 또한 악보를 창조적으로 해석하여 연주하는 사람이 없으면 악보는 음악이라는 진리를 발생시키지 못합니다. 음악이라는 진리는, 악보와 그것을 해석하며 연주하는 사람이 함께 만들어내는 것입니다.

성서 이야기들에 대해서도 같은 말을 할 수 있습니다. 성서의 이야기들과 그것을 해석하여 실천하는 공동체가 함께 복음의 진리를 발생시킵니다. 성서 이야기들은 인간 삶의 모든 상황에 맞는 해석을 제공하지 않습니다. 하나의 성서 텍스트가 그 시대를 위한 말씀이 되는 것은 해석하여 실천하는 사람의 창조적 노력이 있기 때문입니다. 이 창조적 행위는 해석하는 공동체나 개인이 자기의 힘으로만 하는 것이 아닙니다. 성서 텍스트라는 무無에서 성령이 하시는 일입니다.

5. 계약의 지평인 베푸심

보답을 부르는 베푸심

이스라엘이 하느님을 부를 수 있게 해주는 계약은 베푸심과 관계 있었습니다. 계약은 하느님과 백성이 공생共生하는 미래를 위한 것이었습니다. 이 계약은 반드시 있어야 할 이유가 없는 것이었습니다. 그것은 하느님이 베푸신 결과였습니다. 계약 체결에 들어 있는 율법은 하느님의 베푸심에도 어떤 거리가 있다는 것을 의미합니다. 베풂이 보답을 향한 호소가 되지 못하면 상대를 무책임한 유아기乳兒期적 자세에 머물게 합니다. 그것은 인간 자유에 대해 기대하지 않고 무시하는 일입니다. 율법은 인간 노동의 산물이 초월적 기원을 가졌다는 사실, 곧 그것은 하느님의 베푸심이라는 사실과 사람은 그것을 다른 사람들과 나눔으로써 하느님의 베푸심에 참여한다는 사실을 상기시킵니다. 사람이 성전에 제물을 바치는 것은 이 나눔의 진리를 거룩한 것으로 하는 행위입니다.

하느님의 베푸심은 계약 체결의 결과가 아닙니다. 하느님의 베푸심은 계약보다 먼저 있었습니다. 베푸심은 보상報價이 아닙니다. 구약성서의 역사서들을 인과응보적 보상이라는 색안경을 끼고 읽는 것은 계약의 참다운 의미를 왜곡하는 것입니다. 이스라엘의 역사가 실패와 불행으로 점철되었다면, 하느님이 보복하였기 때문이 아니라 율법을 어기는 인간 행위 안에 들어 있는, 자기 자신만을 긍정하는 논리 때문입니다(로마 5,12-17 참조). 일부 소수 사람들이, 모든 사람을 위해 주어진 것들을 독점한 것은 하느님의 베푸심을 외면하는 일입니다. 계약은 하느님의 베푸심에 대한 보답으로 인간이 나누어야 함을 말합니다. 율법은 보답으로서의 베풂을 촉구합니다. 율법이 발생시키는 말씀은 자기만을 위한 행복은 불가능하다는 것과 하느님은 보이지 않고 율법이 베풂의 수단이라는 것입니다.

베풂을 호소하는 말씀

말씀은 베푸는 행위와 더불어 살아 있습니다. 계약에 말씀과 율법이 있는 것은 하느님과 인간 사이에 거리가 있기 때문입니다. 말씀 없이 베풂만 있으면 백성을 의사전달의 대상으로 삼지 않는 일입니다. 그것은 우리가 애완동물을 대하는 자세입니다. 말씀은 어떤 거리를 유지하면서 이스라엘이 주체로 행동하도록 합니다. 따라서 말씀은 하느님이 백성에게 베푸신 최초의 참다운 베푸심입니다. 말씀으로 백성은 노예가 아니라 동반자가 되었습니다(요한 15,15 참조). 사랑하는 사람은 사랑하는 사람에게 기대합니다. 말씀은 보답을 호소하는 베푸심입니다.

사람은 하느님 앞에 천국을 꿈꿉니다. 사람은 수고하지 않고 모든 것을 갖고자 합니다. 창세기의 뱀이 말하듯이 "하느님과 같이되기를"(3,5) 원합니다. 이스라엘은 파악되지 않는 타자他者이신 하느님의 말씀을 들어야 합니다. 하느님은 보이지 않고, 베풀고 나눌 것을 요구하는 율법은 하느님이 베푸심이라는 사실을 말합니다. 베푸심은 시작이고 마지막입니다. 하느님의 베푸심 안에 하나가 되라는 말씀입니다.

정보 제공이 아닌 말씀

말씀을 정보 제공의 언어로 알아들을 수 있습니다. 창세기 1장이나 2장을 정보 제공의 언어로 알아들으면 창세기는 우주 생성에 대한 과학적 정보를 주는 것으로 이해될 것입니다. 따라서 인간의 과학적 탐구가 진전하면, 하느님은 그만큼 물러나야 합니다. 정보 제공의 언어는 말하는 자의 보장을 필요로 하지 않습니다. 정보 자체의 신빙성만이 중요합니다. 같은 텍스트를 하느님이 인간에게 세상을 주셨다는 사실을 이야기하는 것으로 알아들을 수 있습니다. 그러면 그 텍스트에서 우리가 알아들어야 하는 것은 베푸시는 분과 받는 사람의 관계입니다. 베푸시는 분이 받는 사람에게 자기 베풂에 대한 보답으로 베푸는 자가 되어 달라는 호소가 담긴 텍스트입니다.

6. 성령의 역할

약속의 성취인 성령

하느님의 베푸심은 물질적인 것을 인간 자율성 안에 두면서 약속에다 전혀 다른 의미를 부여합니다. 약속은 무엇으로도 채울 수 없는 공간, 곧 하느님만이 채울 수 있는 공간을 여는 것입니다. 예수는 메시아라는 칭호를 거부하였습니다. 예수는 유다인들이 고대하던 정치-종교적 메시아 상과 연결된 희망, 곧 물질적인 것을 향한 희망을 거부한 것입니다. 약속은 무엇, 어떤 사물을 주는 것이 아니었습니다. 역사의 종말 혹은 천년왕국(묵시 20,1-6)을 주는 것도 아니었습니다. 약속은 성령을 주는 것입니다(루가 11,13 참조). 인간 삶의 우발성 안에 하느님의 숨결을 주는 것이었습니다. 그것은 인간이 가질 수 있는 가장 우월한 것입니다.

인간 소외 요인을 제거하는 성령

성령은 모든 것이 제 질서 안에 있도록 합니다. 하느님은 어떤 특정인에게 물질적 혜택을 주지 않습니다. 모든 것이 하느님이 베푸신 결과입니다. 하느님은 어떤 개인이나 집단을 위해 사물의 혜택을 주시지 않았습니다. "하느님은 사람을 차별하시지 않습니다"(로마 2,11). 하느님은 지상의 환난중에 나타나서 병고나 죽음 등 자연의 위협에서 사람을 구해주겠다고 약속하시지 않았습니다. 사회적 관계를 개선하여 착취를 없이하겠다고 약속하지도 않았습니다. 하느님의 베푸심이 우리의 사회적 관계를 지배하고, 이 관계 안에서 인간의 욕구가 충족될 때 인류의 미래는 있는 것입니다. 성령은 이 새로운 인간 관계를 만드는 원동력으로 우리 안에 살아 계십니다.

친교와 감사의 질서

물질은 그 본연의 질서 안에 정립되어야 합니다. 물질은 인간이 필요로 하는 것이지만, 하느님이 아닙니다. 계약이 약속하는 하느님의 "함께 계심"을 제쳐놓고 사물을 목적으로 보아서는 안됩니다. 계약은 하느님이 우리와 함께 계시는 미래를 여는 것이었습니다. 신약성서가 사용하는 "친교"와 "감사"는 이 "함께 계심"을 전제로 사용되는 단어들입니다. 이 표현들은 예수와 더불어 시작한 새로운 계약 안에 무엇이 핵심인지를 말해 줍니다. 이 "친교"와 "감사"는 그리스도 공동체 생활의 중심을 이루는 "성찬"을 의미한다는 사실도 생각해야 합니다.

7. 하나의 이름, 하나의 얼굴, 하나의 숨결

인류 역사 안에 고통과 죽음은 계속됩니다. 그러나 하느님이라는 하나의 이름이 있고, 예수 그리스도라는 하나의 얼굴이 있습니다. 그리고 그 이름을 부르고 그 얼굴이 남긴 흔적을 보면서 발생하는 다른 흔적들, 곧 그리스도적 삶의 실천은 역사 안에 지속됩니다. 그 흔적들은 죽음과 허무가 마지막 말이 아니라는 것을 외칩니다. 성령은 이 외침 안에 살아 있는 숨결입니다. 하느님은 자기 자신에게로 회귀回歸하지 않는다는 것, 사랑이고 베푸심이라는 것, 지치심이 없고 갈등이 없는 베푸심이라는 것을 불어넣는 숨결입니다. 성령은 우리가 부르는 하느님과의 친교를 가능하게 하십니다. 성령은 그 친교 안에 숨결과 힘으로 살아 계십니다. 말씀과 계약으로 하느님은 증오·옹졸·죽음 등이 물들여진 우리의 생명이 아닌, 전혀 다른 생명을 맛보도록 초대하십니다. 말씀으로, 하나의 얼굴로, 또 숨결로 우리를 초대하십니다. 이 초대는 휴식을 위한 것이 아닙니다. 새로운 실천으로 증언하고 새로운 삶의 흔적을 남기는 희망의 길을 열어 주는 초대입니다. 그러나 그것은 또한 십자가의 길이기도 합니다.

⑮
예수 그리스도의 교회

1. 교회의 출현

교회는 기원후 30년경 예수의 제자들이 복음을 선포하면서 시작합니다. 그들은 죽은 예수가 살아 계시다고 선포합니다. 하느님이 그를 부활시켰고 그분은 이스라엘이 고대하던 메시아이며 구원자라는 것입니다. 신약성서는 그들이 선포한 말씀들을 담고 있습니다. 그 말씀을 기초로 교회가 발족하였습니다. 예수의 제자들 중에도 열두 사도라 불리는 사람들의 체험은 독특한 것이었습니다. 그들은 예수의 삶과 부활의 증인들입니다. 그러나 신약성서 각권은 또한 역사서이기도 합니다. 출현하는 교회의 모습을 담고 있는 역사서입니다.

"나자렛 파"

예수가 유다인이었고 원시 교회의 주류를 이루는 구성원은 유다인입니다. 그들은 아람어를 사용했습니다. 그 시기 근동에서 가장 널리 사용되던 셈족 언어입니다. 그들은 유다교인으로서 경건한 생활을 지속합니다. 그들은 성전에서 기도하고, 음식과 관련된 금지 사항을 지키고 할례를 실천합니다. 이 시기 그리스도인은 바리사이·사두가이·혁명당원과 마찬가지로 유다인 분파 중 하나로 보였습니다. 그들은 "나자렛 파"로 불렸습니다(사도 24,5 참조). 그들에게 고유한 것은 예수의 이름으로 세례를 받는 것, 사도들의 가르침을 따르는 것, 빵 나눔을 하는 것, 그리고 형제적 공동체를 구성하는 것이었습니다(사도 2,41-47; 4,32-35 참조).

타지역 출신 유다인들의 입교

아람어를 사용하는 유다인들로 구성된 교회 공동체 안에 어느 시기가 되자 그리스어를 사용하는 헬라계 유다인들이 들어옵니다. 유다인은 이미 오래 전부터 이산離散 민족이었습니다. 그리스 문화권 출신 유다인들이 그리스도 신앙인이 된 것입니다. 아람어를 사용하는 팔레스티나 본토 출신 유다인과 그리스어를 사용하는 헬라계 유다인 사이에는 언어를 비롯한 문화적 차이가 있었습니다. 이 두 부류 사이에 의사소통의 불편이 있었고, 열두 사도들은 헬라계 유다인들에게 봉사할 수 있는 사람 일곱 명을 뽑았습니다. 팔레스티나 출신 히브리계 유다인으로 시작된 교회가 타지역 출신 유다인들을 받아들인 것입니다.

스데파노의 순교

일곱 명 가운데 한 사람인 스데파노는 예루살렘의 유다교에 대해 반기를 들었습니다(사도 7,51-53 참조). 예루살렘의 유다인들이 예수를 죽였기에 스데파노는 그들의 경신 행위와 성전을 비판하였습니다. 예수는 영적 예배를 설교하였지 성전 건물을 중요시하지 않았습니다. 스데파노에게 복음은 순화醇化된 유다교였습니다. 그는 하느님을 모독한 사람으로 돌에 맞아 죽습니다(36/37년). 사도행전은 루가 복음서의 후편입니다. 저자는 그의 순교를 루가 복음서가 전하는 예수의 죽음에 대한 이야기와 같은 양식으로 기록하였습니다(사도 7,54-60). 예수의 뒤를 따라 죽은 스데파노라는 뜻입니다.

예루살렘을 벗어나는 복음

스데파노가 죽자 헬라계 그리스도인들은 박해를 피해 예루살렘을 떠나야 했습니다. 그들은 사마리아, 지중해 연안, 안티오키아 등지로 떠났습니다(사도 8장과 11,19 참조). 그들은 이들 지역 유다인들에게 복음을 전했습니다. 그들의 복음선포로 후에 사울이 다마스커스에서 개종하기에 이르고 바울로 사도가 되었습니다. 사울은 스데파노를 처형하는 데 참여했었고 예수의 제자들을 박해하는 일에 적극 가담했던 인물이지만(사도 8,1), 다마스커스로 가는 길에 부활하신 그리스도를 만나고 전향하여(사도 9장 참조) 일곱 복음선교사가 되었습니다.

그리스도인이라는 호칭의 발생

안티오키아는 헬라계 사람들이 많은 곳입니다. 그리스도인들은 여기서 처음으로 그리스도인이라는 이름으로 불립니다(사도 12,26). 이것은 그리스도인들이 다른 집단과 구별된다는 것을 의미합니다. 안티오키아는 로마제국 복음화를 위한 전진기지가 됩니다. 바울로는 바르나바와 함께 여행길(제1차 여행, 45-49년)에 올라 여기서 유다인들을 위해 회당에서 설교하고 이교도들에게도 설교합니다. 바울로는 그리스도인이 되는 이교도에게 유다교적 실천을 요구하지 않습니다(사도 13-14장 참조).

예루살렘 사도회의(49년)

예루살렘의 그리스도 공동체는 신앙을 영접하는 비유다인에게 먼저 할례를 요구해야 한다고 생각하였습니다. 그러나 안티오키아의 사정은 달랐습니다. 그곳에는 유다교적 실천을 하는 유다인 출신 그리스도 공동체와 유다교적 실천을 하지 않는 이교도 출신 신앙인 공동체가 있었습니다. 유다인들은 음식에 대해 지켜야 하는 금기 사항이 많았기에, 출신이 다른 이 두 공동체의 사람들은 함께 식탁에 앉을 수가 없었습니다. 유다인들은 돼지고기와 동물의 피를 먹지 않고 정결례법을 지켜야 했습니다. 보통 식사 후 행해지는 성찬도 그들은 함께하기가 어려웠습니다.

이 문제를 해결하기 위해 예루살렘 사도회의가 개최되었습니다(사도 15장 참조). 사도들은 바울로의 입장을 채택하였습니다. 이교도 출신 그리스도인들에게 유다교적 실천을 강요하지 않기로 결정한 것입니다. 그러나 이교도 출신 그리스도인들이 유다교 출신들과 함께 식탁에 앉을 때는 동물의 피를 먹는 것만은 삼간다는 단서가 붙었습니다(사도 15.29).

모든 민족을 위한 교회

예루살렘 사도회의는 교회가 유다교적 테두리를 벗어나서 보편적 교회로 발돋움하는 계기가 되었습니다. 어떤 사람도 복음을 영접하기 위해서 문화적 소외를 겪을 필요가 없다는 원칙이 설정된 것입니다. 이와같이 교회는 보편성을 지향했습니다. 예루살렘 신앙 공동체가 대표하는 유다교 출신 그리스도인들의 폐쇄적 선민의식은 교회 안에 지속되었지만, 바울로는 경제적 곤경에 빠진 예루살렘의 그리스도인들을 위해 타지역에서 모금한 것을 보내면서 그들과 일치를 도모하였습니다(1고린 16,1-3; 2고린 8-9장; 로마 15,26-28; 갈라 2,10; 사도 24,17 참조).

팔레스티나를 벗어나서 로마제국으로

바울로를 비롯한 사도들과 신앙인들의 노력으로 50년경 복음은 유럽에 상륙합니다. 필립비·데살로니카·고린토 등에 공동체가 설립됩니다. 58년 바울로가 고린토에서 로마 신앙인들에게 보내는 「로마서」를 쓴 것을 보면 그때 이미 로마에도 중요한 신앙 공동체가 있었던 것으로 추정됩니다. 결국 이 시기에 예루살렘에서 로마에 이르는 지역에 그리스도 공동체가 있었다는 말입니다.

유다교와의 결별

그리스도 신앙 공동체가 유다교와 완전 결별하고 새로운 이스라엘이라는 의식을 갖기 시작하는 것은 70년 예루살렘 함락 이후의 일입니다. 혁명당원을 중심으로 신정神政 국가를 지향하던 유다인들이 로마제국 식민지의 굴레를 벗기 위해 66년 무력으로 봉기하였습니다. 로마의 반격은 4년 만에 처참한 결과를 남겼습니다. 예루살렘은 함락되고 성전은 파괴되었습니다. 이 반란의 초기에 그리스도인들은 예루살렘을 탈출하여 요르단 강 건너편으로 피신하였습니다. 성전이 파괴된 사실은 그리스도인들이 유다교와 완전 결별하는 데 결정적 요인으로 작용했습니다. 이 결별 사실을 반영하는 복음서 텍스트들이 있습니다. "두 아들의 비유"(마태 21,28-32)와 "포도원 소작인 우화"(마태 21,33-46)입니다. 그리스도인들은 성전 파괴를 구약 법이 끝났음을 알리는 하느님의 표징으로 받아들였습니다. 이 사건은 그리스도 신앙이 유다적인 것에 구애받지 않고 보편성을 띠는 데 도움을 주었습니다. 유다교는 그 후 다시 조직되었지만, 그리스도 공동체에 대해 노골적으로 적대적 자세를 지니게 되었습니다. 이 시기에 교회는 이미 서방으로 향하고 있었습니다. 로마제국의 조직을 배우면서 스스로를 조직해 나가고 있었습니다.

2. 교회 설립

예수로 말미암은 공동체

언뜻 생각하면 예수가 교회의 설립자라는 사실은 지극히 당연한 것으로 보입니다. 그리스도인들에게는 아무 문제 없이 받아들여지는 사실입니다. 예수라는 한 스승을 중심으로 모였던 제자 집단이 교회라는 조직체로 발전하였습니다. 신앙 공동체가 그 모태母胎였던 유다교와 단시일에 결별하고 독자적 노선을 갈 수 있었던 것은 예수 그리스도라는 인물을 제외하고는 설명되지 않습니다.

제자들의 역할

그리스도 신앙 운동은 예수에게 그 기원이 있지만 유다교에서 분리되어 조직된 교회를 예수가 설립했다고 말할 수는 없습니다. 그리스도 신앙 운동은 예수가 창시한 것이고 그 운동이 지속되면 그 성격상 하나의 교회로 발전할 수 있었던 것은 사실입니다. 그러나 예수가 역사적으로 그 교회의 설립자라고 말하기에는 무리가 따릅니다. 성서적·역사적 자료가 증언합니다. 예수의 생애를 회상하는 복음서들 안에 교회라는 단어는 단 두 번(마태 16,18; 18,17)밖에 나타나지 않습니다. 예수의 시야에 교회는 보이지 않습니다. 그러나 바울로의 서간과 사도행전 안에는 이 단어가 자주 반복 사용되었습니다. 예수는 팔레스티나에서 자비로우신 하느님의 나라를 가르쳤고, 사도들은 주님이신 예수 그리스도를 가르치면서 교회를 세우는 일을 하였습니다. 이 교회는 유다인과 비유다인의 구별을 넘어서, 새로우면서 시련당하는 교회로서 스스로를 조직하였습니다.

죽고 부활하신 예수 그리스도가 설립하신 교회

신학이 예수를 교회의 설립자라고 말할 때, 예수가 공생활의 어느 시점에 교회를 세웠다고 말하는 것이 아닙니다. 예수의 죽음·부활·승천과 성령강림을 포함한 예수 그리스도의 사건이 교회의 기원이었다는 뜻입니다. 예수의 부활 후 사도들의 봉사직무하에서 교회가 발생했다고 말한다고 해서, 그것을 주님이신 예수 그리스도가 하신 일이 아니라고 말할 그리스도인은 없습니다. 예수는 부활 후 당신이 "세상 끝날까지" 제자들과 함께 계실 것을 약속하면서 그들을 파견하셨습니다(마태 28,18-20). 예수 그리스도는 당신이 지상 생애중에 하신 일보다 더 큰 일을 우리 안에 하십니다. 초대교회는 그렇게 믿었습니다.

> 진실히 진실히 말하거니와, 나를 믿는 사람은 내가 하는 일들을 또한 할 뿐 아니라 그보다 더 큰 일들을 하게 될 것입니다. 내가 아버지께로 가기 때문입니다. 그대들이 내 이름으로 청하는 것은 무엇이든지 이루어 주겠습니다. 그래서 아버지께서 아들로 말미

암아 영광스럽게 되시도록 하겠습니다. 내 이름으로 무엇이든지 청하면 이루어 주겠습니다(요한 14.12-14).

예수가 모은 사람들

복음서는 예수가 "암탉이 제 병아리들을 날개 아래 모으듯이"(르가 13.34) 사람들을 모으려 한 분이었다고 회상합니다. 예수는 하느님의 나라가 가까웠음을 선포하면서 "잃은 양들"(마태 15.24), "목자 없는 양들"(마태 9.36)과같이 흩어지고 분열된 당신 백성을 모으는 일을 하고 또 악한 목자들을 비판하였습니다(마태 23장 참조). 예수는 이스라엘 집안의 누구에게나, 그 사람의 사회적·율법적·종교적 여건을 묻지 않고 하느님의 관심과 용서를 선포하였습니다. 예수는 이교도들이 이 백성 안에 들어오리라는 사실을 우발적 기회에 말씀합니다(마태 8.5-13). 예수가 복음선포의 대상으로 한 것은 이스라엘과 그 구성원들이었던 것은 확실합니다. 다만 예수가 행하는 모음의 행위 안에 넘어섬의 원리가 보입니다. 유다 민족의 테두리를 넘어서 개인의 가치와 역할이 강조됩니다.

열두 사도

수난과 십자가의 고독에 이르기까지 공생활중에 예수는 제자 그룹을 주변에 데리고 있었습니다. 제자들은 예수를 따르는 동안 자신의 집과 일을 버리고 예수와 함께 살았습니다. 이 점이 열두 제자가 예수를 믿었던 다른 사람들과 구별되는 요인입니다. 이 열둘은 이스라엘에 요구된 회심을 보여주는 맏물입니다. 이스라엘 백성이 열두 지파였던 것같이 그들도 열둘입니다.

 이 열둘은 교회 공동체가 예수에게 충실할 수 있는 길을 보장하는 사람들입니다. 그들은 예수에 대한 회상을 위해서나, 부활에 대한 증언과 복음선포를 위해서나 교회 안에서 특권적 위치를 지녔습니다. 사람을 지배할 마음을 갖지 말라고 예수가 경고한 대상도 바로 이들입니다(마르 10,35-45 참조). 후에 교회가 그들 안에 주교 직무의 근거를 보려 한 것은 자연스런 일이었습니다.

베드로에게 하신 약속

 필립보의 가이사리아 지방에서 있었던 베드로의 신앙고백 기사는 마르코(8,27-30)를 비롯해서 마태오(16,13-16)와 루가(9,18-21) 복음서들이 모두 보도하지만 베드로의 신앙고백에 답하는 양식으로 된 예수의 말씀은 마태오 복음에만 있습니다.

> 복되도다, 요나의 아들 시몬, 사람이 아니라 하늘에 계신 내 아버지께서 계시해 주셨으니! 나 또한 말하거니와, 그대는 베드로(바위)입니다. 내가 이 바위 위에 내 교회를 세울 터인데 저승 문들도 내리누르지 못할 것입니다. 하늘나라 열쇠를 주겠습니다. 그대가 땅에서 매는 것은 하늘에서도 매여 있을 것이요, 그대가 땅에서 푸는 것은 하늘에서도 풀려 있을 것입니다(16,17-19).

이 텍스트의 해석을 놓고 로마 가톨릭 교회와 다른 교회간에 공방이 있었습니다. 가톨릭 교회는 베드로의 후계자라고 생각하는 로마 주교의 역할을 중요시합니다. 다른 교회들은 그 주장을 반박했습니다. 서로 다른 교회론이 서로 다른 해석을 하게 만들었습니다. 이 텍스트는 로마 주교의 수위권首位權 문제 이전에 교회 설립 과정을 반영하고 있습니다. 오늘 학자들은 베드로의 신앙고백과 더불어 이 신앙 위에 세워질 교회에 대한 말씀은 예수가 부활하신 후에 초기교회의 신앙이 발생시킨 것으로 봅니다.

베드로에게 약속된 역할은 예수가 공생활중 열두 사도들에게 기대했던 것입니다. "하늘나라의 열쇠"는 사람들을 하느님 나라에 들어가지 못하게 "하늘나라를 닫아 버린 … 율사와 바리사이들이"(마태 23.13) 있음에도 불구하고 사람들을 하느님 나라에 들어갈 수 있게 하는 사도들의 설교를 상기시키는 표현입니다. "저승 문들"에 대한 승리는 죽음과 죽음의 힘을 극복하는 예수와 예수가 파견한 사람들이 하는 일입니다.

"나의 교회"

여기서 가장 중요한 요소는 "나의 교회"라는 표현입니다. "나의 교회"는 예수 그리스도에 대한 신앙이 정의하는 교회입니다. "하늘나라의 열쇠"가 올바른 "지식의 열쇠"(루가 11.52)로 작용하는 특수 공동체입니다. 예수는 이 특수 공동체의 설립자입니다. 이 공동체는 예수의 부활 후에 나타납니다. 예수의 말씀과 생애가 이 공동체 발생의 원리입니다. 예수의 십자가에서 비롯하여 많은 고통을 겪으면서 발생한 공동체입니다. 교회는 예수 그리스도 안에 있어야 합니다. 참으로 "그분의" 교회, 섬김의 교회로 있어야 합니다.

3. 예수의 십자가와 교회

예수의 운명에 참여하는 공동체

예수의 죽음과 부활이 있고 나서 교회는 이스라엘에서 분리되기 시작합니다. 예수의 죽음은 이스라엘과 빚은 갈등의 결과였습니다. 교회가 이스라엘과 분리되어 독자적인 공동체가 되기까지는 상당한 시간이 걸렸습니다. 예수의 죽음은 예수와 이스라엘의 분리였습니다. 예수로 말미암아 발생하는 교회가 이스라엘과 결별하는 것은 피할 수 없는 일이었습니다. 교회의 분리와 독립은 고통스런 체험을 동반하는 것이었습니다. 교회 공동체는 예수가 이미 겪었던 일을 다시 겪는다고 생각하였습니다. 바울로의 것으로 전해진 말씀입니다. "나는 여러분을 위해 고난받는 것을 기뻐하며 내 육신으로 그리스도의 몸인 교회를 위해 그 부족한 수난을 마저 채우고 있습니다"(골로 1.24).

표징을 요구하는 유다인

예수가 죽음에 이르는 원인 중 하나는 유다인들이 요구하는 표징을 예수가 보여주지 않았다는 데에 있습니다. 사람들은 실망하였습니다. 바울로는 이 사실을 다음과 같이 요약합니다. "사실 유다인들은 표징을 구하고 헬라인들은 지혜를 찾습니다. 그러나 우리는 십자가에 처형되신 그리스도를 선포합니다. 이 그리스도는 유다인들에게는 걸림돌이요 이방인들에게는 어리석음입니다"(1고린 1.22-23). 예수가 성전의 상인들을 내어쫓았을 때 유다인들은 예수께 "당신이 이런 일을 할 수 있다는 무슨 표징을 우리에게 보여주겠소?"(요한 2.18)라고 묻습니다. 예수에게 표징을 보여 달라는 요구는 많았고 십자가에 못박은 후에도, 그들은 예수에게 기적을 요구합니다. 예수가 행한 기적들은 예언자들이 이미 행한 것들이고 예수는 그들보다 우월하다고 주장하기에 더 우월한 기적을 요구합니다.

예수가 보여준 표징

예수는 표징 자체를 거부하지 않았습니다. 그러나 사람들이 요구하는 표징을 주지는 않습니다. "이 세대에게 표징이 주어질 리 없습니다"(마르 8,12). 예수는 또 말씀하십니다. "요나 예언자의 표징밖에는 아무런 표징도 이 세대에게 주어지지 않을 것입니다"(마태 12,39). 니느웨 사람들이 요나를 믿었듯이 사람들이 예수의 말씀을 믿는 표징을 보여주겠다는 말씀입니다. 요나가 설교한 하느님은 "애처롭고 불쌍한 것을 그냥 보아넘기지 못하시는 분 … 사랑이 한없으신 분"(요나 4,2)이십니다. 예수가 보여준 표징은 하느님의 자비로우심과 연민이었습니다. 아름다움의 표징은 스스로의 아름다움을 발산하는 데 있듯이, 예수가 보여준 표징은 우리를 위한 하느님의 자비로우심입니다. 예수 안에 우리가 읽어야 하는 표징은 "불쌍히 여기셨다", "가련히 여기셨다", "측은히 여기셨다"는 말로 표현된 자비로우심입니다. 인간의 한계를 넘어서는 다른 표징을 찾지 말아야 합니다.

예수가 홀로 여는 길

겟쎄마니의 고통중에 예수는 혼자입니다. 죽음에 이르기까지 예수는 혼자입니다. 복음서들이 예수가 홀로 있었다는 사실을 부각하는 것은 예수가 홀로 열어야 하는 길이 있었기 때문입니다. 예수는 버려졌고 순교자와같이 체포되고 재판에 부쳐졌습니다. 예수에 대한 안건으로 회의를 하면서 가야파는 "한 사람이 이 백성을 위해서 죽고 온 민족이 멸망하지 않는 것이 당신들에게 더 이롭다"(요한 11,50)고· 말합니다. 이것은 오래된 정치 논리입니다. 이것은 또한 남의 죄를 대신 짊어지는 희생물이 필요하다는 말이기도 합니다. 남의 잘못을 대신 짊어지는 사람 없이 인간 사회는 유지되지 않습니다. 요한 복음서는 그 말을 다음과 같이 해석합니다.

> 실상 그는 자기 나름대로 이렇게 말한 것이 아니라 그 해의 대제관이었기에 예언을 했다. 곧, 예수께서 이 겨레를 위해 죽으시리라는 것이요, 이 겨레만이 아니라 흩어져 있는 하느님의 자녀들까지도 하나로 모아들이기 위해 죽으시리라는 것이었다(요한 11,51-52).

게쎄마니에서 예수는 그를 잡으러 온 사람들에게 자신을 스스로 내어주면서 제자들은 가게 내버려두라고 요구합니다(요한 18,8-9 참조). 예수는 이렇게 홀로 남으면서 자기 사람들을 구합니다. 제자들은 예수를 위해 싸우겠다고 말하면서 아직도 하느님의 길이 무엇인지를 모릅니다(마태 26,51-54; 16,21-23 참조). 빌라도 앞에 홀로 선 예수는 자기 나라가 이 세상의 것이 아닌 증거는 아무도 자기를 위해서 싸워 주지 않는 사실이라고 말합니다(요한 18,36 참조). 하느님 나라는 싸우고 빼앗는 우리의 질서 안에 있지 않다는 말씀입니다.

하느님 나라를 위해 헌신하는 교회

예수는 하느님의 나라가 이미 우리 가운데 있다고 선포하였습니다. 따라서 하느님의 나라를 위해 스스로 변하지 않고 그것이 오는 것을 관찰만 할 수는 없습니다(루가 17,20-21 참조). 하느님의 나라는 현재를 위해서나 미래를 위해서나 우리가 소유하고 지배할 수 있는 것이 아닙니다. 하느님 나라는 우리의 참여를 요구합니다. 기도로써의 참여만이 아닙니다. 하느님 나라가 우리에게 요구하는 변화(회심)는 "끝까지"(요한 13,1) 가는 것이고 십자가에서 "다 이루어지는"(요한 19,30) 것이라야 합니다. 하느님 나라는 이 세상과 역사 안에 그 모습을 나타내지 않습니다. 하느님 나라는 우리의 회심을 지금 당장 요구하지만 씨뿌리는 사람이 뿌린 씨와 같아서 가라지와 함께 자랍니다(마르 4,3-9; 마태 13,24-30).

교회 - "아버지의 사람들"

예수는 떠나고 제자들을 남겼습니다. 이 제자들이 교회가 됩니다. 하느님이 세상을 창조하셨다는 것을 어떤 작가는 다음과 같이 표현했습니다. "바다가 물러나면서 육지가 나타나듯이 하느님이 물러나면서 세상이 나타났다." 우리는 그 말에 이어서 "예수가 물러나면서 교회가 나타났다"고 말할 수 있습니다. 예수는 홀로 희생을 바침으로써 교회 설립에 있어서 제자들이 다른 사람들보다 낫다는 우월감을 갖지 못하게 하였습니다. 교회가 마치 제자들의 충실함 위에 기반을 둔 것같이 오해하지 말라는 것입니다. 예수는 당신 스스로를 희생하여 제자들의 집단이 폐쇄적이 되지 못하게 하였습니다.

제자들만이 예수에 대한 기억을 지녔고 그들은 예수에 대한 믿음 때문에 많은 어려움을 겪어야 했습니다. 이 사실은 그들이 폐쇄적이 될 가능성도 있음을 시사합니다. 예수는 자기 자신과 자기가 한 일을 아버지께 내어맡기고 죽었습니다. 제자들도 교회가 되면서 "아버지가 맡겨주신 사람들"(요한 17.6)을 위해 기도하고 아버지께 맡겨드려야 한다는 사실을 보여주었습니다.

성찬 - 교회 실존의 규칙

아버지께 맡겨드림은 교회 출현의 조건이고 교회 실존의 규칙입니다. 이것은 성찬의 거행에서 구체화됩니다. 50년경에 고린토 교회에서는 벌써 "주님의 만찬"을 주님으로부터 받은 전통에 따라 행하고 있음을 볼 수 있습니다(1고린 11.23 참조). 공관복음서들이 전하는 최후만찬의 기록은 성찬이 어떻게 설정되었는지를 보여줍니다. 교회는 그 기원에서부터 이 성찬 거행을 중심으로 살았습니다. 최후만찬에 대한 공관복음서의 기록은 흩어져 있는 교회 공동체들이 같은 성찬을 거행하기 위한 비망록備忘錄이었던 것으로 보입니다.

성찬이 기억하는 것은 예수가 당신 스스로를 내어주었다는 사실입니다. 교회는 성찬에서 그리스도의 몸이라는 빵과 피라는 포도주를 나누는 상징적 행위로써 하느님의 축복과 베푸심을 나눕니다. 그것은 "많은 사람을 위한 … 계약입니다"(마르 14.24). 이 계약은 과거 이스라엘과의 계약을 갱신하거나 내면화하는 것이 아닙니다. 예수 그리스도가 중개한 새로운 계약입니다. 모든 사람, 모든 민족에게 개방되어 있는 계약입니다. 스스로를 "내어주고 쏟는" 실천이 있는 곳에 예수와 그 운명을 함께하는 백성이 있다는 계약입니다.

"내어주고 쏟는" 실천

예수는 하느님이 베푸시는 자비로우신 분이라는 사실을 가르치고 실천하였습니다. 예수는 그 사실에 대해 양보하지 않고 죽기까지 그 일을 증언하였습니다. 사랑이 그리스도인의 정체성입니다.

> 새 계명을 줍니다. 서로 사랑하시오. 내가 그대들을 사랑한 것처럼 그대들도 서로 사랑하시오. 그대들이 서로 사랑을 나누면 모든 사람이 그것을 보고 그대들이 내 제자라는 것을 알게 될 것입니다(요한 13,34-35).

이웃에 대한 사랑은 우리와 연대 관계 안에 있는 형제나 이웃만을 위한 것이 아닙니다. 이웃에 대한 사랑은 원수까지 포함하여 남을 사랑하는 것입니다. 과거 교회의 파문破門 관행은 복음으로 정당화되지 않습니다. 타교파와 타종교에 대한 배격이나 배타적 자세도 그리스도인의 정체성에 부합하지 않습니다. "스스로 빛 속에 있다고 말하면서 형제를 미워하는 자는 아직 어둠 속에 있습니다"(1요한 2,9).

4. 예수의 부활과 교회

제자들의 복음선포

예수의 체포와 수난은 제자들의 마음을 흔들어 놓았습니다. 예수는 실패의 인물이었고 제자들은 그를 버릴 수밖에 없었습니다(마르 14.50 참조). 하느님은 믿기 어려운 분이었습니다. 예수의 죽음은 이 믿기 어려움이 제자들을 지배하는 계기가 되었습니다. 예수의 부활은 하느님이 죽음보다 강하다는 사실을 입증합니다. 사람들이 예수를 버렸고 그의 죽음은 사람들이 옳았다는 것을 보여주는 것 같았습니다. 그러나 하느님은 그를 다시 살리셨습니다.

제자들이 예수의 부활을 믿으면서 복음선포를 시작합니다. 이 선포는 예수가 대상으로 하던 사람들을 위해 예수의 선포를 계속하는 일이었습니다. 제자들은 예루살렘과 갈릴래아에서 이스라엘 사람들을 향해서 설교하기 시작합니다.

> 이스라엘의 온 백성은 알아 두시오. 여러분이 십자가에 못박아 죽인 이 예수를 하느님께서는 우리의 주님이 되게 하셨고 그리스도가 되게 하셨습니다(사도 2.36).

이것은 그리스도교 선교의 시작이며 예수의 공생활을 연장하는 일이었습니다. 제자들은 부활하신 그리스도로부터 파견되었다고 생각합니다.

복음선포의 새로움

"복음"이라는 단어는 초대교회가 만든 것으로 보입니다. 기쁜 소식이라는 뜻입니다. 예수는 하느님이 자비로우시고 용서하신다는 기쁜 소식을 주셨다는 것입니다. 예수는 "하느님 나라가 다가왔습니다"(마르 1.15)라고 가르쳤습니다. 부활 후 제자들은 예수의 죽음과 부활 및 그 인물됨, 그리고 구원과 계시를 위한 예수 그리스도의 의미와 역할을 선포합니다.

예수 안에 하느님 나라, 곧 하느님의 "함께 계심"이 있었다는 사실을 알게 된 교회입니다. 따라서 예수를 선포하는 것은 곧 하느님 나라를 선포하는 것이었습니다.

복음선포의 대상도 새로워졌습니다. 예수는 "이스라엘 가문의 잃은 양들"(마태 10,5)을 위한 복음이라 생각했습니다. 그러나 부활 후 제자들은 "모든 민족들을 제자로 삼아야"(마태 28,19) 하는 사명을 의식합니다. 모든 사람을 위한 복음선포에 이르기까지 많은 주저와 반발이 그들 안에 있었습니다. 그러나 제자들은 부활 이전 예수의 말씀과 행위들을 회상하면서 그 안에 이스라엘의 테두리를 넘어서는 "넘어섬"의 원리를 읽었고, 그들은 그 원리를 실천하는 방향으로 나갔습니다.

5. 교회의 성격

예수 그리스도를 증언하는 교회

교회는 예수 그리스도에 대해 증언하고 이 증언으로 하느님을 믿는 이들이 모인 공동체입니다. 그리스도 신앙은 예수로 말미암아 전향한 사람들의 실천입니다. 복음서들은 예수의 실천을 회상하면서 예수를 증언하는 사람들의 실천을 이야기 형태로 기록한 문서입니다. 교회의 회상과 실천을 그 시대 언어로 기록한 것입니다.

신비적 교회

교회는 신비적 성격을 지닙니다. 고린토 전서(15,5-8)에서 바울로는 부활의 증인들을 나열합니다. 그러나 부활하신 분의 발현은 모든 사람이 경험으로 확인할 수 있는 사실이 아닙니다. 그것은 타인이 확인해 볼 수 없는 일이었다는 점에서 신비적 경험이라 말합니다. 비신앙인에게 토론의 여지가 있는 의견이 신앙인에게는 성스런 확신으로 있을 수 있습니다. 신앙은 확신이지만 다른 사람과 함께 확인할 수 없는 부분이 있습니다. 부활 후 발생한 교회는 죽고 부활하신 예수 그리스도에 대한 의식이 뚜렷한 공동체입니다.

교회의 제도

한 단체가 지닌 제도는 그 단체의 구성원들이 그 단체의 가치관과 목적에 부합하게 생각하고 행동하도록 질서짓기 위해 있습니다. 교회의 기초는 예수 그리스도입니다(로마 3,11 참조). 그렇다면 예수 그리스도에 대한 기록인 성서聖書와 예수 그리스도의 실천을 우리 안에 발생시키는 성사聖事가 교회 제도의 본질이라야 할 것입니다. 그리스도인이 집회와 구성원 상호간의 관계에서 보여야 하는 질서는 성서와 성사에 입각한 성질의 것이라야 합니다.

성사적 성격의 제도

예수 그리스도가 세우신 교회라고 말할 때 그분의 두 가지 행위가 직접적으로 관련됩니다. 최후만찬과 부활하신 분이 제자들을 파견하신 사실입니다. 예수께서 행하신 최후만찬에 대한 기억에서 유래하는 교회의 성찬입니다. 교회는 성찬을 실천하면서 스스로 그리스도의 몸이라는 사실을 깨닫습니다. 그러면서 교회는 예수가 살아 계실 때 하신 실천을 회상하고 같은 실천을 하려 합니다. 그 실천 안에는 복음선포도 들어 있습니다. 성찬 안에 살아 계신 예수 그리스도가 제자들을 파견하신 것입니다. 이것이 초기교회 안에 발생한 제자들의 파견입니다. 교회의 제도들은 이 성찬과 이 파견을 중심으로 발생합니다. 성찬과 파견의 원활한 수행을 위한 공동체의 필요와 예수에 대한 기억이 상호 작용하여 교회의 제도들이 발생합니다. 성서에 대한 기억을 기록으로 남겨 경전을 만든 것도 이런 제도화의 하나로 보아야 합니다.

교회의 세 가지 기본 제도

그리스도 신앙 전통은 세 가지 기본 제도를 지녔습니다. 첫째로 성서를 포함한 신앙 언어, 둘째로 성사들 혹은 예배, 셋째로 교회 일치를 위한 직무들입니다. 제2차 바티칸 공의회도 이 세 가지 제도를 말합니다(교회의 선교활동에 관한 교령 13-15항). 종교사회학이 종교의 기본 제도라고 말하는 말씀·의례·교직(敎職)과 다르지 않습니다. 종교에는 최소한의 언어적 표현이 있고, 경신 행위가 주축을 이루는 실천적 표현이 있으며, 사회성을 지닌 공동체적 표현이 있습니다.

이 세 가지 제도는 신약성서의 가장 오래된 문헌 안에서 쉽게 확인됩니다. 예수의 죽음과 부활을 고백하는 초기 신앙고백문(1고린 15,3-4)이 있고, 주님의 만찬(1고린 11,23-26)이 있으며, 그리고 이 둘 안에 이미 들어 있는 교회의 직무가 있습니다. 이 셋째 제도인 직무를 위의 두 가지와 나란히 놓거나 두 가지 위에 놓지는 말아야 합니다. 봉사직무는 신앙 전승과 주님의 만찬이라는 두 제도를 존속시키는 데 봉사하는 제도입니다. 말씀과 성사라는 두 제도는 문화적 여건에 따라 쉽게 변질될 수 있습니다. 예를 들면 고린토 교회에는 부활에 대한 불신(1고린 15.12-19)과 성찬 거행의 남용(1고린 11.17-22)이 있었습니다. 하나는 신앙 언어의 변질이고 또 하나는 성사의 오용입니다. 바울로 사도는 이 변질과 오용을 수정합니다. 그는 교회의 직무를 수행한 것입니다.

새로운 세계를 여는 교회

그리스도 신앙은 그 본질에 있어서 하느님으로 말미암은 새로움을 찾습니다. 하느님의 계시는 연약한 양식으로 주어졌으며, 새로운 세계에로 사람을 부릅니다. 그것은 하느님이 함께 계시다는 깨달음에서 열리는, 과거의 관행과 다른 세계입니다. 권위주의는 사람을 과거 관행의 세계 안에 머물게 합니다. 가야파가 "한 사람이 이 백성을 위해 죽고 온 민족이 멸망하지 않는 것이"(요한 11.50) 이롭다고 말했을 때, 그는 예수로 말미암은 새로움을 배제하고, 과거 유다교 세계의 질서에 온 민족을 머물게 하겠다는 권위주의적 표현입니다. 권위주의는 사람의 자유를 억압하지만 그리스도 신앙이 지닌 권위는 권고, 증언, 사랑의 연약함입니다. 이 권위는 사람을 참으로 자유롭게 해줍니다.

정화되고 회개해야 하는 교회

제2차 바티칸 공의회는 「교회 헌장」에서 다음과 같이 말합니다. "교회는 그 품에 죄인들을 품고 있으므로 거룩하면서도 항상 정화되어야 하겠기에 끊임없이 회개와 쇄신을 계속하는 것이다"(8항). 연약함은 하느님의 것입니다. 그러나 교회 안에는 연약함을 외면하고 힘에 호소하는 남용들이 보입니다. "다스리고 왕노릇하며 사람들을 내리누르는 높은 사람들"(마르 10,42 참조)이 보입니다. 기득권층이라는 강자가 되어, 사회적 지배를 긍정하고 추구하고 남용하는 비그리스도적 모습들이 교회 안에 보입니다. 그들은 성서를 축자영감逐字靈感 적으로 해석하여 복음을 위협의 수단으로 변질시켜 남용하기도 합니다. 하느님이 주신 권한을 가졌다는 권위주의, 하느님 눈에 다른 사람보다 낫다는 우월감, 하느님과 바로 통한다는 독선, 성령의 힘으로 기적을 행한다는 주장들, 이런 것은 모두 사람이 사람을 지배하는 모습입니다. "랍비"·"아버지"·"스승" 어느 호칭이라도 우월감과 독선이 배어 있으면, 사람이 사람 위에 군림하는 양식이면 사용하지 말라는 성서의 말씀입니다(마태 23,8-10 참조).

복음이 요구하는 새로움을 깨닫고 지금까지의 삶을 쇄신하는 것은 성령이 하시는 일입니다. 교회의 제도는 성령이 이 일을 하시도록 준비하는 데에 그 목적이 있습니다. 16세기 가톨릭과 개신교의 분열 이후 가톨릭 교회는 교도권敎導權이라는 제도를 강화하였습니다. 개신교가 "성서만"이라는 구호를 외치는 데 맞서서 가톨릭 교회는 교도권과 성사의 중요성을 과장한 나머지 성서는 교회의 기본 제도로서의 역할을 하지 못하게 만들었습니다. 오늘 교도권의 권위주의와 성사에 대한 맹목적 집착은 교회를 과거 세계에 머물게 합니다. 교회는 현대의 문화적 새로움 앞에서 새로운 신앙 언어를 찾는 데 어려움을 겪고 있으며, 하느님으로 말미암아 열리는 새로운 세계를 지향하는 데도 주저하고 있습니다.

신앙은 하느님의 은혜로우심을 자유롭게 실천하면서 새 하늘과 새 땅을 향한 도약입니다. 권위주의는 사람들이 이

도약을 하지 못하게 만들고 하느님께 기복祈福하는 신앙, 교도권을 가졌다는 사람들 앞에 순종하는 신앙인을 만들고 있습니다. 복음은 하느님을 믿고 예수를 따르는 모든 사람에게 주어졌습니다. 복음에 대해 함께 생각하고 함께 찾는 공동체가 될 때 참으로 하느님을 아버지로 믿고 성령의 숨결을 받아 숨쉬면서 예수의 실천을 배우는 공동체인 교회가 될 것입니다.

⑯ 오늘 그리스도의 교회가 되기 위하여

대희년의 기원

구약성서가 희년을 말하는 것은 광야에서 40년 동안 체험한 이스라엘 원초의 신앙 생활로 돌아가자는 것이었습니다. 7년에 한 번, 또 49년 혹은 50년에 한 번씩 광야의 체험으로 스스로를 점검하겠다는 뜻이었습니다. 그들은 광야에서 "하느님의 함께 계심"(출애 3,12 참조)을 체험했습니다. 그 함께 계심은 이웃을 위한 "돌보아 줌과 가엾이 여김"(출애 33,19 참조)을 실천하는 사람 안에 살아 있었습니다. 이 실천으로 사람들은 모두 평등했습니다. 이스라엘 사람들이 희년 혹은 대희년을 설정한 것은 모두가 평등했던 하느님 백성의 초기 체험으로 돌아가자는 것이었습니다.

원초의 신앙 체험

우리가 2000년을 대희년으로 설정했다면 우리도 원초의 그리스도 신앙 체험으로 돌아가기 위한 노력을 했어야 합니다. 복음이 전하는 예수의 삶이 보여준 구원적 실천을 찾아 그것을 우리의 것으로 삼는 노력을 했어야 합니다. 예수는 유다교 기득권층이 죄인으로 낙인찍은 사람들에게 죄의 용서를 선포하셨습니다(루가 7,48; 요한 8,11 참조). 예수는 유다 종교 기득권자들이 죄의 대가로 벌받은 이들이라고 주장하던 병든 이와 장애인들을 고쳐주셨습니다. 예수는 그것이 하느님의 일이라 선포하셨습니다(요한 5.17; 9.3 참조). 예수는 유다 종교 기득권자들이 단죄하고 기피하던 죄인들과 세리들과 어울렸고(마태 11.19), 세리와 창녀들이 유다교 지도자들보다 먼저 하느님의 나라에 들어간다(마태 21.31)고 선언하기까지 하셨습니다. 하느님의 "함께 계심"을 실천하기 위한 율법이었고 제사 의례였지만, 율사와 제관들은 그것을 하느님의 이름으로 사람을 단죄하고 소외시키는 수단으로 삼고 말았습니다. 예수는 하느님의 나라를 선포하면서 이스라엘 원초의 신앙 체험을 되살리는 노력을 했습니다.

원초의 신앙 체험을 기억하는 교회

역사 안에 살아가는 신앙 공동체는 원초의 신앙 체험을 상기하고 자기 스스로를 쇄신하는 노력을 끊임없이 해야 합니다. 유다교 신앙은 모세로 말미암아 체험한 하느님의 "함께 계심"을 역사 현장에서 기억하면서 사는 데에 있었습니다. 이스라엘 신앙을 요약하여 기억하는 잔치가 해방절입니다.

그리스도 신앙은 예수로 말미암아 발생한 하느님에 대한 체험을 기억하면서, 변하는 역사 현장을 살아가는 길입니다. 그리스도 신앙을 요약하여 기억하는 잔치가 성찬입니다. 그 성찬은 "나를 기억하여 이를 행하시오"(루가 22.19)라는 말씀을 중심으로 이루어집니다. 초기교회는 예수께서 "말씀하신 모든 것을 기억나게 해주시는"(요한 14.26) 성령이라고 믿고 있습니다. 원초의 신앙 체험을 기억하고 그것에 비추어 스스로의 정체성을 점검하고 수정하면서 존재하는 교회입니다. 이것을 하지 못하면 교회는 원초의 것을 망각하고 왜곡된 믿음을 갖게 됩니다. 과거 한 시대의 문화적인 것을 예수 그리스도 혹은 하느님의 이름으로 포장하여 그리스도 신앙이라고 강요하는 우를 범하게 된다는 말입니다.

스스로 쇄신하는 생명체인 교회

교회가 쇄신되려면 그 구성원들이 현대 사회를 살아가는 신앙인으로서 복음에 입각한 반성을 진지하게 해야 합니다. 교회는 2000년의 역사를 살아오면서 제국주의·봉건주의·군주주의·식민주의 등 각 시대의 문화적 가치관과 염원에 물든 언어와 제도를 지녔습니다. 이것을 점검하고 비판하여 오늘을 위한 신앙 체험을 찾아야 합니다. 교회는 한 시대의 유적지로 인류 역사 안에 남지 말아야 합니다. 교회는 예수로 말미암아 발생한 복음의 활력을, 성령의 일하심으로 어느 시대에나 기억하고 살아가는 생명체로 있어야 합니다. 초기 그리스도 신앙 공동체는 그 활력을 "기쁜 소식"이라 불렀습니다. 오늘 우리가 전하는 예수에 대한 이야기도 사람들에게 기쁜 소식이 되어야 할 것입니다.

기쁜 소식을 전하는 교회

교회는 소외된 사람들을 위해 기쁜 소식을 전하는 공동체가 되어야 합니다. 고해성사를 보기가 싫어서, 교무금을 제대로 내지 못해서, 결혼에 실패하고 재혼하여, 교회의 직무를 하는 사람들로부터 상처를 받아서 등 여러 가지 이유로 소외된 신앙인들이 많이 있습니다. 이들에게 기쁜 소식이 전해져야 할 것입니다. 각종 차별의 원인도 제거해야 합니다. 남녀 성차별, 재산 유무의 차별, 성직자와 평신도 신분의 차별 등. 교회 안에는 아직도 각종 차별이 살아 있습니다. 과거의 문화권에서 발생한 언어만 반복하면, 이런 차별을 없애는 노력은 나타나지 않을 것입니다. 세속주의·물신주의·쾌락주의에 빠진 오늘의 세상이라고 개탄하고 공격하는 시대의 낙오자인 교회가 되고 말 것입니다.

유연성을 지닌 시민 단체였던 교회

교계제도敎階制度가 중심이 된 현재 교회 제도는 너무 경직되어 있습니다. 21세기는 여성의 세기, 시민단체 혹은 비정부기구NGO의 세기라고 말합니다. 모든 분야에서 남녀 평등은 실현되어 가고 있습니다. 유다교의 경직성 앞에 초기교회는 다단한 자발성과 유연성을 지닌 그야말로 시민단체였습니다. 그러나 4세기 신앙의 자유를 얻고, 게르만족의 유럽 이입移入과 정착 과정에서 하나의 조직체로서 중요한 역할을 한 교회는 유럽 중세 봉건사회를 거치면서 지극히 경직된 남성들만의 기구가 되고 말았습니다.

1. 사회 안의 교회

과거 제국주의 혹은 봉건사회

과거 사회는 고딕 건축물에 비유할 수 있습니다. 기둥에서부터 쌓아올린 돌들이 지붕으로 연결되어 그 지붕 정상에 꽂은 머릿돌로 말미암아 아치 모양의 구조가 유지됩니다. 건축물을 구성하고 있는 모든 돌들이 자기의 위치를 누릴 수 있는 것은 머릿돌이 그 자리를 지켜주기 때문입니다. 따라서 구성원들 모두가 머릿돌을 향하여 "성은이 망극하다"고 말합니다.

밑에 있는 돌은 위의 돌에 잘 붙어 있어야 하고 위에 있는 돌은 아래의 것을 잘 밟고 있어야 합니다. 위의 것이나 아래의 것은 한 목소리로 머릿돌을 향해 "통촉하심"을 빕니다. 이 건축물을 유지해 주는 것은 수직적 통치統治 관계입니다.

현대사회

오늘의 사회는 이런 구조로 되어 있지 않습니다. 세상이 달라졌습니다. 머릿돌의 "성은"과 "통촉하심"을 중심으로 수직적 통치를 위해 조직되어 있지 않습니다. 망網과같이 모든 구성원들이 수평적으로 연결된, 공치公治 질서 사회입니다. 이런 조직 사회에서는 한 사람이 다른 사람들보다 우월감을 가지고 다른 사람들에게 지시하고 명령하겠다고 생각하면, 그 사람에게는 정보가 흘러들지 않습니다. 그와 동시에 그 사람의 실효성이 저하되어 무용지물이 되고 맙니다. 만일 그 조직체가 어떤 이유에서든지 한 사람의 그런 우월감을 정당화하고 그 지시와 명령에 순종하면, 그 조직은 우월감을 가진 그 인물의 수준으로 퇴보합니다. 조직 구성원들의 창의력도 퇴화하고, 그 조직은 바보들의 행렬이 되고 말 것입니다.

이 사실은 교구와 본당 등 교회 조직에도 해당됩니다. 교회가 교계제도의 경직성을 고집하면, 교구는 주교 한 사람의 수준으로, 본당은 본당 신부 한 사람의 수준으로 전락합니다. 복음적 실천을 위한 공동체의 적극적이고 창의적인 해석과 기여는 차단되고, 현대인은 그런 공동체 안에서 소외감을 느낄 것입니다.

과거 수직적 사회의 실효성

과거 사회가 수직적 관계를 중시한 것은 구성원이 지닌 실효성의 차이가 컸기 때문입니다. 극소수의 지식인과 대다수의 무식인, 극소수의 문자해독자와 대다수의 문맹으로 구성된 단순사회였습니다. 그 사회를 위한 의사결정권은 극소수의 지배층이 가졌습니다. 이런 사회에서 하위 신분의 사람이 상위 신분의 사람에게 순종하는 것은 하위의 사람이 스스로의 실효성을 높이는 유일한 수단이었습니다. 그것은 그 사회 전체의 실효성과 수준을 높이는 일이기도 하였습니다.

현대 다원사회의 실효성

그러나 오늘과 같은 다원사회 안에서는 정보가 위에서 아래로 흐르는 단순 체계가 아닙니다. 조직 구성원의 다양함이 존중되고 그들이 지닌 다양한 정보가 수평적으로 원활하게 흐르는 공동체가 큰 실효성을 지닙니다. 단일 민족이 아닌 미합중국이 오늘날 모든 면에서 큰 실효성을 자랑하고, 유럽의 여러 나라가 단합하여 유럽연합이 탄생하였으며, 국가들간 다양한 국제 협력 기구들이 만들어지는 사실들이 입증하는 일입니다.

현대 정보사회에서는 정보의 발신자와 수신자가 구별되어 있지 않습니다. 인터넷에 들어가 보십시오. 모두가 정보의 수신자이면서 동시에 모두가 발신자입니다. 정보가 흐르는 방향을 결정하는 것은 띄워진 정보 자체의 실효성입니다. 정보를 띄운 사람의 신분을 묻고 정보의 실효성을 생각하지 않습니다. 오늘은 신분이 실효성을 보장하는 사회가 아닙니다. 실효성이라는 진실을 소중히 여기는 오늘의 사회입니다. 그 실효성은 다원적 정보 관리에서 발생합니다. 오늘의 기업들은 넓은 중역실을 갖지 않는 대신 다양한 규모의 회의실을 많이 가집니다. 다원적 정보 관리를 위해 여러 규모의 회의들이 많다는 것입니다. 필요하면 평사원도 회의 참석 임원과 직원을 지정하여 회의를 소집합니다.

2. 우리 교회의 실상

시대를 외면하는 교회?

교회는 예수 그리스도 안에 하느님의 일을 본 사람들이 그것을 기억하고 실천하기 위해 모인 단체입니다. 하느님은 하느님이고 교회는 우리들입니다. 교회는 하느님의 일을 기억하고 실천하겠다는 우리의 일입니다. 그렇다면 교회의 언어와 조직제도는 그 사회를 외면하지 말아야 합니다. 교회는 하늘에서 떨어지지 않았습니다. 세상을 외면하면 할수록 하느님의 일에 가까이 가는 것이 아닙니다. 하느님과 세상을 대립시켜서 생각하던 플라톤의 이원론적 사고방식의 시대는 지나갔습니다. "말씀이 강생하여 사람이 되셨다"고 복음은 말합니다. 인간 삶의 현장이 중요합니다. 그 현장이 과거와 같이 수직적으로 조직되었든, 오늘과 같이 수평적으로 조직되었든, 그 시대 사회 안에서 복음을 기억하고 실천해야 하는 교회입니다. 현대 세계에는 아직도 과거의 군주주의 혹은 제국주의 통치 개념을 가진 시대적 지진아遲進兒들이 극소수 있습니다. 그런 환상에 사로잡힌 사람이 지도자로 군림하면, 그 집단은 참으로 불행합니다.

시대적 산물인 교회의 조직제도

교회의 조직제도는 시대적 산물입니다. 로마제국에서는 제국의 국가조직이 가장 이상적인 것이었습니다. 유럽 중세 봉건사회에서 사람들은 봉건적 조직 외의 것을 상상할 수 없었습니다. 인류 역사 안에 살아가는 교회입니다. 4세기에 신앙의 자유를 얻고 로마제국의 국교가 되면서 제국의 문물을 수용하였습니다. 8세기 유럽 봉건사회의 정착과 더불어 봉건제도적으로 확립된 교회의 조직입니다. 16세기 개신교의 분열을 겪으면서 놀란 교회는 봉건주의적 교계제도를 더 강화하여 그런 비극이 다시는 역사 안에 되풀이되지 않도록 장치하였습니다. 트렌토 공의회(1545~1563)가 만든 장치들입니다. 교구의 모든 일은 주교가 결정하고 본당의 모든 일은 본당신부가 결정하도록 했습니다. 400년 전의 결정들이 아직도 통용된다고 유구한 전통을 자랑할 일은 아닙니다.

18세기 계몽사상과 더불어 합리주의가 등장하였고, 그 합리주의는 드디어 19세기 유럽 무신론의 출현으로 이어졌습니다. 제1차 바티칸 공의회(1869~1870)는 합리주의를 배격하면서 교황의 무류권을 정의하여 교계제도에다 막대한 힘을 실어 주었습니다. 이 무류권 선포의 의도는 로마 중앙집권 체제를 강화하는 것이 아니었지만, 실제적으로는 교황을 중심으로 한 중앙집권적 교계제도의 강화라는 효과를 내었습니다. 주교들과 신부들의 시선은 로마로 향하고, 신앙인들 삶의 현장을 외면하였습니다. 그러면서 교회는 인간 삶의 체온을 잃고 화석化石이 되어 갑니다. 현대사회와 호흡을 함께하지 못하는, 유럽 중세 유적지와 같은 집단이 되어 간다는 말입니다.

로마 중앙집권적 조직제도

주교들의 선임은 밀폐된 주교회의가 상신하고 로마가 임명합니다. 한국어 전례서들은 로마의 인준을 받아야 사용 가능합니다. 로마가 한국의 실정을 한국사람들보다 더 잘 알고 있어야 하고, 한국어도 한국사람들보다 더 통달하고 있어야 그 실효성이 보장될 것입니다. 과거 중세의 관행을 고수하는 교회입니다. 따라서 여성들은 교회의 의사 결정에서 온전히 제외되어 있습니다. 한국교회가 한번 폐지했던 금육일과 단식일 제도를 부활시키고 정월 초하루를 의무 축일로 정한 것도 우리 삶의 장을 외면하고 로마로만 향한 시선들이 만들어 놓은 불합리한 일입니다. 주교들의 서품식과 착좌식이 중세 유럽의 황제 및 영주들의 대관식과 착좌식을 본딴 것이고, 사제 서품식이 유럽 중세의 기사騎士 수임식과 비슷하다는 사실도 시사하는 바가 큽니다. 최근 일부 교구장들이 신부들에게 요구하는 "충성 서약"이 중세로 회귀하려는 발상입니다.

외국 문물을 수용하여 극단으로 몰고가는 한국인

한국사람들은 외래 문물을 받아들여 그것이 지닌 논리를 극단으로 몰고가는 성격을 가졌다고 말합니다. 유학儒學과 주자학朱子學을 수용한 조선은 그 논리를 극단으로 발전시켜 본 고장인 중국에서보다 더 유교적이고 더 주자학적인 나라를 만들었습니다. 공산주의를 받아들인 북한이 공산주의 논리를 극단으로 발전시켜서 세계에서 유일하게 아직도 존속하는 공산주의 이념 국가로서 온 인민을 굶기고 있습니다. 개신교가 한국에 들어와서 16세기 유럽의 개신교 못지않은 개신교적 성격을 보이고 있으며, 19세기 유럽의 가톨릭 신앙을 전수 받은 한국 가톨릭 교회는 로마보다 더 로마적인 교회가 되었습니다. 무슨 일이나 대충대충 하는 우뇌右腦적 사고 성향의 한국인이기에 복음에 대한 깊은 반성도 없이 대충대충 제국적이고 봉건적인 논리만 극단으로 발전시켜서 유럽 중세의 유적지인 교회가 되어 가고 있습니다.

3. 섬김을 위한 유연한 기구로서의 교회

섬김의 교회

신약성서가 말하는 복음선포는 "섬김"입니다. 복음서가 전하는 예수의 말씀은 간곡합니다. "여러분도 알다시피 백성들을 다스린다는 사람들은 엄하게 지배하고 그 높은 사람들은 그 백성들을 억압합니다. 그러나 여러분 사이에서는 그럴 수 없습니다. 오히려 여러분 가운데 크게 되고자 하는 사람은 여러분을 섬기는 사람이 되어야 합니다. … 사실 인자도 섬김을 받으러 온 것이 아니라 오히려 섬기러 왔습니다"(마르 10,42-45).

스스로를 비우고 낮추는 교회

바울로 사도가 채집하여 수록한 초대교회의 노래는 다음과 같이 말합니다. "그분은 하느님의 모습을 지니셨지만 하느님과 같음을 노획물인 양 중히 여기지 않으시고, 도리어 자신을 비우시어 종의 모습을 취하셨으니 사람들과 비슷하게 되시어 여느 사람 모양으로 나타나셨도다. 자신을 낮추시어, 죽음, 곧 십자가의 죽음에 이르기까지 …"(필립 2,6-8). 흔히

"겸손"이라 표현되면서 그 뜻이 희석되는 이 "낮춤"이나 "섬김"은 윤리적 교훈이 아닙니다. 그것은 하느님과 그리스도 신앙인의 존재론적 연결을 의미하는 실천입니다.

타인을 긍정하는 사람들의 교회

신약성서가 말하는 신앙은 죽기까지 스스로를 낮추고 비우고 섬기는 데에 있습니다. 그것은 교계제도에 몸담은 사람을 포함하여 모든 신앙인이 진지하게 받아들이고 실천해야 하는 그리스도인의 정체성입니다. 스스로를 낮추고 섬기는 것은 타인을 긍정하는 자세입니다. 타인을 긍정하는 사람은 다른 사람들의 말을 듣습니다. 교구의 장長이고 본당의 장이라고 일방적으로 명령하려 들지 않을 것입니다. 정보의 흐름에서 소외되어 현대인이 알아듣지도 못하는 구태의연한 언어를 일방적으로 쓰지도 않을 것입니다. 혼자 다 알고 있는 듯한 태도, 고자세의 강론, 다른 사람과 구별되는 복장의 강조는 일방통행의 언어를 사용하는 구체적 증거들입니다. 초자연은 자연이 아니고, 실체는 우연偶然이 아니며, 하느님은 세상이 아니고, 성직자는 신자가 아니라는 형이상학적 배제排除의 논리를 노출하는 언어입니다. 그러나 복음이 말하는 섬김과 낮춤은 다양함을 긍정하는 자세입니다. 하느님은 창조에서 다양함을 세상 안에 뿌리셨습니다. 예수도 성령도 다양한 하느님의 자녀를 만드시는 "협조자"(요한 14,16 참조)이십니다.

예수 그리스도와 무관한 권위주의

예수는 강자 앞에 약하고 약자 앞에 강한 분이 아니었습니다. 권위와 순종을 강조하고 충성을 요구하는 것은 강자 앞에 약하고 약자 앞에 강하게 처신하라는 메시지로 오해될 수 있습니다. 강자 앞에 약하고 약자 앞에 강한 것은 동물 세계의 질서입니다. 권위와 순종은 "군주의 미움은 죽음이다"는 과거 중세 유럽의 속담이 통용되던 시기에 사람들이 목숨을 부지하기 위해 명철보신明哲保身하는 질서입니다. 하느님을 믿는 일과는 무관한 처신입니다.

사람들의 말을 듣는 교회

"신앙은 세상의 말을 듣는다"*라는 이름의 책이 있습니다. 오늘의 교회가 되려면 사람들의 말을 들을 줄 알아야 합니다. 현재 한국교회의 현주소를 알고 싶으면 본당 신자들의 말뿐 아니라 교회가 운영하는 각 기관들에서 종사하는 신앙인과 비신앙인들의 솔직한 말을 들어 보아야 할 것입니다. 물론 그들이 솔직하게 그들 마음속에 있는 것을 말해 주는 여건에서 들어야 합니다. 사람들은 진심으로 듣지 않는 우월감의 소지자에게는 진심을 말해 주지 않습니다. 교회를 등지고 떠나는 신자들, 소위 냉담하는 신자들의 말도 귀기울여 들어 보아야 합니다. 신앙이 없어서 그들이 떠난 것이라고 "망령된 증참證參"을 하지 맙시다. "절이 싫으면 중이 떠난다"는 식으로 떠난 사람들입니다. 그들이 왜 교회가 싫어졌는지를 아는 것이 중요합니다. 그 싫어진 이유들 안에 우리 교회가 안고 있는 문제들이 있을 것입니다.

---

* 알베르트 돈대인 〔장익 역〕『세상에 열린 신앙』 분도출판사 1977.

대화하고 협조하고 기여하는 사람들의 공동체

전통을 존중하는 것은 과거의 것을 그대로 반복하는 데에 있지 않습니다. 전통은 과거 신앙인들의 삶입니다. 전통이 전달하는 신앙 체험을 읽어내어 그것을 수용하고 새로운 환경에서 새로운 실천을 해야 합니다. 이것이 전통에 충실한 자세입니다. 그것을 위해 사목자와 신자 각자의 자유와 창의력은 존중되어야 합니다. 오늘의 세상에 권위주의는 아직도 통치 망상에 빠져 있는 지진아의 순진한 생각이거나, 함량미달의 사람이 그 사실을 은폐하고 위장하는 수단에 지나지 않습니다. 어떤 이유에서든지 권위주의적 자세는 정당화되지 않을 것입니다. 사람들과 함께 살면서 자유롭게 대화하고 협조하고 기여하는 것이 현대사회 안에서 자신의 실효성을 높이는 길입니다.

사목자는 정치 혹은 사회 개혁 전문가도 아니고 본당이나 교구 공동체를 다스리는 기관장도 아닙니다. 예수 그리스도의 복음을 전하는 사람이라야 합니다. 순명이라는 미명하에 주교의 마음에 드는 일만 찾아서 하는 당당하지 못한 사람이 되지 말아야 합니다. 자기 스스로의 인격을 존중하지 않는 사람은 다른 사람의 인격도 존중하지 않습니다. 한국 가톨릭 교회 안에는 신자들의 인권이 유린당하는 사례들이 많습니다. 과거 군사 정권 시대에 그렇게도 인권을 부르짖은 교회라면 그 내부에도 인권은 존중되어야 할 것입니다. 주교와 신부들의 말이라면 무조건 옳다고 생각하는 순진한 신자들만 상대할 생각을 버려야 합니다. 사목자는 신자들과 함께 생각하고 함께 의논하여 결정하는 자세를 지녀야 합니다.

지역의 기쁜 소식 중심지로서의 교회

본당은 미사 전례의 장소만 되지 말아야 합니다. 본당 신자들의 카리스마를 계발하여 그 지역에 있는 "가난한 이", "굶주리는 이", "우는 이"가 모두 행복할 수 있는 실천을 하는 중심이 되어야 합니다. 노숙자, 독거獨居 노인, 환자, 여러 가지 고통에 시달리는 이들을 위해 봉사하는 공동체가 되어야 할 것입니다. "내어주고 쏟으신" 예수 그리스도의 몸과 피를 먹고 마시는 것은 "내어주고 쏟는" 실천을 하기 위한 것입니다. 이 "내어주고 쏟음"은 경제적 소외 계층뿐 아니라 문화적으로 소외된 이들을 위해서도 실천되어야 할 것입니다. 이것이 우리의 정체성에 진실로 충실한 길이고, 지역 사회에 기쁜 소식을 전하는 본당의 역할을 하는 길이며, 또한 현대 사회 안에서 교회의 내일이 가능하도록 하는 길일 것입니다.

목차 총람

① 신앙 언어와 종교들 ········· 11
신神이라는 단어 11

1. 종교 이전의 신神 체험 ········· 12
인간의 거부와 분개 12 사필귀정事必歸正이 아닌 세상 13 새로운 세계를 긍정하는 우리의 분개 14 부정보다 긍정의 힘이 더 강한 인류 역사 15

2. 종교 체험의 발생 ········· 16
긍정의 힘과 종교적 해석 16 긍정의 힘과 그리스도적 해석 17

3. 신 체험과 계시 언어 ········· 18
인간 체험과 신 체험 18 모세와 예수의 신 체험 19 인간 해방과 신 체험 19 계시 언어의 발생 20 유다교 계시 언어의 발생 21 그리스도 계시 언어의 발생 23 구원 역사 24

4. 하느님과 종교들 ········· 25
구원하시는 하느님 25 하느님의 구원적 현존 25 구원적 현존에 참여 26 구원과 종교 27 구원 언어의 전승인 종교 27 종교들과 교회들 28 세상에 대한 다양한 체험과 다양한 종교 29 종교와 언어 30

② 예수의 역사적 모습 ········· 31

1. 시대상 ········· 31
로마제국의 식민지 팔레스티나 31 예루살렘 도시의 규모 32 유다인들의 파벌 32

2. 사회 계층 ········· 33
가난한 사람 34 죄인 34 병든 사람과 마귀들린 사람 34 중류 계급과 상류 계급 35

3. 각색되고 윤색되지 않은 예수의 모습 ················ 35
   신앙 문서인 복음서들 35 예수에 대한 역사서들의 언급 36 예수의 출생과 생존 37 마태오 복음서가 전하는 이야기들 38 루가 복음서의 예수 탄생 예고(루가 1,26-38) 39 세례받은 예수 41 죄인들과 세리들과 어울린다는 평을 들은 예수 42 예수의 죽음 43 세상에 개방적이었던 예수 43

4. 예수가 어떤 인물이었는지를 알려면 ················ 44

③ 이스라엘의 신앙 전승 ················ 47
모세의 신앙 체험 47 계약의 의미 48 계약과 하느님 인식 49 인간의 실천 안에서 확인되는 하느님의 함께 계심 50 함께 계시는 하느님에 대한 초기 이스라엘의 체험 51 율법의 존재 이유 51 제물 봉헌의 존재 이유 53 율법과 제물 봉헌에 대한 가상(假想)적 해석 53 예언자들의 등장 54 모세와 예언자의 노선에서 이해된 예수 57

④ 예수의 가르침 ················ 59
"하느님 나라" - 가르침의 주제 59 이미 있고 아직 없는 하느님 나라 59 아무도 제외하거나 버리지 않는 하느님 나라 61 베푸심이고 용서인 하느님 나라 61 죄인에 대한 하느님의 시선 62 하느님과 사람의 차이 63 율법과 안식일 계명 64 하느님 앞에 아들이신 예수 65 하느님 아버지와 이 세상의 대조적 성격 65 아버지의 생명을 사는 자녀 66 배척당한 예언자 예수 67 하느님의 나라에 죽기까지 충실했던 예수 68 유혹에 빠진 제자들 69

⑤ 예수의 기적 ················ 71
과거와 현대 역사 서술 방식의 차이 71 기적 이야기들의 서술 방식 71 신앙과 역사 72

1. 기적 이야기들이 지닌 문제점들 ················ 73
   과학 지식 73 해방과 구원의 체험을 전하는 기적 이야기들 73 기적 이야기들은 모두 역사적 근거가 없는 각색인가? 75 기적과 자연법칙 76 하느님에게로 시선이 가게 하는 기적 77

2. 예수의 기적이 지닌 의미 ················ 78

회고적 문서에만 있는 기적 이야기 78 실천과 말씀으로 된 가르침 78
해방·구원·생명의 체험을 담은 기적 이야기들 79 특전特典적 회상인
기적 이야기 80 비유와 같이 해석되어야 하는 기적 이야기 82 은혜
로운 일 82

⑥ 예수의 죽음 ············· 85

1. 죽음의 사실 ············· 85
십자가 처형 85 두 번의 재판 85 예수의 죄목 87

2. 예수의 죽음에 대한 해석들 ············· 88
이해하기 어려웠던 죽음 88 죽음에 대한 예수의 예고 88 "우리 죄를
위해 죽으셨다"(1고린 15,3) 89 "우리 죄 때문에 죽으셨다"(로마 4,25; 1요한
4,10) 91 예수의 죽음 – 섬김의 결과 91

⑦ 부활하신 그리스도 ············· 95
모세와 예수의 연속성 95 예수의 삶-죽음-부활의 연속성 95

1. 부활 증언들 ············· 96
사도행전의 증언 96 부활에 대한 가장 오래된 신앙고백문 97 목격
의 대상이 아닌 부활 97

2. 부활 증언의 신빙성 ············· 98
제자들이 예기치 못했던 부활 98 부활사화史話들의 불일치 99 부활
이 제자들의 조작일 수 없는 이유 100

3. 부활의 의미 ············· 102
빈 무덤과 발현 이야기의 성격 102 빈 무덤 이야기들의 메시지 103
발현 이야기들의 메시지 103 죽은 예수는 살아 계시다 104 부활 신
앙 105 부활을 믿는 사람 106

4. 부활-승천-성령강림 ············· 107
삼 단계의 우주 107 승천 108

5. 성령강림 ············· 108
부활과 성령강림 108 성령강림 장면의 바람과 불 109 신앙의 보편
성 109 획일성을 좋아하는 인간 110 다양함을 만드시는 성령 110

6. 부활하신 분에 대한 호칭들 ·························· 111
   메시아 111 하느님의 아들 111 아버지가 되려 하지 않는 아들 112
   제자들의 회상 안에 확인되는 아들 113 "아버지와 아들은 실체적實體的
   으로 동일하다" 113

8 예수 그리스도를 믿음 ·························· 115

1. 하느님 나라를 가르친 예언자인 예수 ··············· 115
   하느님 나라 115 예언자인 예수 115

2. 요구된 삶의 변화 ·························· 116
   예수에 관한 이야기 안에 펼쳐진 가능성 116 삶의 변화 117

3. 관행대로 행동하지 않는 예수 ·························· 117
   그 시대의 율법과 달리 행동한 예수 117 하느님의 일을 보여주는 예
   수 118 유다인과 이교도의 구별에 구애받지 않는 예수 119 권위와
   차별에 얽매이지 않는 예수 120

4. 예수를 따르는 신앙인의 자유 ·························· 120
   하느님이 함께 계셔서 누리는 자유 120 예수 이야기의 상징성 121
   신앙은 자유로운 실천 123

9 그리스도인의 하느님 ·························· 125

하느님이 계시지 않은 듯이 사는 현대인 125 예수에게 하느
님 125

1. 그리스도 신앙 언어의 하느님 ·························· 126
   인간 실천 안에 확인되는 하느님 126 베푸심으로 채색된 실천 127
   성찬聖餐이 말하는 하느님 128 세례가 말하는 하느님 129

2. 모든 사람의 하느님 ·························· 129
   이스라엘과 이방인 129 예수와 이방인 130 하느님과 이방인 131
   유다교적 한계를 넘어서는 하느님에 대한 언어 132

3. 예수도 하느님? ·························· 133

4. 인간 자유의 원천이신 하느님 ·························· 134
   베푸시는 자유 134 용서하시는 자유 135 살리시는 자유 135

5. 거룩하신 하느님 ························ 136
  우리와 다르신 하느님 136 기쁜 소식이신 하느님 137

6. 아버지이신 하느님 ························ 138
  유아기幼兒期적 욕구의 호칭? 138 형제 자매를 살리는 하느님의 자녀 139 아버지의 선하심을 실천하는 자녀 139

7. 성령 ···································· 140
  새로운 시작이신 성령 141 기원起源을 떠나가서 일하게 하시는 성령 141 인간 자유의 원천이신 성령 142 예수를 상기시키는 성령 142 하느님 나라의 숨결이신 성령 143

8. 하느님의 위격성 ························ 144
  자유로운 주체이신 하느님 145 예수 안에 살아 계셨던 하느님 146 하느님을 위한 세 개의 이름 146

9. 해석과 흔적 안에 살아 계신 하느님 ············ 147
  실천적 해석 147 진리의 흔적을 지닌 세상 148

10 절대자 하느님과 예수의 하느님 ············ 151
  절대자이신 하느님 151 그리스도 신앙 언어로서 부족한 절대자 152 신앙 언어의 문화적 성격 153 원시 교회가 직면한 신 문제 153

1. 구약성서 유산에서 발생한 그리스도 신앙 언어 ····· 154
  절대자 하느님과 인류를 화해시킨 예수 154 예수 그리스도도 절대자 155 절대자의 정의로운 요구를 채우는 예수 156 유다교 종교 유산 안에서 시도된 예수 이해 157 이해하기 어려웠던 예수의 죽음 158 제사로 해석된 예수의 죽음 159 구약성서 전승 안에 머문 초기교회 159

2. 예수에 대한 체험에서 발생한 신앙 언어 ··········· 160
  함께 계시는 하느님 160 선택하고 계약 맺으시는 하느님 162 해방하시는 하느님 162

3. 그리스도인의 하느님 인식 ························ 163
  예수에 준해서 하느님을 생각하는 그리스도인 163 인간 실천의 흐름을 증언하는 성서 163 하느님 아버지와 "실체적"으로 동일한 예수 164 스스로를 비우시는 하느님 165 예수 그리스도의 하느님 165 하느님의 흔적 앞에 선 인간 166 기쁜 소식이신 하느님 166

11 삼위일체이신 하느님 ·················· 169
삼위일체 신학의 발생 169 삼위에 대한 철학적 개념의 사용 170 형상들의 상징성 170

1. 삼위적 상징성 ·················· 171
예수에 대한 이야기 안에 나타나는 아버지와 아들 171 철학적 이설異說과 철학적 언어의 확립 172

2. 아버지와 아들 ·················· 173
"아버지" 형상이 지닌 문제점 173 아버지의 베푸심을 실천하는 아들 174

3. 성령 ·················· 175
아버지의 생명을 확산시키는 성령 175 차이를 만들어 친교를 이루는 성령 175 실재를 보게 하시는 성령 176 자녀의 자세를 갖게 하는 성령 176

4. 삼위적 상징성과 하느님의 실재 ·················· 177
두 극단적 해석 177 극단적 해석에 대한 거부 179 과거 신학의 한계 179

5. 삼위적 상징성과 우리의 삶 ·················· 180
완전함과 상이함 180 자족自足하시는 하느님? 180 친교이신 하느님 181

12 인간 체험과 계시 ·················· 183
1. 인간과 체험 ·················· 183
새로운 체험과 경험의 전통 183 경험 전통의 긍정적 작용과 부정적 작용 184 체험과 언어 185 보완 수정되어야 하는 경험 전통 185 살아 있는 전통의 언어 186 체험과 자유 187 체험과 이야기와 삶의 발생 187

2. 계시와 인간 삶 ················· 188
깨달음 188 깨달음과 계시 체험 189 계시와 인간 언어 189 하나의 이야기 190 하느님으로 말미암은 깊이 191 체험을 해석하여 발생하는 신앙 언어 191 제시된 신앙 공동체의 언어 191 제시된 언어에 공감하는 신앙 192

3. 신앙 언어 ····························· 193
신앙 언어와 전례적 예배 193 신앙 언어와 실천 194 예수의 실천 194 예수가 하신 실천의 원천 195

4. 신앙 언어의 성격 ····················· 195
하나의 삶을 모태로 한 언어 195 하느님의 일하심을 긍정하는 언어 196 명제命題화된 언어 197 새롭게 해석되어야 하는 언어 198 우발偶發성을 지닌 언어 198

5. 우리가 계시라고 말할 때 ············· 199

13 이스라엘의 계시 체험 ················· 201

1. 하느님의 현존을 말하는 계약 ·········· 201
무상無償의 현존 201 계약 201 하느님을 부를 수 있는 장을 제공하는 계약 202 계약의 구조 203

2. 하느님을 부름 ·························· 204
이스라엘의 실천 안에 살아 계신 하느님 204 두렵고 충실하신 하느님에 대한 체험 205 두려운 하느님 205 충실하고 사랑하시는 하느님 206 망설임이 있는 하느님 체험 206

3. 하느님의 이름 ·························· 207
하느님의 고유한 이름 야훼 208 하느님이 알려 주신 이름 208 표상表象이 불가능한 이름 209 이 이름에 얼굴을 준 예수 210

14 그리스도 신앙의 계시 체험 ············ 213

1. 새로운 계약 ····························· 213
계약에 대한 새로운 해석 213 예수 안에 보이는 하느님의 얼굴 214 예수와 더불어 새로워진 계약 215 예수와 더불어 새로 발생한 거리감 216

2. 말씀이신 예수 ·· 217
예언자 예수 217 하느님의 일을 보는 근거 217 하느님의 말씀이신 예수 218 해석해야 하는 문서 218

3. 성서 언어의 형성과 공동체 ······························ 219
신앙 공동체의 수정과 첨가 219 성령으로 말미암은 실천의 부산물인 성서 220 오늘 신앙 공동체의 한계 221 경전經典인 성서 221 오늘 신앙 공동체의 역할 222 공동체 역할의 필수성 222 공동체 역할의 우발성 223

4. 성령과 계시 ·· 224
성령과 해석 224 해석의 결과인 진리 224

5. 계약의 지평인 베푸심 ······································ 225
보답을 부르는 베푸심 225 베풂을 호소하는 말씀 226 정보 제공이 아닌 말씀 227

6. 성령의 역할 ·· 228
약속의 성취인 성령 228 인간 소외 요인을 제거하는 성령 228 친교와 감사의 질서 229

7. 하나의 이름, 하나의 얼굴, 하나의 숨결 ············ 229

⑮ 예수 그리스도의 교회 ······································ 231

1. 교회의 출현 ·· 231
"나자렛 파" 231 타지역 출신 유다인들의 입교 232 스데파노의 순교 232 예루살렘을 벗어나는 복음 233 그리스도인이라는 호칭의 발생 233 예루살렘 사도회의(49년) 234 모든 민족을 위한 교회 234 팔레스티나를 벗어나서 로마제국으로 235 유다교와의 결별 235

2. 교회 설립 ·· 236
예수로 말미암은 공동체 236 제자들의 역할 236 죽고 부활하신 예수 그리스도가 설립하신 교회 237 예수가 모은 사람들 238 열두 사도 238 베드로에게 하신 약속 239 "나의 교회" 240

3. 예수의 십자가와 교회 ·················· 241
   예수의 운명에 참여하는 공동체 241 표징을 요구하는 유다인 241
   예수가 보여준 표징 242 예수가 홀로 여는 길 242 하느님 나라를
   위해 헌신하는 교회 244 교회 - "아버지의 사람들" 244 성찬 - 교
   회 실존의 규칙 245 "내어주고 쏟는" 실천 246

4. 예수의 부활과 교회 ·················· 246
   제자들의 복음선포 246 복음선포의 새로움 247

5. 교회의 성격 ························ 248
   예수 그리스도를 증언하는 교회 248 신비적 교회 248 교회의 제
   도 249 성사적 성격의 제도 249 교회의 세 가지 기본 제도 250
   새로운 세계를 여는 교회 251 정화되고 회개해야 하는 교회 251

⑯ 오늘 그리스도의 교회가 되기 위하여 ············ 255
대희년의 기원 255 원초의 신앙 체험 255 원초의 신앙 체험을 기억
하는 교회 256 스스로 쇄신하는 생명체인 교회 257 기쁜 소식을 전
하는 교회 257 유연성을 지닌 시민 단체였던 교회 258

1. 사회 안의 교회 ····················· 258
   과거 제국주의 혹은 봉건사회 258 현대사회 259 과거 수직적 사회
   의 실효성 260 현대 다원사회의 실효성 260

2. 우리 교회의 실상 ···················· 261
   시대를 외면하는 교회? 261 시대적 산물인 교회의 조직제도 262 로
   마 중앙집권적 조직제도 263 외국 문물을 수용하여 극단으로 몰고가
   는 한국인 263

3. 섬김을 위한 유연한 기구로서의 교회 ············ 264
   섬김의 교회 264 스스로를 비우고 낮추는 교회 264 타인을 긍정하
   는 사람들의 교회 265 예수 그리스도와 무관한 권위주의 265 사람
   들의 말을 듣는 교회 266 대화하고 협조하고 기여하는 사람들의 공
   동체 267 지역의 기쁜 소식 중심지로서의 교회 268